신유물론

이 책은 2020년 대한민국 교육부와 한국연구재단의 지원을 받아 수행된 연구(NRF-2020S1A5B8097404)입니다.

신유물론

몸문화연구소 지음

P 필로소픽

목 차

들어가는 글　　　　　　　　　　　　　　　ㅇ 6

1. 신유물론으로서의 브뤼노 라투르 사상　　　ㅇ 19
　김환석

2. 절대적 우연성으로서의 실재:
　퀑탱 메이야수의 사변적 실재론　　　　　　ㅇ 53
　정지은

3. 그레이엄 하먼의 객체지향 존재론과 비유물론　ㅇ 81
　서윤호

4. 제인 베넷의 『생동하는 물질』　　　　　　　ㅇ 111
　임지연

5. 비키 커비의 '읽고 쓰고 말하는 몸'　　　　　ㅇ 139
　임소연

6. 캐런 버라드의 『우주와 중간에서 만나기』:
관계와 얽힘으로 만들어지는 몸   ○ 159
박신현

7. 신유물론, 해러웨이, 퇴비주의   ○ 195
주기화

8. 수행적 신유물론이란 무엇인가?   ○ 229
박준영

9. 신유물론의 물질과 몸   ○ 259
김종갑

들어가는 글

1.

우리는 물질을 과거의 유물론적 시각으로 더 이상 바라볼 수 없는 시대에 살고 있다. 생태계의 파괴와 기후변화는 지금까지 배경에 머물렀던 물질의 행위성을 가시화하는 계기가 되었다. 인간만이 주체로서 행동하는 것은 아니다. 물질도 행동한다. 그렇다고 정신과 물질, 인간과 비인간이 각자 자율적으로 행동하는 실체라는 것은 아니다. 물질과 정신은 서로 다른 독립적 실체가 아니라 상호 침투적 관계이며 과정이고 양자는 서로 뗄 수 없이 얽혀 있다. 정신이 물질적이듯이 물질도 정신적이다. 신유물론은 과거 유물론과 관념론이 간과했던 물질의 행위성을 이론화하려는 시도이다.

3~4년 전만 하더라도 신유물론은 낯선 이론이었다. 신유물론을 소개하는 논문도 찾아보기 어려웠으며, 어쩌다 접한 사람들은 철 지난 유물론이 포장만 새롭게 했다고 불평하기도 했다. 그러나 불과 1~2년 사이에 신유물론은 과거의 구성주의나 문화이론을 대체하는 중요한 방법론의 하나로 자리 잡기 시작했으며, 이에 대한 관심도 폭주하고 있다.

신유물론의 '신New'은 무엇을 뜻하는 것일까? 과연 신유물론자들의 주장처럼 새로운 이론일까? 신은 '포스트Post'와 어떻게 다를까?

서양 철학은 플라톤 텍스트에 대한 각주의 역사라는 말도 있지만 철학은 고전에 대한 해석과 재해석, 비판과 재수용으로 점철되어 있다고 말해도 과언이 아니다. 이러한 연속성과 단절은 '신'이나 '포스트'라는 접두어에 반영되어 있다. 신플라톤학파나 신칸트학파가 있었는가 하면 포스트모더니즘과 포스트휴머니즘도 있었다. 그런가 하면 포스트가 시간적으로 후기인지 아니면 이론적 극복의 탈인지에 대한 논란이 일어나기도 했다.

필자는 신유물론의 '신'을 전통적 유물론의 계승이나 재해석, 비판적 발전의 관점에서 이해할 필요는 없다고 생각한다. 신유물론Neo-Materialism이라는 명칭은 1990년대 초반에 처음 등장했지만 당시 그것을 주목해서 봤던 학자들은 없었다. 더구나 이 명칭은 선언적이라기보다는 서술적이었고, 신이라는 접두사는 그것이 가리키는 이론에 대해 필연적이라기보다는 임의적이었으며, 이에 상응하는 이론이나 이론가의 집단도 존재하지 않았다. 대상이 명확하지 않았던 것이다. 그러다 2010년 전후로 출간된 서너 권의 논문집이 신유물론을 하나의 일관된 방법론으로 탄생시키는 계기가 됐다. 이 점에서 신유물론의 등장은 수행적 효과에 가깝다. 칸트적인 의미에서 규제적 이념보다는 구성적 이념에 근접한다고 할 수 있다. 이 책에 실린 이론가들이 하나의 동일한 방법론과 관점, 주장의 기치를 공유하지는 않기 때문이다.

철학의 역사에서 물질은 언제나 문제 덩어리였다는 사실을 상기할 필요가 있다. 인간은 몸을 가진 존재, 즉 변덕스럽게 변화하는 물질적 존재이다. 플라톤과 같은 관념론자들은 인간이 그렇게 생로병사하는 물질이라는 사실을 용납할 수 없었다. 이와 같이 골칫덩어리인 물질을 처리하거나 소화하고 수용하는 방식에 따라서 철학의 사조와 유행이 바뀌었던 것은 당연한 일이었다. 그것뿐만이 아니었다. 물질은 전근대와 근대를 구분하는 시금석이기도 했다. 전근대가 물질을 생기론적으로 접근했다면 근대는 물질을 관성적이며 기계론적인 것으로 접근했다. 이러한 근대적 세계관에 따르면 인간만이 유일한 행위자이며, 비인간 자연은 피행위자에 지나지 않는다. 이때 자연은 모든 물질의 총체로서 정의가 된다.

과연 자연과 물질이 문제 덩어리인가? 그런 듯이 보였다. 물질은 인간의 의지를 따르지 않는다. 우리는 태풍이나 홍수, 지진과 같은 재난을 당한 사람들의 통곡과 절규, 한숨을 기억한다. 또 병에 걸려본 적이 있는 사람들은 자신의 마음과 뜻대로 움직이지 않는 몸을 원망하게 마련이다. 근대 자연과학의 아버지라 불리는 프랜시스 베이컨은 그와 같이 인간에게 불행과 고통을 안겨주는 자연을 빼딱한 자연, 타락한 자연이라고 불렀다. 즉 인간에 의한 수정과 교정, 개선, 변화가 필요하다는 것이다. 사실 그러한 자연의 문제를 해결하기 위한 인간의 노력의 결과가 현재 우리가 살고 있는 21세기의 문명이 아니던가.

그러나 20세기 중반 이후로 자연과 물질을 바라보는 관점에 극적인 변화가 생겨나기 시작했다. 원래 철저히 수동적이며 관성적이기 때문에 문명화의 시도에 복종할 수밖에 없다고 생각되었던 자연이 갑자기 기지개를 펴더니 사지를 움직이며 일어서기 시작한 것이다. 지구 곳곳에서 발생하는 생태계의 위기, 지구온난화, 해수면의 상승, 기후변화가 그것이다. 이러한 현상들이, 인본주의자들이 주장하듯이 과학기술로 해결이 가능한 자연의 단순한 몸살이라고 생각하면 안된다. 인간만이 행위자인 것은 아니다. 비인간 자연도 인간과 마찬가지로 자신의 존재를 유지하기 위해 노력하는 행위자들이다. 이 점에서 신유물론은 인류세 담론과 떼어놓고 생각할 수가 없다. 범박하게 말하자면 신유물론은 지금까지 불활성 물질로 간주되었던 비인간 존재의 행위 능력을 구성하기 위한 이론적 노력으로 정의할 수가 있다. 브뤼노 라투르에 의하면 비인간도 인간과 마찬가지로 사회적 존재이다.

그런데 어떻게 하면 물질의 행위 능력을 복원할 수 있을까? 여기에서 우리는 문제의 초점이 운동이나 움직임이 아니라 행위라는 사실을 간과하지 말아야 한다. 물이 흐르고 풍차가 돌아가듯이 물질도 운동을 한다. 그렇지만 우리는 풍차와 물이 행위한다고 말하지는 않는다. 행위에는 행위자의 의도와 생각, 정보, 지식, 욕망, 주체가 전제되기 때문이다. 과연 비인간 자연도 인간처럼 알고서 의도적으로 행동하는 것일까? 그렇다면 비인간 자연에게 책임도 물을 수가 있는 것일까? 물론 이 질문은 올바른 질문이 아니다. 비트겐슈타인이 지적했듯이 모든 질문이 의미 있는 것은 아니다. 우리는 그러한 질문을 던지기 이전에 행위와 행위자가 무엇인지, 의도가 무엇인지, 행위의 관계에서 벗어난 개별적인 행위자가 있는지에 대해 먼저 질문해야 한다. 지금까지 우리가 당연하다고 믿고 사용했던 개념들을 새롭게 정의할 필요에 직면하는 것이다. 인간과 비인간, 문화와 자연, 마음과 몸, 능동과 수동의 이항 대립적 구별들도 그러한 질문의 필요에서 비켜갈 수가 없다.

이 대목에서 우리는 신유물론이 등장하기 이전의 인문학계의 이론적 지형을 간단히 일람할 필요가 있다. 20세기 후반에 유물론은 이미 오래 전에 시효가 지난 과거의 골동품으로 간주되고 있었다. 유물론이 물러난 자리를 꿰찬 것은 언어학적 전회에서 파생된 (후기) 구조주의, 기호학, 문화이론, 구성주의이론, 담론분석, 포스트모더니즘 등이었다. 소쉬르의 용어를 빌리면 기표와 기호의 무대에서 지시대상이 들어설 자리는 없었다. 지시대상이란 기껏해야 담론적 효과에 지나지 않았으며 어눌한 실재보다는 과잉 실재가 논의의 중심에 있었고, 자연의 종말이나 죽음이 인구에 회자되었다. 과거의 관념론자들이 물질을 비하했다면 20세기 후반의 이론적 지형에서 물질은 방법론적으로 배제되어 있었다. 물질은 칸트의 물자체처럼 있는 현상이 아니라 문화의 부재를 가리키는 한계 개념으로서만 의미를 가질 따름이었다. 지극히 역설적이었던 역사의 아이러니가 여기에 있었다. 물질이 부재한 가운데 물질성이라는 개념은 기호와 권력, 정신이 논의되는 자리마다 유령처럼 그 주위를 맴돌고 있었다. 달리 말해서 우리는 물질의 필요성을 강박적으로 요구하면서도 물질을 호명할 수 있는 방법을 알지 못했다. 생각해보자. '모든 것은 텍스트다'라거나 '모든 것은 문화다'라는 말처럼 공허한 주장이 있을 수가 있을까? 1990년대에 인문학이 물질적 전환Material Turn을 모색했던 것은 우연이 아니었다. 감정보다 물질에 가까운 정동이론의 등장도 그러한 맥락에서 이해할 수가 있다.

다시 말하지만 신유물론은 지금까지 지나치게 인간중심적으로 정의되었던 물질을 행위 능력을 중심으로 재정의하려는 일련의 시도들이다. 이것은 결코 용이한 작업이 아니다. 우리가 자연을 상상하고 이해하며 발화하는 언어가 자연을 대상화하고 기계화하며 상품화했던 근대의 인식론과 존재론, 자본주의로 오염되어 있기 때문이다. 자연이나 물질이라는 용어 자체가 이미 너무나 이데올로기적이고 위계적이고 억압적이다. 문제는 신유물론자들도 그러한 언어의 오염으로부터 벗어날 수가 없다는 사실에 있다. 물질의 행위성을 주장하는 신유물론적인 주장도 자신이 비판하고 전복하려는 근대적 담론을 빌어서 발화할 수밖에 없는 것이다. 그러한 이유로 신유물론자들의 텍스트를 읽는 독자들은, 전통적인 논리를 파기하는 어법이나 자기모순적이고 양가적이기도 한 대목들에 자주 직면하면서 좌절할 수도 있다. 그렇지만 그러한 좌절을 반복적으로 겪지 않으면 우리는 인간중심주의적인 사유의 습관에서 벗어날 수가 없다. 문체의 어려움은 새로운 깨달음에 바치는 세금이라 생각하기로 하자.

2.

앞서 언급했듯이 신유물론은 하나의 일관된 체계이거나 정체가 분명하고 수미일관된 이론이 아니다. 달리 말해서 이 책에서 신유물론의 대표 주자로 거론하는 이론가의 선택은 어느 정도 임의적일 수밖에 없다. 같은 그룹으로 분류해서 인접한 자리에 앉히기에는 영 어울리지 않는 인물들도 적지 않다. 가령 메이야수의 사변적 실재론은 도나 해러웨이나 제인 베넷의 페미니즘적 신유물론과 어울리지 않는다. 더구나 테리 이글턴이나 슬라보예 지젝 같은 마르크스주의자라면 메이야수의 사변적 실재론은 물론이고 그레이엄 하먼의 객체지향 존재론도 유물론이 아니라 관념론이라고 진단할 것이다. 메이야수와 하먼은 칸트의 물자체를 정신적으로 물질화한 프리드리히 셸링의 동일성 철학이나 물자체를 의지의 운동으로 설명한 아르투어 쇼펜하우어, 혹은 20세기의 앙리 베르그송의 생기론이나 알프레드 N. 화이트헤드의 과정철학을 방불케 하기 때문이다. 이 점에서 우리는 유럽의 철학적 전통에서 출발한 일군의 신유물론자들과 페미니즘적 문제의식을 물려받은 페미니즘적 신유물론을 구분할 필요가 있다. 제1세대 페미니스트인 시몬 드 보부아르가 『제2의 성』에서 강조하였듯이 서양의 가부장적 전통은 남성을 능동적 정신으로, 여성을 물질/자연/몸으로 규정하였기 때문에 페미니즘은 출범 당시부터 그러한 정신과 물질의 이분법을 해체하기 위한 이론들을 치열하게 모색해야만 했다. 20세기 중·후반에 지배적이었던 페미니즘 이론은 권력이론과 구성주의였다. 남녀의 몸은 타고 태어나는 생물학적 소여가 아니라 사회적으로 구성되는 물질화의 과정이라는 입장이었다. 그렇지만 1990년대에 접어들면서 이러한 몸 이론이 가진 이론적 한계와 약점이 점차 분명해지기 시작하였다. 몸을 권력에 의해서 구성되는 수동적 대상으로 봤던 이데올로기적 관행에 여전히 사로잡혀 있었기 때문이었다. 따라서 정신과 몸의 위계적 이분법을 해체하고 몸을 능동적 행위성과 주체성의 관점에서 새롭게 재해석하고 재규정해야 한다는 요구가 21세기의 페미니즘을 지배하였다. 여기에 포함된 해러웨이나 베넷, 비키 커비, 캐런 버라드의 신유물론은 그러한 요구에 응답하려는 노력으로 이해할 수가 있다.

위와 같은 사정을 감안해서 필자는 이 책에서 논의하는 이론가들을 사변적 실재론과 페미니즘적 신유물론으로 분류하였다. 물론 이 분류가 아주 만족스러운 것은 아니다. 가령 사변적 실재론의 그룹으로 분류된 라투르의 유명한 ANT 이론은 사변적 실재론과는 거리가 멀다. 그것은 물질의 운동 철학을 전개한 토머스 네일에 대해서도 마찬가지이다. 그러나 필자는 페미니즘적 신유물론자의 경우에는 그러한 불일치가 없다고 믿고 있다.

이 책에서 처음으로 소개하는 이론가는 라투르이다. 「신유물론으로서의 브뤼노 라투르 사상」을 집필한 김환석은 라투르 전문가일 뿐 아니라 우리 학계에 처음으로 신유물론을 소개한 학자이기도 하다. 그는 라투르를 신유물론에 선구적 역할을 하고 생기적 유물론과 객체지향 존재론에도 이론적 영감을 불어넣는 사상가로 규정하였다. 라투르는 근대주의의 극복을 꾀했던 미셸 세르와 화이트헤드의 탈이원론적이고 탈인간중심적인 철학을 ANT라는 과학기술학과 사회과학에서의 경험적 연구 프로그램으로 발전시켰으며, 이를 기초로 인류세의 생태위기를 진단하고 처방하기 위한 정치생태학을 모색하였다. 그에 의하면 지구는 인간 행위자들과 비인간 행위자들이 얽혀 공생하는 일종의 하이브리드(또는 어셈블리지)이다. 라투르는 근대에 의해 파괴된 이 공생의 관계를 회복할 수 있는 새로운 존재론과 그것을 실천하는 새로운 정치적 집합체의 모델을 제시하였다. 이 점에서 라투르의 사상은 학문의 경계를 넘어서 지구역사적 의미를 지니고 있다.

「절대적 우연성으로서의 실재: 퀑탱 메이야수의 사변적 실재론」의 저자 정지은은 메이야수의 『유한성 이후』를 번역한 학자이기도 하다. 프랑스의 소장 철학자 메이야수는 칸트 이후의 철학을 뭉뚱그려서 상관주의로 규정하고, 인간의 사유와 언어의 바깥 거대한 외계로 관심 전환을 요구했다. 그가 강조하는 것은 선조성Ancestrality이다. 공룡의 화석처럼 인간이 지구에 출현하기 이전에 존재하던 것들을 지시하는 개념이 선조성이다. 선조성은 인간의 사유와 언어를 넘어 있으면서 자신의 존재에 대한 어떠한 이유율도 요구하지 않는다. 그것이 실재가 아니라면 무엇이겠는가. 그것은 필연적 이유나 법칙, 근거가 없이 절대적인 우발성으로 존재하는 것이다. 메이야수에 의하면 생성과 소멸의 이유를 갖지 않는 존재의 시간은 순수 가능성의 시간으로서 카오스의 시간이다. 메이야수는 경험적이든 감각적이든 일체의 인간적 의미가 제거된 실재를 제시함으로써 물질 그 자체를 사변했다.

「그레이엄 하먼의 객체지향 존재론과 비유물론」에서 서윤호는 2000년대 이후로 등장한 사물(대상, 혹은 객체)의 물질성과 실재성에 대한 이론들 가운데 가장 괄목할 만한 이론으로 그레이엄 하먼의 '객체지향 존재론Object-oriented Ontology, OOO'을 손꼽는다. 그것은 물질과 객체, 대상의 실재성을 새롭게 사유하고자 하는 이론들 가운데 단연 선두에 있다는 것이다. 하먼은 메이야수와 함께 사변적 실재론 운동을 주도하다가 점차 자신의 입장을 객체지향 존재론으로 전환하였다. 사물 자체에 접근이 가능하다는 메이야수의 주장을 반박하면서 하먼은 그러한 직접적 접근의 불가능성을 강조한다. 그의 객체지향 존재론은 주체와 객체, 인간과 사물, 의미와 세계, 존재와 의식 등의 상관관계를 벗어나서 사물, 객체의 물질성과 실재성을 사유하려는 이론으로 이해될 수 있다. 객체지향 존재론은 특히 철학, 고고학, 건축과 예술 분야에서 커다란 반향을 얻었으며, 교육학, 지리학 그리고 사회학에서의 논쟁에도 영향을 미치고 있다.

신유물론의 최근 경향의 하나가 수행적 신유물론이다. 박준영의 「수행적 신유물론이란 무엇인가?」에서 수행적 신유물론의 대표 주자로 네일을 거명하면서 그의 운동철학을 논의하였다. 수행적 신유물론은 물질의 방행성, 즉 불확정적 운동Indeterminate Motion에 기반한다. 물질은 이런 운동 가운데에서도 전진적인 반복을 통해, 그리고 간-행적Intra-Active 관계를 통해 현상으로 드러난다. 물질은 처음부터 끝까지 관계적이며 자기촉발적인 과정인 것이다. 네일은 이러한 수행적 신유물론을 운동적 유물론Kinetic Materialism으로 정식화했다. 고대와 근대 유물론을 비판적으로 재해석했던 네일은 현대의 생기론이나 스피노자주의도 지나치게 실체론적이며 본질주의적이라는 이유로 거부했다. 그는 특히 질 들뢰즈와 펠릭스 과타리의 '잠재성'을 현행적인 표면으로 가져옴으로써 그것의 고유한 내용을 상실하지 않으면서도 본질주의적인 함축을 극복했으며, 마르크스주의 유물론을 수행성의 정치경제적 면모로 새롭게 발굴했다.

현대에 페미니즘뿐 아니라 인문학 분야에서도 가장 많이 논의되는 학자 중 하나가 해러웨이라는 점에 아무도 이의를 제기하지 않을 것이다. 처음에 「사이보그 선언」으로 명성을 얻은 그녀는 자연문화, 공생발생Symbiogenesis, 마이크로바이옴Microbiome, 동물권 등의 논의에 커다란 족적을 남겼다. 「신유물론, 해러웨이, 퇴비주의」에서 주기화는 그녀의 다양한 이론 가운데 '퇴비주의Compostism'에 천착했다. 주지하듯이 해러웨이는 '우리는 퇴비다'라는 파격적인 선언을 했다. 이 글에서 저자는 그러한 주장의 맥락과 필요성을 짚어보면서 그것이 가진 새로운 세계 이해의 가능성과 윤리-존재-인식-론적 효과를 제시하였다. 이때 중요한 것은, 장내 미생물과 인간의 공동생성적Sympoietic 반려 관계이다.

우리에게 비교적 알려지지는 않았지만 신유물론에 대한 논의에서

빼놓을 수 없는 학자가 호주의 유명 사회학자이자 인류학자인 커비이다. 「비키 커비의 '읽고 쓰고 말하는 몸'」에서 임소연은 커비의 신유물론을 신체지Corporeography로 요약했다. 그녀는 자연이라는 문화를 이해하고, 말하는 자연과 소통하기 위해서는 지금까지와는 다른 앎의 방식, 기존의 과학과는 다른 과학의 필요성을 주장한 학자로서, 쓰기의 주체로서 몸의 위상을 강조했다. 그녀에게 몸은 글자와 글자들의 행, 그리고 행간의 간격을 갖는다. 몸의 유한한 한계와 무한히 확장하는 경계 모두 그 쓰기 안에 내재되어 있다는 것이다. 이러한 몸의 개념에서 본질은 정체성도 아니고 매끈한 단일체도 아니며 다원성에 의해서 쉽게 교체되는 존재이거나 활성을 결핍한 존재도 아니다. 본질은 그 자체로 복잡하고 변화에 열려 있는 글쓰기이다.

버라드는 보어의 양자물리학적 관점에서 세계를 물질과 의미의 얽힘Entanglement으로 설명하는 행위적 실재론Agential Realism을 제시하고, 이것을 자신의 인식론적, 존재론적, 윤리적 틀로서 제시한 학자이다. 「캐런 버라드의 『우주와 중간에서 만나기』: 관계와 얽힘으로 만들어지는 몸」의 박신현에 따르면 행위적 실재론은 인간 신체를 비롯한 모든 물질, 세계와 우주, 그리고 공간성과 시간성도 내부-작용Intra-Action의 역동성에 의해 끊임없이 재구성되는 현상으로 파악하며, 과거와 미래가 서로를 통해 거듭 재형성된다고 보는 개방적인 역사관을 지니고 있다. 이러한 역사관은 우리에게 다음과 같은 윤리 실천적 함의를 갖는다. 매 순간이 새로운 생성의 가능성들에 열려 있기 때문에 우리는 얽혀 있는 관계성들을 민감하게 고려하면서 세계의 일부로서 책임감 있게 내부작용해야 한다는 것이다.

「제인 베넷의 『생동하는 물질』」에서 임지연은 베넷을 과거의 기계론적 물질관을 비판하고 물질의 생동성을 조명한 정치학자로서 접근했다. 베넷은 바뤼흐 스피노자의 '코나투스', 들뢰즈의 '배치', 라투르의 '행위소,' 베르그송의 '비판적 생기론'을 발전시킴으로써 독자적인 '생동하는 물질'이라는 개념을 구축하였다. 그녀에게 물질은 능동적이고 활기차며, 생명력을 가질 뿐 아니라 배치의 방식에 따라 새롭게 태어나는 행위자이다. 이것을 그녀는 사물-권력Thing-Power으로 명명한다. 이와 같이 사물의 자율성과 능동성, 활기와 생명력을 체계화한 점에서 그녀의 신유물론은 '사물권력 유물론' 또는 '마술적 유물론Enchanted Materialism'이라 부를 수가 있다.

이 책의 말미에 실린 「신유물론의 물질과 몸」에서 김종갑은 신유물론의 물질관에는 몸이 없다는 사실을 지적하면서 그러한 몸의 부재를 비판적으로 접근했다. 그는 한편으로 물질들의 얽힘과 상호작용, 횡단신체성을 강조하는 신유물론은 경계가 분명한 개별적 몸의 존재를 수긍할 수 없다는 점을 인정한다. 그럼에도 그는 물질과 몸의 차이는 무시할 수 없는 차이라고 주장한다. 모든 몸이 물질임에는 틀림이 없지만 그렇다고 모든 물질이 몸인 것은 아니기 때문이다. 그는 물질과 다른 몸의 특징을 자신의 존재를 유지하기 위한 노력, 즉 스피노자적 코나투스에서 찾는다. 몸은 시간의 흐름 속에서 자신의 존재론적 일관성을 유지하기 위해 주위의 물질들과 끊임없이 교섭하고 상호작용을 하는 과정에 있다. 김종갑은 그러한 과정으로서 몸은 경계가 확정되고 고정된 개별적 형상과는 거리가 멀다고 주장하였다.

3.

2007년에 설립된 몸문화연구소는 2008년의『기억과 몸』을 시작으로 매년 몸문화연구총서를 출간하였다. 그러다가 몸의 문화가 아니라 몸에 관한 이론을 보다 집중적으로 조명하기 위해서 2021년부터 명칭을 몸이론총서로 바꾸고 몸의 철학을 비롯해서 인간과 비인간의 몸, 문화와 자연, 물질과 생명과 같은 주제를 다루기 시작하였다. 1권은 몸의 철학을 역사적으로 논의한『몸의 철학: 영혼의 감옥에서 존재의 역능, 사이보그의 물질성까지』였다. 올해는 연구소가 새로운 연구 방법론으로 채택한 신유물론에 초점을 맞추었다. 이 책이 나오기까지 많은 분의 노력이 있었다. 필자로 참여했던 연구자들을 비롯해서 처음부터 끝까지 총서의 기획을 맡아서 수고했던 주기화 박사에게 감사의 마음을 전한다. 그리고 팔리지 않는 책의 출간을 겁내는 풍토에서 이 학술서의 출판을 기꺼이 수락한 필로소픽 출판사의 사장님과 편집자 분들에게도 감사하다는 말을 전한다.

필자들을 대표해서
김종갑

1. 신유물론으로서의 브뤼노 라투르 사상

김환석

라투르는 어떤 학자인가?

브뤼노 라투르Bruno Latour(영어권에서는 '브루노 라투어'로 발음)는 철학과 인류학 그리고 사회학을 횡단하는 독특한 학제적 연구를 개척해온 프랑스의 학자로서, 이는 그가 원래 과학기술학Science and Technology Studies, STS—과학기술에 대해 철학적, 역사학적, 사회학적, 인류학적 접근들을 통해 연구하는 학제적 분야—에서 학문적 업적을 쌓아온 것으로부터 비롯된 특징이다. 그는 1947년에 프랑스 부르고뉴 지방의 한 포도주 농장('루이 라투르'가 상표) 가문에서 태어났다. 학자로서 그는 1960년대 말 부르고뉴대학교에서 철학과 신학을 공부하기 시작해 1975년 투르대학교에서 철학 박사학위를 받았다. 그런데 이렇게 그가 프랑스의 엘리트 양성 기관인 그랑제콜이 아닌 지방의 대학교에서 교육을 받은 것은, 그로 하여금 당시 프랑스의 지배적인 사상의 조류(특히 마르크스주의와 구조주의)와 거리를 두고 자신의 독특한 사상 세계를 만들어 나갈 수 있는 바탕이 되었다고 라투르는 나중에 인터뷰에서 술회한 바 있다.

그가 인류학을 접한 것은 대학교에서가 아니라 1970년대 초에 군 복무를 위해서 갔던 서아프리카의 코트디부아르에 머물 때였다. 그가 복무했던 ORSTROM(개발과 협력을 위한 프랑스과학연구소)은 과학기술의 교육과 이전을 통해 개도국의 경제발전을 돕는 기구였는데, 당시 이 기구의 코트디부아르 사무소장이 인류학자였던 마르크 오제였다. 거기서 라투르는 인류학과 민족지 방법론에 대해 배웠을 뿐 아니라 과학기술에 대해서도 처음 관심을 가졌다. 1970년대 중반부터 본격적으로 과학기술에 대한 인류학적 연구를 착수한 그가 민족지 연구의 현장으로 택한 곳은, 아프리카가 아니라 생물학 연구로 유명한 미국 캘리포니아의 소크연구소였다. 라투르와 동향 출신이었던 과학자인 로제 기유맹Roger Guillemin의 실험실에서 1975년부터 76년까지 거의 2년 동안 그는 세밀한 참여관찰 연구를 했다. 이 연구의 결과는 나중에 영국의 과학사회학자 스티브 울거와 함께 1979년 『실험실 생활: 과학적 사실의 사회적 구성』이라는 제목으로 발간하여 학계의 큰 주목을 받았다.

　미국에서 프랑스로 돌아온 후 라투르는 엔지니어 양성기관으로 유명한 파리의 국립고등광산대학교에 속해 있는 혁신사회학센터CSI의 교수가 되었다. 여기서 그는 과학사회학을 연구하던 미셸 칼롱Michel Callon을 만나 긴밀하게 협력했고, 이 둘 사이의 지적 교류를 통해 1980년대 초부터 행위자-연결망이론Actor-Network Theory, ANT은 기본 틀을 갖추기 시작하였다. 그리고 영국에서 원래 과학지식사회학을 연구하던 존 로John Law가 조금 뒤에 여기에 동참하여 ANT 정립에 박차를 가함으로써, 오늘날 이 세 사람은 함께 ANT의 선구자로 불린다. ANT의 핵심적 개념은 '번역Translation'인데, 이것은 우리가 일상에서 접하는 하나의 언어를 다른 언어로 옮길 때의 번역을 의미하지 않는다. 과학과 기술은 여러 이질적인 요소가 소수의 강력한 대표(대개 과학자와 엔지니어)에 의해 긴밀한 연결망으로 서로 결합되는 과정을 통해 만들어지는데 ANT는 이를 '번역'이라 부르는 것이다. ANT의 특징은 이 '번역'의 과정에서 과학자나 엔지니어 같은 인간 행위자 못지않게 세균, 동물, 실험기구, 기계 등 비인간 사물도 실험의 성패를 좌우하는 중요한 행위자의 역할을 한다고 보는 것이다. 이것을 잘 보여주는 사례로서 라투르는 파스퇴르의 탄저병 백신개발을 분석한 바 있다.

1990년대가 되자 라투르는 ANT의 인류학적 및 사회학적 경험연구를 바탕으로 그것이 서구 근대성에 던지는 철학적 함의에 대해 깊이 연구하기 시작하였고, 그 결과는 『우리는 결코 근대인이었던 적이 없다』란 책으로 나타났다. 이 책에서 그는 서구의 근대주의가 지닌 모순을 폭로하고 그것이 과학기술적 산물('하이브리드'로 지칭)의 무한증식을 낳아서 결국 오늘날의 생태위기가 초래되었다고 주장하였다. 이 위기를 해결하기 위해서는 근대주의에서처럼 머리로는 비인간/인간, 자연/사회의 이분법적 존재론을 믿으면서 실제로는 하이브리드를 무한정 만들어 낼 것이 아니라, 하이브리드들을 온당하게 자리매김할 수 있는 새로운 존재론과 행위 원칙을 세울 필요가 있다고 제안하며 이를 '비근대주의'라고 불렀다. 아울러 그는 탈근대주의는 이분법적 존재론을 극복한 것이 아니라 "실망한 근대주의"에 불과하다고 평가절하하면서, 자신의 비근대주의가 탈근대주의와 혼동되는 것을 경계하였다.

라투르의 이러한 철학적 작업은 그의 후속 연구에도 계속되었다. 『판도라의 희망』은 그의 과학철학을 집약해서 발표한 책이고, 『자연의 정치학』(Politics of Nature)은 생태위기에 대한 그의 정치철학을 본격적으로 제시한 책이었다. 그러나 그는 이와 같은 철학적 탐구에만 머무르지 않고 ANT가 경험적 학문인 사회학의 새로운 모델을 제공할 수 있는 가능성에 대하여서도 적극적으로 자신의 견해를 피력하였다. 『사회적인 것의 재조립』(Reassembling the Social)에서 그는 기존의 사회학이 인간들의 관계만을 연구하는 '사회적인 것의 사회학Sociology of the Social'으로서 이미 그 근대주의적 한계가 명백해졌다고 주장하였다. 그 대신에 ANT가 제시하는 것은 비인간/인간의 결합들로 이루어지는 이 세계의 진정한 현실을 추적하여 분석하는 '결합의 사회학Sociology of Associations'이며, 여기에 기존 사회학의 한계를 돌파할 새로운 활로가 있다고 주장하였다.

라투르는 1982년부터 2006년까지 24년이나 몸담은 국립고등광산대학교의 혁신사회학센터를 떠나 프랑스의 유명한 (그랑제콜 중 하나) 사회과학대학교인 시앙스포의 교수로 옮겨 갔다. 이것은 그가 사회과학이 보조적 역할에 머물던 엔지니어 교육기관에서 프랑스 사회과학의 핵심 센터 중 하나로 여겨지는 기관으로 활동 무대를 옮겼다는 것을 뜻하였다. 이는 단지 라투르가 그동안 쌓은 학문적 업적을 인정받아 높은 명예를 누리게 되었다는 의미를 넘어서 그의 주장이 주류 사회과학계에서도 본격적으로 주목을 받고 이전보다 더 커다란 영향을 미칠 기회가 열렸음을 나타내는 것이었다. 라투르의 학문적 출발점과 본령은 STS였기 때문에 그동안 라투르의 업적은 주류 사회과학계와 거리가 있었던 것이 사실이다. 그러나 시앙스포에서 활동한 후부터 그는 과학기술과 정치에 대한 철학적 및 사회과학적 연구는 물론이고 종교와 법 그리고 예술에 이르기까지 근대성의 거의 모든 주요 분야에 걸쳐 자신의 독특한 학제적 관점에서 연구를 확대하였다. 그러한 방대한 연구의 결과를 집대성하여 라투르가 근대성을 구성하는 열다섯 개 상이한 존재양식들을 인류학적 방법론으로 분석한 책이 바로 『존재양식들에 대한 탐구』(An Inquiry into Modes of Existence)였다.

또한 라투르는 2009년 12월 코펜하겐에서 열린 기후변화협약당사국총회COP15의 실패 이후에 근대성이 초래한 '인류세'의 생태위기가 마침내 기후파국의 형태로 임박했다는 사실을 절감하고 이를 올바로 진단하고 처방하기 위한 보다 실천적인 연구에 착수하였다. 이때 지구 생태계의 작동에 대한 과학적 설명으로서 그가 새롭게 주목한 것이 바로 가이아Gaia 이론이었다. 가이아 이론이란, 원래 1970년대에 제임스 러브록과 린 마굴리스가 함께 주장한 지구의 자기조절시스템에 대한 자연과학 이론이었는데, 라투르는 이것을 ANT 관점에서 재해석하여 새로운 정치생태학 이론으로 발전시키고자 했던 것이다. 이에 따라 그는 『가이아를 마주하기』(Facing Gaia)와 『지구와 충돌하지 않고 착륙하는 방법』, 『임계영역들』(Critical Zones), 『나는 어디에 있는가?』 등 최근 발표한 일련의 책에서 가이아 정치생태학을 통해 인류세를 분석하면서, 지구적 생태위기가 왜 가이아 내부 세계들의 전쟁이라고 말할 수 있는지 설명하고, 이러한 위기의 궁극적 해결이 어떻게 가능한가를 모색해왔다. 라투르는 만 70세가 된 2017년에 시앙스포에서 정년퇴임하였지만 지금도 여전히 시앙스포 안팎을 오가며 이러한 연구활동을 활발히 계속하고 있다.

라투르 사상의 철학적 원천과 신유물론적 성격

라투르 사상의 가장 중요한 특징은 기존의 인간중심적 인문사회과학 전통과는 달리 세계의 형성과 변화에서 비인간 사물의 역할에 초점을 맞춘 것인데, 바로 여기에 신유물론 학자로서 그의 연구가 행한 기여와 특징이 잘 드러난다고 할 수 있다. 그가 '비인간 행위자'라고 지칭하며 강조했던 관계적(또는 생기적) 행위성이 바로 나중에 신유물론에서 '물질'과 '물질성'이라고 부른 것에 해당하기 때문이다. 기존의 근대주의 인문사회과학에서 '행위자'란 오직 인간만을 지칭했지만, 라투르는 비인간/인간 이분법을 넘어 세계의 형성과 변화를 설명하는 것이 더 적실성이 있음을 경험적 연구를 통해 보여주었다. 그런데 바로 이러한 라투르의 탈인간중심적 이론에 가장 큰 영향을 준 것은 미셸 세르와 앨프리드 N. 화이트헤드의 철학이었기 때문에, 이 절에서는 두 철학자의 그러한 영향을 중심으로 라투르 사상의 철학적 원천에 대해 살펴보고자 한다.

라투르의 ANT는 '사회적인 것The Social'을 설명변수로 강조했던 1970년대 과학지식사회학SSK의 사회구성주의적 강조와는 대조적으로, 기술과학에서 어떤 특정한 현상(예컨대 어떤 특정한 과학적 이론의 성공 또는 어떤 특수한 기술적 프로젝트의 실패 등)의 '원인'이 무엇인가—즉 사회적 원인인가 또는 자연적 원인인가—에 대해 불가지론적인 접근을 옹호하였다. ANT는 과학지식의 생산을 설명하는 데 있어서 실증주의처럼 자연적인 것뿐 아니라 사회구성주의처럼 사회적인 것을 특권화하는 태도도 문제로 보았는데, 왜냐면 사회적인 것을 구성하는 것에는 비사회적인 것 또는 비인간이 포함되기 때문이다. 계급, 젠더, 제도 같은 다양한 사회적 범주들과 이해관계 및 담론을 포함하는 '사회'는 단순히 설명의 원천이 아니라, 설명되어야 할 어떤 것이라고 ANT는 생각하였다. 비인간의 역할에 대한 이러한 주목은 상이한(그러나 서로 연관된) 경로를 밟았다. '거시적' 수준에서는 인간과 비인간의 이분화가 특정한 역사적 국면에서 형성된 것으로 보였다(Shapin and Schaffer 1985; Latour 1993). 국지적 실천이라는 '미시적' 수준에서는, 비인간이 인간 행위자들 사이의 상호관계를 일상적으로 함께 형성하는 요소로서 간주되었다. 사실상 인간과 비인간은 항상 밀접하게 서로 얽히기 때문에 그런 얽힘을 '하이브리드'라고 보는 것이 더 낫다고 라투르는 보았다. 비인간을 이런 방식으로 생각하는 능력은 그 자체가 기술과학의 이질적 산물들이 낳은 결과의 하나라고 볼 수 있다. 즉 이러한 이질적 산물들(온실가스, 플라스틱, 유전자 염기서열, 디지털 기술 등)은 현실 속에 너무 광범위하게 존재하기 때문에 우리는 결코 그러한 하이브리드들을 외면할 수가 없다. 또한 이는 비인간의 이러한 중요한 역할을 포함하는 새로운 정치란 무엇인가에 대하여 우리가 생각하지 않을 수 없도록 만든다. 여기서는 비인간/인간 관계를 미시적 수준에서 라투르가 파악하는 데 큰 영향을 미친 세르의 사상을 먼저 살펴본 후, 그것을 거시적 수준에서 철학적으로 이해하는 데 큰 영향을 미친 화이트헤드의 사상을 차례로 살펴보고자 한다.

미셸 세르(1930~2019)

ANT가 '사회적인 것'의 생산에서 비인간의 역할과 그 번역을 논하는 내용은 세르의 영향을 크게 받았다. 세르의 철학적 인류학은 과학과 문학, 우화와 커뮤니케이션 이론, 철학과 자서전을 함께 엮는 연구를 통해 비인간/인간의 관계가 지닌 국지적 특수성을 포착할 수 있는 용어들을 라투르에게 제공해주었다. 세르에게 세계는 '메시지들'에 의해 횡단하고 함께 결합하는 것이다. 세르는 헤르메스라는 신화적 인물—신들의 항상 믿을 만한 메신저는 아니지만(그의 이름 으로부터 해석학이란 말이 파생됨)—을 통해서 이러한 과정을 파악하려고 시도하였다(Serres 1982). 헤르메스는 메시지들을 전달하지만, 가끔 그 메시지들은 보내질 때와 동일한 형태 또는 동일한 내용으로 도착하지 않으며 그것들이 매개하는 관계는 항상 의도대로 실현되지는 않는다. 세르의 프레임웍에서 이 '메시지들'은 특정한 패턴 또는 질서를 생산하기 위해 상이한 영역들(예: 시와 과학)을 함께 연결한다. 게다가 이 '메시지들'은 단지 언어적 또는 기호적인 것이 아니라 물질적인 것이기도 하다. 그것들은 이동하면서 한편으론 물질, 에너지, 신체, 객체들로 변형되고 다른 한편으론 관념, 기호, 문화, 주체들로 변형될 수 있다. 마지막으로 이 단일한 메신저 헤르메스는 복수 Multiple가 될 필요가 있다. 즉 오늘날과 같은 디지털 시대에는 세계를 결합하는(그리고 또한 세계를 변형하기도 하는) 복수의 메시지를 파악하기 위해서 새로운 은유—즉 복수의 천사들—가 우리에게 필요하다고 세르는 주장한다(Serres 1995b).

바로 위 내용이 말해주는 바는 이 복수의 메신저(메시지 전달자들)가 매우 다양한 형태를 취하면서도 그들 자체 또한 메시지들의 산물로서 이질적으로 구성되어 있다는 것이다. 다른 말로 하자면, 메신저들이 주체들(인간들)의 형태를 취하든 객체들(우리의 일상적 행동과 관계를 형성하는 인공물들)의 형태를 취하든, 그들 자체가 이질적인 메시지들로부터 구성된다는 것이다. 따라서 객체들을 주체들에 대립시키기보다는 양자의 차이를 흐릴 충분한 이유가 있다고 할 수 있다. 세르를 따라서 우리는 그들의 구성적 이질성을 나타내기 위해 그들을 준객체Quasi-Objects와 준주체Quasi-Subjects로 부를 수 있다.

이 준객체들은 인간들 사이를 움직이면서 인간들의 관계를 형성한다. 이에 대해 세르가 애용하는 예는 축구이다. 공이 움직이면 모든 선수는 그 공을 지향하며 공의 궤적에 근본적으로 영향을 받아 움직인다. 물론 이때 공의 궤적은 부분적으로 선수들의 공차기와 헤딩에 영향을 받지만, 다른 결정요인들(잔디의 길이, 날씨, 바람의 속도, 공의 구조 자체 등)의 영향도 받는다. 이 모든 것에서 그 공은 선수들 사이의 메신저이며, 선수들 사이에서 순환됨으로써 그것은 해당 경기라는 '사회'를 형성한다. 물론 이러한 '형성'은 항상 충실한 것은 아닌데, 왜냐면 그 공은 차는 선수 또는 받는 선수가 예상하지 못한 일들을 때때로 하기 때문이다. 즉 공은 가끔씩 선수들을 '배반Betray' 한다는 것을 잊지 말아야 한다.

따라서 세르에게 준객체들은 사회를 형성하는 데 매우 중요하다. "우리의 관계, 사회적 결속은 만일 그것이 주체들 사이의 계약뿐이라면 구름과 같이 취약할 것이다. 사실상 객체가 우리의 관계를 안정화시키며 우리의 혁명 시간을 느리게 만드는 역할을 한다. 개코원숭이들의 불안정한 결속에서는 사회변화가 매 순간 일어난다. … 그러나 우리 인간들에게는 객체들이 우리의 역사를 느리게 만드는 역할을 한다"(Ibid., p. 87). 더 나아가 우리가 축구의 예에서 보았듯이, 준객체의 움직임은 인간관계로부터 분리해서 생각할 수 없다. 따라서 어떤 집단의 핵심에 있는 관계는 그들의 객체를 구성하며, 그 집단에서 움직이는 객체는 관계와 해당 집단을 구성한다. 따라서 이들 두 보완적 활동은 동시적이라고 세르는 보는 것이다.

세르는 준객체들이 인간들의 관계를 구체화할 수 있는 정도에서 차이가 있다는 점을 매우 잘 알고 있었다. 그는 인간관계에 거의 영향을 주지 않는 준객체들을 지칭하기 위해 '조커들' 또는 '빈 도미노들'이란 용어를 사용하였다. 하지만 이것은 안정된 속성이 아니다. 왜냐면 준객체들은 구체성을 증대할 수 있기 때문이다. 즉 준객체들이 순환하면서 사회관계의 구체화를 통해 자신의 구체성을 축적하고, 역으로 이 사회관계는 준객체들을 더 구체화함으로써 결국 점점 더 이 양자는 단단한 짝결합을 이룰 수 있기 때문이다. 바로 이 점에서 준객체들은 사회적인 것의 생산 및 재생산에 매우 중요해지고 그 결과 준주체들과 비슷해지는 것이다.

위에서 우리는 준객체 메신저들이 항상 충실한 것은 아님을 언급하였다. 그들은 메시지를 언제나 정확하게 전달하는 것은 아니고 가끔씩 관계를 망치고 배반하는 역할을 한다고 하였다. 세르는 이것을 기생충Parasite의 형상을 통해 다루었는데(Serres 1982), 이 기생충은 '소음'을 일으킴으로써 송신자와 수신자 사이의 커뮤니케이션(신호의 이동)을 교란한다. 세계에는 이런 기생충들이 많기 때문에 커뮤니케이션이 지속되려면 이들은 배제될 필요가 있다. 영국 축구에서는 훌리건Hooligan들이 소란을 피우는 것을 막기 위해 일련의 배제 조치들이 점차 부과되었다. 예컨대 모든 경기에서 음주를 금지하고 경기장 좌석을 재배치한 것 등이 여기에 포함된다. ANT는 바로 이러한 배제 과정에 분석적인 관심이 있다. 행위자들의 이해관계가 어떤 과학자(또는 어떤 다른 행위자)에 의해 번역—예컨대 교통시스템을 보다 효율화할 이해관계로부터 개인 소유의 전기자동차에 대한 이해관계로 번역—될 경우에, 다른 대안들(예컨대 보다 효율적인 공중교통)에 대한 이해관계와 메시지들은 배제될 수밖에 없는 것이다.

하지만 축구에서의 변화가 예시하듯이, 기생충들은 생산적이다. 그들의 존재와 배제는 구체적 결과들—예컨대 축구 경기장의 재설계 등—을 낳는다. 따라서 세르는 기생충적 무질서가 세계의 내재적 양상이라는 점과 그것의 존재와 배제가 질서화를 복잡하게 만드는 촉발요인이 될 수 있다는 점에 관심을 갖는다. 따라서 기생충들은 무질서뿐 아니라 재질서화를 창출하기 때문에 유용성이 있다. ANT는 이러한 질서화와 무질서화의 패턴들이 출현하는 것을 이해하려는 독특한 접근이라 이해할 수 있다.

기생충에 대해 마지막으로 지적할 점은, 그것이 헤르메스처럼 기호적이거나 물질적일 수 있다는 점이다. 교란은 물리적 개입의 형태를 띨 수도 있고 아니면 불행한 이야기의 형태를 띨 수도 있다. 그런데 물리적 개입은 새로운 사회적 의미들의 출현을 초래할 수 있고, 불행한 이야기는 새로운 물리적 장치들의 설치를 초래할 수 있다는 점이 중요하다. 결국 세르는 지금부터 살펴볼 화이트헤드와 더불어 ANT에 인간과 비인간, 주체와 객체 사이의 관계에 대해 새롭게 사유하는 방식—더 이상 양자가 분리되는 것으로 보지 않는 방식—을 제공해주었다고 볼 수 있다.

엘프리드 N. 화이트헤드(1861~1947)

르네 데카르트의 심신 이원론 이후 근대주의 철학의 주류에서 인간과 비인간, 자연과 사회를 이분법적으로 구분하는 전통에 대한 불만은 일찍이 화이트헤드의 저작에서 체계적으로 표현된 바 있다 (Whitehead 1920, 1929). 오늘날 화이트헤드의 형이상학은 라투르의 후기 사상뿐 아니라 그의 지적 동료들이라고 볼 수 있는 이사벨 스탕게르스Isabelle Stengers와 도나 해러웨이Donna Haraway에게도 큰 영향을 미쳤으며(Latour 1999, 2004; Stengers 2014; Haraway 2000), 그 외에도 신유물론의 여러 학자는 점점 더 화이트헤드에 대해 관심을 갖는다. 1960년대 이후 분석철학에 지배당해 거의 잊힌 화이트헤드 철학이 21세기에 다시 부활한 것은 사실상 이러한 신유물론 학자들의 기여가 크다고 할 수 있다.

화이트헤드의 철학적 기획에서 핵심을 이루는 것은 그가 서구 근대철학의 토대를 이룬다고 본 '자연의 이분화Bifurcation of Nature'를 넘어서는 일이었다(Whitehead 1920). '자연의 이분화'란 자연을 앎의 대상이 되는 물질 세계와 앎의 주체가 되는 인간 세계로 분할하는 것이다. 이와 달리 화이트헤드의 철학 구도에서 '자연'은 모든 존재를 가리키는데, 이 존재들은 근대철학에서 물질 세계로 취급되는 요소들(예컨대 빛과 소리, 몸과 두뇌 등)이 제 역할을 수행하지 않고는 '앎' 자체가 불가능한 것이다. 또한 화이트헤드에게는 '사회'란 개념도 근대철학과는 매우 다르다. 화이트헤드주의 사회학자인 마이클 헤일우드Michael Halewood는 "화이트헤드에게 '사회'란 모든 종류의 존재가 서로 결합하고 견디는 데 성공하여 어떤 종류의 통일성을 구성하게 된 성취이다. … 따라서 바위, 돌멩이, 아메바, 책 등은 모두 사회들이라고 간주될 수 있다"라고 요약한다(Halewood 2011, p. 85). 그러므로 사회학자들이 '사회'라고 부르는 것은, 화이트헤드가 제시하는 보다 광범위하고 이질적인 판본의 사회를 우리가 다론 이후에야 돌아볼 수 있는 어떤 것이 된다. 즉 (인간 수준에서의) 사회학과 사회적인 것에 대한 어떤 논의도 모든 존재에게서 나타나는 이 광범위한 사회와 사회적인 것의 개념들을 고려한 후에야 겨우 착수할 수 있다는 것이다. 이것은 자연과 사회의 이분법을 거부하는 ANT의 급진적 대칭성 원칙보다 훨씬 선행한 통찰이었다. 우리는 '사회학적인 사회'가 이러저러한 현상의 출현을 설명할 수 있다고 가정할 수 없고, 그 대신에 '사회학적인 사회'를 이렇게 보다 광범위한 화이트헤드적 사회와 관련지어 다시 위치시킬 필요가 있는 것이다.

'사회학적인 사회'를 이렇게 다시 위치시키려면, 세계에는 지속적 '생성'과 동시에 내구적 '사실'이 존재한다고 말한 화이트헤드의 분석을 먼저 이해할 필요가 있다. 세계는 과정 속에 있고, 창발적이며, 펼쳐지는 것이지만, 세계는 또한 내구적인 존재들로 가득한 것이기도 하다. 이를 파악하기 위해서 화이트헤드는 일련의 상호연관된 개념들을 만들어 냈는데, 여기서 나는 라투르 사상을 조명하는 데 필요한 것들만 소개하고자 한다. 화이트헤드의 철학에서 가장 기초를 이루는 것은 '현실적 존재Actual Entities'의 개념이다. 현실적 존재는 우주 만물을 구성하는 기본 단위로서 원자 같은 것이지만, 고정 불변하는 실체가 아니라 생성·소멸하는 과정적 실재이다. 우리가 현실에서 경험하는 모든 사물은 복수의 현실적 존재가 결합된 것이고, 이 '결합체Nexus' 중에서 질서를 갖는 것을 화이트헤드는 '사회'라 불렀다. 현실적 존재는 '포착Prehension'이라 부르는 생성의 과정으로부터 구성되는데, 이는 물리적인 것과 정신적인 것, 의식적인 것과 무의식적인 것, 비인간과 인간을 포괄하는 이질적인 요소들 모두에 걸친 관계적 경험이다. 이 다양한 포착은 함께 결합되는 '합생Concrescence'과정에 들어가고, 이로부터 현실적 존재가 만들어진다. 이후 현실적 존재는 다른 포착들과 합생하는 포착이 되어 결국 후속적인 현실적 존재를 형성한다. 이런 면에서 현실적 존재는 덧없는 존재라고도 볼 수 있는데, 여러 포착이 결합되어 주체가 되는 '만족'의 순간 직후에 새로운 포착(즉 후속적 현실적 존재의 창조)을 위한 객체로서 위상이 변하기 때문이다. 화이트헤드의 분석에서 '만족'이란 관념은 목적론적 요소가 있음을 나타내는데, 어떤 특정한 합생에서 모든 포착은 함께 행복하게 결합되는 게 아니라 포착하는 주체의 결단에 의해 어떤 것들은 포섭되는 반면 다른 것들은 배제되기 때문이다.

화이트헤드 분석이 지닌 중요한 함의는 우리가 특정한 사회적 사건을 설명할 때 인간 주체나 인간 행위자를 아무 문제없이 가정할 수 없다는 점이다. 왜냐면 화이트헤드에겐 주체 역시도 주어진 것이 아니라 합생이라는 생성의 '사건Event' 안에서 출현하기 때문이다. 그리고 일단 주체가 되고 나면 현재의 합생을 넘어 또 다른 새로운 합생들의 계기가 되기 때문에 이를 또한 '초주체Superject'라고 할 수 있다. 한마디로 주체성에는 실체론적 기초가 없는 것이다. 따라서 모든 주체는 어떤 사건을 선행하거나 사건의 기초가 되는 게 아니라, 그것이 당면하는 포착들을 통해 생산된다. 이 점이 가리키는 바는, '사회적인 것'이 그 이질적 포착들의 면에서 해명될 필요가 있는 것과 마찬가지로 '인간 주체'(또는 '인간 행위자')도 역시 그런 해명이 필요한 것이라는 사실이다.

물론 여기서 소개한 것은 화이트헤드 분석의 매우 선택적이고 단순화된 설명이다. 그럼에도 불구하고 이것을 통해 우리는 라투르 사상과의 세 가지 연결점을 조명할 수 있다.

① 사회적 사건들은 창발적이고, 과정 속에 있으며, 다중적 요소로 구성되어 (또는 다양한 포착으로 합생되어) 있다.

② 사회적 사건들을 구성하는 포착들은 이질적이다. 즉 '사회적인 것'과 '인간 주체'는 정신적이고 인간적인 요소뿐 아니라 물질적인 것과 비인간을 포함하는 요소들로 구성되어 있다.

③ 일단 현실적 존재로 합생되면 이 사회적이고 주체적인 요소들은 후속적인 현실적 존재들이 포착하는 객체로 바뀐다. 따라서 주체와 객체는 데카르트의 이원론에서처럼 상이한 실체들로서 존재하는 것이 아니라, 모든 존재가 거쳐가는 생성의 연속적 과정들이다.

여기서 우리는 일종의 '순환' 모델의 배아를 볼 수 있는데, 현실적 존재는 출현한 후에 새로운 현실적 존재에 들어가는 포착으로 합생되고 이후 다시 또 다른 포착이 되어 계속 옮겨간다. 이러한 '순환'의 과정에서 포착으로서의 어떤 현실적 존재들은 다른 포착들과 결합하여 새로운 현실적 존재를 형성('만족'에 도달)할 수 있는 반면에, 다른 현실적 존재들은 그런 합생에 들어갈 수 없다. 이 말은 현실적 존재들 사이의 포착 범위가 서로 다를 수 있다는 것이다. 예컨대 이를 ANT에 적용하자면, 어떤 과학 논문은 큰 저항이 없이 상이한 상황들에 들어가서 다른 논문들과 결합하여 새로운 지식을 생산할 수 있지만, 모든 논문이 그런 행운을 누리지는 않는다는 것이다.

라투르의 신유물론적 사회이론: 행위자-연결망 이론ANT

　라투르의 ANT는 이상에서 살펴본 세르와 화이트헤드의 철학적 통찰들에 영감을 받아 이를 사회과학의 독창적인 경험적 연구프로그램으로 발전시킨 것이라고 할 수 있다. 그것은 원래 1980년대 초에 과학기술 사회학의 새로운 접근으로 시작되었지만 그 후 점차 과학기술뿐 아니라 거의 모든 사회현상에 적용할 수 있는 이론으로 확대되었고, 21세기 들어서는 마침내 기존의 근대주의 사회과학 전체에 대한 도전이자 새로운 패러다임으로서 변모했다(Latour 2000, 2005). ANT는 사회세계가 구축되는 데 있어서 어떤 고정된 준거틀이나 토대와 같은 관념들을 갖고 있지 않으며 인간과 비인간 행위자들 사이에 어떤 구분도 하지 않기 때문에 도전적이다. 그것은 또한 전통/근대, 미시/거시, 객체/주체, 사회/기술, 그리고 자연/사회와 같은 근대주의 사회과학의 가장 표준적인 이원론들을 필요로 하지 않기 때문에 새로운 패러다임으로 볼 수 있는 것이다.

　기존 사회학자들은 전통/근대의 구분을 하지만 ANT는 그것을 거부한다. 그 대신에 전통사회와 근대사회의 차이는 스케일, 복잡성(포함된 비인간들의 수), 그리고 행위자-연결망의 길이에서의 차이로 설명될 수 있다고 본다. 예를 들면 근대사회는 전통사회보다 더 밀접히 연결된 더 많은 요소를 번역하고, 횡단하며, 가입시키고, 동원한다고 보는 것이다. 또한 미시/거시의 구분은 이와 동일한 이유로 ANT에게는 부정된다. 스케일은 행위자들의 성취로서 나타나는 것이지 미리 전제될 수 있는 것이 아니기 때문이다. 따라서 우리가 주목해야 할 것은 스케일이 아니라, 결합의 사슬, 연결망의 규모, 가입된 요소들의 수라고 본다. ANT는 객체/주체의 이분법과 그것이 '사회'라고 불리는 어떤 것 안에 배치된다고 보는 상식적 관점을 피한다. 그 대신에 라투르는 한 집합체Collective 안에 인간과 비인간의 결합들이 존재한다고 주장한다. 사회/기술의 이분법 역시 경험적 분석 아래서 붕괴하는데, 왜냐면 존재들은 서로의 역량들을 교환하며 인간과 비인간 모두가 행위성을 행사하기 때문이다. 그러므로 '사물들 자체Things-in-Themselves'와 '인간들 자신Humans-among-Themselves'을 이분법적으로 구분했던 칸트의 도식은 무의미해진다. 이 양자는 항상 결합되기 때문이다. 따라서 한 집합체 안에서 어떤 것이 사회적이고 어떤 것이 기술적이냐를 구별하는 것 대신에 우리는 다음과 같이 물어야만 한다고 라투르는 주장한다. **그것은 다른 것들에 비해 약한 결합인가 또는 강한 결합인가?**

이와 같이 ANT는 이항대립적인 본질적 차이들에 대해 사유하는 대신 행위자–연결망들의 안정성과 내구성을 강조한다. 이것이 사회(더 정확히는 '집합체')를 유지하는 힘을 설명해주기 때문이다. 이 문제에 답하기 위해서 ANT는 사회이론가들이 대체로 주목하지 못하는 두 가지에 관심을 둔다. 하나는 비인간의 역할이고 또 하나는 결합을 만드는 데 드는 노력이다. 사물과 사람, 자연과 사회는 동일한 존재론에 속해 있다고 보며 따라서 이를 종종 '평평한 존재론Flat Ontology'이라고 부른다. 또한 ANT는 이원론의 인간중심주의가 아닌 이러한 새로운 존재론을 표현하기 위해 인간과 비인간에 공통적인 어휘를 제공한다. 예컨대 행위소Actant가 행위자를 대신하는데 그것은 행위자가 인간 행위성만을 지칭해왔기 때문이다. 이와 마찬가지로 행위자–연결망이 사회관계를 대신하고, 위임이 사회적 역할을 대신하며, 번역이 상호작용을 대신하고, 집합체가 사회를 대신한다. ANT는 바로 이렇게 탈이원론적 존재론과 탈인간중심적 개념들을 통해 기존의 사회과학에 도전하는 것이다.

라투르에 의하면 기존의 사회학은 범주적 오류를 규명하는 것에 기초를 둔다고 보인다. 즉 사회학자의 임무는 사람들의 생각을 다음과 같이 바로잡는 것이다. "당신은 그것이 X라고 생각하지만, 그것은 사실 Y이다"라고 사회학자는 주장하는 것이다. 여기서 'Y'가 참된 사회적 기능을 수행하는 것이라고 보기 때문이다. 따라서 그들이 무엇을 연구하든 사회학자들은 참된 것이란 항상 다른 어떤 것이라고 판명한다. 고로 사회학자들이 무언가를 파악했다고 주장할 때 그들은 그것이 실제로 무엇인가는 제쳐두게 된다. 즉 그들이 연구하는 것을 파괴하거나 무시하게 되는 것이다.

그 대표적 예가 바로 종교라고 라투르는 주장한다. 종교사회학자들은 믿음, 의례, 기적은 순전히 사회적 기능들을 수행한다고 주장하였다. 죽음 후에는 아무것도 일어나지 않으며 어떤 행위도 보다 높은 원천으로 귀속할 수 없다고 주장해왔다. 모든 것은 바로 지금 여기 지구에서 일어나는 사건일 뿐이다. 종교적 실천들은 단지 물신주의로서 믿음의 허위 대상일 뿐이며, 이는 사회의 참된 대상으로 대체되어야 한다고 보기 때문이다. 사회학자들은 종교의 참된 기능은 사회에 응집성을 부여하거나 사회의 구조적 불평등을 감추는 것이라고 판단하였다. 때문에 뒤르켐은 종교를 사회적 연대와 통제의 도구라고 설명했고 마르크스는 그것을 "인민의 아편"이라고 부정했다.

라투르는 이러한 기존의 사회과학적 설명에 반기를 들면서, 우리가 대상의 사물성Thingness을 진지하게 대해야 한다고 주장한다. 언제 사회과학자가 무대에 등장하여 설명해야 하는가에 대한 질문에 라투르는 다음과 같이 답한다.

> 어떤 자전거 타는 사람이 바위에 부딪혀 자전거에서 떨어졌다면, 사회과학자들은 그들이 말할 게 아무것도 없다고 고백할 것이다. 사회과학이 가능해지는 것은 오직 경찰, 애인, 보험회사원 또는 착한 사마리아인이 그 장면에 등장할 때인데, 왜냐면 그때에야 비로소 우리는 단지 사건의 인과적 연쇄가 아니라 사회적으로 의미 있는 일련의 사건들과 마주하기 때문이다. 그러나 ANT 연구자들에게는 그렇지 않다. 그들은 물질과 사회의 경계를 자연과학과 사회과학 사이의 분업으로 간주하지 않고서 자전거의 메커니즘 자체, 도로의 포장 상태, 바위의 지질학, 상처의 생리학 등이 모두 사회학적으로 흥미롭고 경험적으로 분석가능하다고 생각하기 때문이다"(Latour 2000, p. 108).

위 마지막 문장이 특히 중요한데, 여기서 라투르가 사회를 사람과 사물이 결합된 어셈블리지로 보고 있다는 것을 알려주기 때문이다. 사회적인 것은 물질적 및 상징적 기초들을 지닌다. 라투르는 '비환원 Irreduction'의 원칙에서 "모든 사물의 일반적 특징은 그들이 모두 특수하기 때문에, 대용물로 간주되는 어떤 다른 것에 의해 그들이 대체될 수 없다는 것이다"(Ibid., p. 112)라고 주장한다. 모든 것은 고유의 적절성을 지닌다는 것이다. 이는 사회에 대한 우리의 표준적 관념을 다시 생각하도록 만든다. 바로 이것이 ANT의 임무가 된다. "'사회'는 (저 밖에 존재하는 것이 아니라) 구성되고, 만들어지며, 구축되고,

확립되며, 유지되고, 조립되어야 하는 것이다. 그것은 더 이상 어떤 다른 행위 또는 행동의 존재와 안정성을 설명하기 위해 동원될 수 있는 인과성의 숨은 원천으로 간주될 수 없다"(Ibid., p. 113).

ANT에게 객체들은 인간과 다른 유인원을 구분하는 차이점을 이룬다. 그들 없이 인간 사회가 존재할 수는 없기 때문이다. 인간 사회의 구조화 효과는 사회적 수단만으로는 가능하지 않다. ANT는 인간 사회에서 순전히 사회적인 관계가 과연 관찰되는가에 대해 의심을 품는다. 라투르가 이에 대해 흔히 드는 예는 자동차의 속도 문제다. 우리는 사람들에게 속도를 내지 말라고 말할 수 있고, 과속하는 사람들에게 벌금을 물릴 법을 통과시킬 수 있으며, 과속하는 사람들을 잡도록 경찰을 훈련시킬 수도 있다. 그러나 라투르는 말로 하는 명령은 무게가 없으며 경찰도 항상 모든 곳에 그리고 언제나 서 있을 수는 없다고 지적한다. 이와 달리 과속방지턱은 가능하다고 라투르는 주장한다. 과속방지턱은 말로 하는 명령이나 경찰의 간헐적 존재보다 운전자들이 속도를 늦추게 만드는 데 훨씬 더 효과적이라는 것이다. 만일 운전자들이 속도를 늦추지 않으면 그들의 차가 망가지기 때문이다. 바로 이것이 사회적 통제가 사물에 위임되는 한 방식이다.

그렇다면 ANT는 사회적인 것을 새롭게 바라본다고 할 수 있다. 즉 사회적인 것은 항상 이미 존재하는 실재의 영역으로서 안정되고 동질적인 유형의 사물이 아니다. 그것은 일련의 이질적인 어셈블리지들이다. 이 안정된 결합의 사슬들은 종종 오직 인간 행위자들보다 더 내구적이고, 믿을 만하며, 순종적이다(과속방지턱의 예가 보여주는 것처럼). 우리가 사회적인 것으로 간주하는 것들은 이렇게 이질적으로 구성된 연결망들의 효과이다. 즉 사회, 기술, 그리고 행위성은 모두 연결망의 효과인 것이다. 라투르는 기술과 같은 사물에 의존하지 않고 응집되는 사회적 및 정치적으로 복잡한 집단들이 있다는 것을 인정한다. 그러나 그들의 관계는 불안정하고 취약하기 때문에 지속적인 유지와 보수를 필요로 한다. 사실 이러한 집단들은 인간에게서가 아니라 개코원숭이Baboon에게서 잘 관찰된다고 그는 지적한다. 따라서 비인간 사물들이 매개하지 않는 전통적 사회학의 모델은 오히려 이들에게 적합하다는 것이다. 따라서 그는 전통적 사회학을 '사회적인 것의 사회학'이라 부르고 이를 ANT가 추구하는 '결합의 사회학'과 대조시키고 있다(Latour 2005).

라투르 신유물론의 정점: 가이아 정치생태학

라투르는 1980년대에 과학기술에 대한 ANT의 경험적 연구에서 얻은 통찰을 90년대 초에 들어와 근대성에 대한 분석에 적용하였고, 이때부터 이미 근대성이 초래한 최대의 문제가 생태위기임을 주장하면서 자신만의 독특한 정치생태학을 전개하기 시작하였다(Latour 1993). 근대성이 생태위기를 초래한 원인을 그는 자신이 '근대적 헌법'이라고 표현한 이원론적 존재론(비인간/인간 = 객체/주체 = 자연/사회)에서 찾았다. 이런 근대성의 질서 하에서는 세르가 말한 '준객체'와 같은 하이브리드가 무한정 생산되지만 그것의 존재와 역할이 이원론에 의해 무시되기 때문에 결국 생태위기로 귀결된다고 보았다. "준객체들은 너무 많아서 그들이 객체의 질서나 주체의 질서에 의해 충실히 대표된다고 느낄 수 없게 되었다"라고 그는 지적한다

(Ibid., p. 49).

라투르는 생태위기라는 이런 역사적 사건을 역설적으로 '자연의 종말'이라고 묘사하였다. 그에 따르면, 우리는 언제나 자연의 관념을 갖고 있었지만 그것을 아무 행위성이 없이 저 밖에서 그저 수동적으로 존재하는 객체―인간의 목적에 대한 수단들의 순수한 집합―로 보았다는 것이다. 하지만 이제 그러한 관념은 더 이상 유지할 수 없고 "피억압자가 돌아왔다"(Ibid., p. 77)라고 라투르는 주장한다. 자연은 인간들의 행위에 예측불가능하며 때로는 충격적인 방식들로 반응, 응답, 대답하는 것으로 보인다. 이에 대한 근대성의 대응은 부적절한데, 왜냐면 준객체들을 단순한 객체로 정화Purification하는 이원론은 비인간들의 모든 관계와 행위에 적절한 위치를 부여할 수 없기 때문이다. 그러므로 비인간들의 설명되지 못한 행위들은 점점 누적되고, 이는 마침내 무시하기엔 너무 커져서 근대성의 안정된 질서를 위협하게 되었다는 것이다. 그 결과 객체 자신이 스스로를 준객체로 다시 드러내기 시작하였다. 라투르는 이를 '객체성의 위기'라고 표현하면서 "정치생태학은 생태적 객체들의 위기 때문에 자신을 드러내는 것이 아니라, 모든 객체에 부과되는 일반화된 헌법적 위기를 통해 자신을 드러낸다"(Latour 2004, p. 20)고 주장하였다.

인간의 근대문명이 초래한 지구적인 생태위기는 마침내 2000년에 자연과학자들이 '인류세Anthropocene'라고 명명함으로써 전 세계적으로 주목받는 이슈가 되었다. 라투르는 이러한 인류세 논의를 반겼지만, 서구 학계의 인류세 논의가 자칫 또 다시 근대성의 이원론과 인간중심주의에 빠지는 위험을 경계하면서 이런 위험을 벗어날 수 있는 대안적 관점으로서 1970년대부터 러브록과 마굴리스가 개척한 '가이아' 이론에 주목하였다. 그리고 아직 논쟁 많은 자연과학적 가설에 머물러 있던 이 이론을 자신의 ANT 관점으로 재해석하면서 인문사회과학적인 새로운 이론으로 재탄생시켰다. 라투르가 처음 자신의 가이아 관점을 소개한 것은 제임스 러브록의 『가이아의 복수』에 감명을 받아 2007년 4월 영국사회학회 연례학술대회에서 기조강연으로 발표했던 논문 「지구적 학문을 위한 호소」(A Plea for Earthly Sciences)(Latour 2010)였다. 하지만 보다 본격적으로 이를 이론화하여 발표하기 시작한 것은 2013년 2월 에든버러대학교의 유명한 기포드 강연에서 초청 강의를 한 내용을 책으로 묶은『가이아를 마주하기』가 처음이었다.

라투르에게 인류세란 용어는 '생태위기'와 같은 개념이 보여주지 못하는 것, 즉 그것은 그냥 지나가는 임시적 상태가 아니라는 것을 보여준다. "지나가는 위기에 불과할 수 있었던 것이 세계에 대한 우리의 관계를 근본적으로 바꾸면서 변형이 되고 있다"(Latour 2017, p. 9). 1993년 저서에서 라투르는 우리가 결코 근대적이었던 적이 없다며 부정적으로 주장했지만, 인류세의 개념을 그는 우리를 긍정적으로 정의하는 데 사용한다. 즉 인류세는 우리가 결코 근대적이었던 적이 없으며, 그리고 우리는 현실에서 실제로는 준객체들을 다루고 있다는 통찰이 하나의 집합적 경험이 되었다는 것이다. "우리가 실제로 근대적이길 그만둔 것처럼 모든 일이 일어나고 있고, 이번에는 집합적 수준에서 그러하다"(Ibid., p. 88)라고 그는 지적한다.

인류세의 새로운 조건은 라투르에게 여러 가지를 의미한다. 인류세에 대한 전통적 견해는 인간이 지구행성에 영향을 미치는 가장 큰 요인이 되었음을 인류세가 의미한다는 것이다. 라투르의 견해는 이런 관점과는 여러 가지로 다르다. 그에게 인류세는 지구 역사에 있어서 어떤 종류의 급진적 단절 또는 근본적 혁명을 의미하지 않는다. 라투르는 우리가 지금 다른 세계에 살고 있는 것이 아니라, 인류세란 무엇보다 우리가 오래된 세계에 근본적으로 다른 방식으로 관계를 맺을 의무가 있음을 알려주는 것이라고 본다. 라투르의 이 새로운 견해에서는 전통적 주인공들(자연, 사회, 인간, 과학, 기술)이 사라지거나, 또는 그런 것들이 처음부터 아예 존재하지 않았음을 우리가 깨닫게 되는 것이다.

자연은 우리의 근대문명이 묘사하는 수동적 객체(즉 능동적 주체인 인간의 대립물)가 아니라 러브록이 이름을 붙인 '가이아'가 그것에 더 적절한 묘사라고 라투르는 본다. 하지만 러브록은 종종 오해를 받는다고 라투르는 주장한다. 즉 가이아는 지구가 하나의 살아 있는 유기체가 되었다거나 그것이 하나의 고정되고 폐쇄적인 시스템이라는 것을 뜻하지는 않는다. 그보다 가이아는 "각자가 자신의 환경을 조작하는 것에서 이해관계를 추구하는 행위하는 힘들의 모든 상호교직되고 예측 불가능한 결과들에 제안된 이름"(Ibid., p. 101)이라 보아야 한다는 것이다. 따라서 가이아는 아무 고정된 정체성이 없고, 우리의 주관적 주장들 뒤에서 객관성을 보여줌으로써 우리의 갈등을 초월적으로 심판하는 기존의 '자연'과 같은 역할이 없다는 것이다. 그보다 가이아는 세르가 말한 의미에서의 제3자, 즉 인간들의 관계에 끊임없이 개입하고 변화를 일으키는 준객체 또는 기생충에 더 가깝다고 라투르는 본다. "가이아는 우리의 모든 갈등에서 제3자이지만(특히 인류세 이후에), 그것은 상황들보다 우월하거나 상황들을 명령할 수 있는 그런 제3자의 역할을 결코 수행하지는 않는다"(Ibid.,

p. 238). 인류세에 우리는 항상 가이아와 대면하는데, 그것은 한 시스템이나 유기체로 통합되지는 않은 매우 다양한 행위자로 이루어져 있지만 우리의 행위에 복잡하고 변덕스럽게 반작용을 한다. 이것은 임시적 상태가 아니라, 우리의 영구적 조건으로 이젠 보아야 한다. 또는 스탕게르스가 말하듯이, "가이아가 우리에게 그녀를 무시할 자유를 돌려주는 미래를 예측할 수 없다"(Stengers 2015, p. 47).

인류세는 단지 자연의 종말이 아니라 인간의 종말도 시사한다. 인류세란 지구 역사에서 인류가 가장 중요한 요인이 된 것을 뜻한다는 관념은 쉽게 오해된다고 라투르는 주장하면서 다음과 같은 세 가지를 지적한다. 첫째, 경험적 수준에서 그 관념은 오해되고 있는데, 왜냐면 우리가 '인류'라고 언급할 때 그것은 마치 하나의 통일된 집단을 가리키는 것처럼 우리가 연상하기 때문이다. 실제로는 그러한 통일된 집단이란 존재하지 않으며 모든 인류가 인류세에 똑같이 책임이 있는 것도 아니다. 예컨대 아마존 밀림의 원주민들이 서구의 산업들만큼 지구에 영향을 미치고 있지 않다는 것은 명확하다. "인류세의 인류? 그것은 바벨탑이 무너진 후의 바벨이다"(Latour 2017, p. 122).

둘째, 인류세는 또한 보다 개념적인 수준에서 오해되고 있는데, 인류세에 대립하고 있는 것은 능동적 인간들 대 수동적 자연이 더 이상 아니기 때문이다. 근대주의에서 인간에 대한 전통적 상은 '주체'의 모습이었다. 즉 모든 행위성을 소유하고 그(녀)가 지구에 원하는 것을 행할 무제한의 역량을 지닌 어떤 존재 말이다. 그러나 인류세에서 한 주체가 된다는 것은 "객관적 틀과 관련하여 자율적으로 행위하는 것이 아니라, 자율성을 잃은 다른 주체들과 함께 행위할 힘을 나눠가질 뿐이다"(Ibid., p. 62). 영향을 주는 것은 우리가 어떤 것에 대해 행사할 모든 권력을 갖는 것을 의미하는 게 아니라, 영향을 받는 다른 모든 존재가 행위성의 일부(즉 반작용하고 응답하는 것)를 갖는 걸 의미한다. 따라서 인류세는 우리로 하여금 다시 진정한 '준주체'들이 되도록 그래서 가이아의 민감한 연결망들에 의존하도록 강제하는 것이다.

셋째, 과학과 기술이라는 행위자들 역시 인류세에서는 변화한다. 과학은 더 이상 궁극적 심판이 될 수 없고, 그 자신의 연결망들에 의존하고 있음을 인정해야 한다. 과학은 결코 확실한 것이 아니며, 불확실성이 그것의 주요 특징 중 하나가 되는 것이다. 기술도 이와 마찬가지로 자신을 능동적 주체의 손에 쥐어진 중립적 도구, 즉 객체로 볼 수 없고, 다른 준객체들 그리고 가이아와의 협상에서 매우 상이한 역할을 수행해야만 한다.

생태위기에 대한 라투르의 견해는 세르의 책 『자연계약』(The Natural Contract)에서 큰 영감을 받았다. 이 책에서 세르는 우리의 근대적인 '사회계약'은 불충분한데, 왜냐면 그것은 우리가 사물들과 필연적으로 관계를 맺으면서도 사물들을 항상 배제했기 때문이라고 주장하였다. 인류세에는 이런 사회계약이 문제가 되고 있다. "우리는 '수단들의 일반화된 반란'에 마주치고 있다. 모든 존재—고래, 강, 기후, 지렁이, 나무, 송아지, 젖소, 돼지, 병아리—가 더 이상 '단지 수단으로서' 취급받는 것을 동의하지 않고 자신들 역시 '항상 목적으로서' 취급받기를 주장하고 있다"(Latour 2004, pp. 155-56). 인류세란 우리의 현재 정치적 집합체에 대한 준객체들의 일반적 침입에 다름 아니라고 볼 수 있다. 인류세는 우리가 관계하는 준객체들과의 협상을 우리로 하여금 재개하도록 요구하는 것이며, 그러지 않을 경우 준객체들은 인간이 없는 새로운 가이아로 변모하는 선택을 할 것이다.

따라서 이러한 '가이아의 전쟁'을 벗어나려면 평화 협상이 필요하다고 라투르는 주장한다. 이는 사실상 세르가 일찍이 말했던 '자연계약'과 일치하는데 그 내용은 다음과 같다. "이는 공생체가 숙주의 권리를 인정하는 공생의 계약이다. 반면에 기생충—현재 우리 인간의 모습—은 자신이 약탈하고 거주하는 숙주를 죽음에 빠지게 한다. 결국에는 자신을 역시 죽음에 빠뜨리는 것도 인식 못한 채…"(Serres 1995a, p. 38). 한마디로 자연계약은 준객체들의 행위성과 권리가 인정되는 비근대적 계약을 의미하며, 라투르는 이를 '생태화Ecologization'라고 불렀다(Latour 1998). 이는 17세기 '사회계약'이 추구했던 인간중심적 '근대화'가 초래한 오늘날 인류세의 생태위기에 대한 라투르의 탈인간중심적 처방이다. 과연 어떻게 이를 성취할 수 있을까? 바로 이것이 라투르의 정치생태학과 새로운 가이아 이론이 추구하는 내용이라고 할 수 있다.

결론

이상에서 살펴보았듯이 라투르는 근대주의의 한계를 넘어서려는 세르와 화이트헤드의 탈이원론적이고 탈인간중심적인 철학에 깊은 영감을 받아서, 이를 ANT라는 과학기술학과 사회과학에서의 경험적 연구프로그램으로 발전시켰고 더 나아가서 이런 연구를 기초로 삼아 오늘날 근대성이 초래한 인류세의 생태위기를 진단하고 처방하기 위한 정치생태학과 가이아 이론을 발전시키려 노력해왔다. 이와 같은 라투르의 연구와 사상은 그의 지적인 동료들인 스탕게르스와 해러웨이 등과 더불어 21세기 인문사회과학의 새로운 패러다임으로 대두한 신유물론의 선구적 역할을 하였으며(김환석 2020; 유선무 2020), 또한 생기적 유물론이나 객체지향 존재론 같은 새로운 신유물론 이론들에 큰 영감을 불어넣는 역할을 하였다.

신유물론 패러다임에 속하는 이론들은 그 입장이 다양해서 쉽게 하나로 묶거나 요약하기는 힘들지만, 그들 대부분이 공유하는 핵심적 특징들은 관계적 물질성, 비인간 행위성, 그리고 탈이원론적인 평평한 존재론의 세 가지를 들 수 있을 것이다. 이 세 가지의 신유물론 특징을 가장 먼저 뚜렷한 모습으로 제시하고 더구나 이를 경험적 연구를 통해 구체적으로 선보인 것이 바로 라투르의 ANT였기 때문에 그를 신유물론의 선구자이자 대표적 학자라고 평가할 수 있다. 물론 라투르에게서는 신유물론의 핵심 개념인 '물질Matter'이란 용어보다는 '비인간Nonhuman'이란 용어가 많이 쓰이지만, 중요한 점은 이 때 '물질'을 보는 관점은 기존의 유물론에서처럼 행위성이 없는 '객체 Object'—즉 '주체'의 대립항—로 보는 것이 아니라 행위성이 있는 '사물Thing'로 보는 것이 신유물론의 핵심이다. 바로 이 점에서 라투르는 비인간이란 물질을 행위성이 있는 '사물'로 보아야 한다고 가장 앞서서 주장한 학자이기 때문에 그를 신유물론의 선구자라고 보는 것이 타당하다고 판단된다.

17~20세기에 걸쳐 서구의 지배적 사상이 된 근대주의는 데카르트의 정신/물질 이원론이 그 토대이기 때문에 정신을 강조하는 관념론의 흐름과 물질을 강조하는 유물론의 흐름이 교대로 나타나고 서

로 대립하면서 논쟁을 벌여왔다. 21세기의 신유물론 사상은 이런 흐름에 따라 다시 물질을 강조하는 유물론의 새로운 판본이나 유행이 아니라, 정신/물질의 이원론이 지닌 근본적 오류와 비적실성을 깨닫고 탈이원론적인 새로운 존재론 위에서 아예 근대주의를 벗어나기 위한 새로운 패러다임이다. 라투르가 이른바 '탈근대주의'(또는 '언어적 전환' 패러다임)를 아직 이원론에 기초한 관념론의 일종으로 보고, 자신의 ANT를 이원론에서 벗어난 '비근대주의'라고 누누이 강조했던 것도 바로 이러한 문제의식 때문이었다고 할 수 있다(Latour 1993). 또한 그가 굳이 자신의 입장에 '신유물론'이라는 명칭을 명시적으로 붙이지 않는 이유도, 이미 17~20세기에 걸쳐 '유물론'이란 개념은 이원론을 전제로 삼고 그 위에서 관념론의 대척점으로서의 유물론 입장을 취하는 기계론적 유물론과 마르크스주의 유물론을 지칭하는 것으로 오래 사용되어왔기 때문이다. 하지만 라투르는 화이트헤드에게 영감을 받은 자신의 입장이야말로 진정한 유물론이며 기존의 유물론들은 '물질'에 대한 잘못된 근대주의적 개념에 기초한 "관념론적 유물론"이라고 분명히 밝히고 있다(Latour 2007).

기계론적 유물론은 자연을 기계와 같이 죽은 '물질'로 보는 데카르트와 뉴턴의 자연관에 뿌리를 둔 것이며 근대주의 하에서 자연과학의 철학적 기초를 제공해왔다(Scofield 2004). 그러나 이와 같은 '물질' 개념은 화이트헤드가 잘 지적했듯이 우주를 구성하는 기본 단위인 '현실적 존재'가 물질적 측면과 정신적 측면을 함께 지니고 있으며, 따라서 합생을 통해 주체로 탄생했다가 곧 객체가 되는 과정적 실재임을 간과하고서, 오직 '객체'로서의 물질 개념에 의존하는 환원론이라고 할 수 있다. 현재 자연과학(및 의학)의 주류가 정신을 물질로 환원해서 설명하려는 경향도 역시 이런 기계론적 유물론 때문이라고 라투르는 본다. 또한 마르크스주의 유물론은 정신적 상부구조(이데올로기와 정치)의 원인을 물질적 하부구조(생산양식)에 의해 설명하는 또 다른 환원론인데, 라투르는 여기서 '물질'이란 그 자체가 행위성을 지닌 '사물'이 아니라 오직 인간의 노동, 즉 생산활동에 의해 변형되며 생산되는 어떤 것으로서 간주된다고 지적한다. 따라서 자본주의 생산양식에서 자연은 이윤을 위한 상품으로 변형되는 대상이기 때문에, 이런 물질 뒤에 숨은 진정한 본질을 보지 못하고 그냥 물질 자체로 보는 것은 '물신주의Fetishism'라고 마르크스주의는 비판한다는 것이다. 그러나 라투르는 이렇게 물질을 인간들의 생산관계(또는 계급관계)로 환원해서 보는 것이야말로 물질에 대한 관념론적 개념 즉 인간중심주의라고 지적한다. 대신에 그는 물질을 물질 자체로 깊고 세밀하게 들여다보면 그것이 인간들과 다르지만 동등한 행위성을 지닌 비인간들, 즉 '사물'이라는 것을 알 수 있다고 주장한다. 따라서 '물질'에 대한 추상적인 관념 대신에 구체적인 사물들을 경험적으로 연구하는 것이 반드시 필요하다는 것이다.

인류세의 생태위기는 단지 인간들의 탐욕 또는 자본주의 때문이 아니라 비인간들 즉 '사물'의 행위성과 권리를 무시한 근대주의의 이원론이 궁극적 원인이라고 본 라투르에게는 기존의 관념론과 유물론 모두가 이런 근대주의적 문제점을 안고 있다고 보일 것이다. 그가 40년이 넘는 자신의 학문적 작업에서 마지막으로 모든 역량을 쏟으며 연구 중인 주제가 가이아 이론이 된 것은, 바로 오늘날의 지구적 위기를 벗어날 열쇠를 가이아 이론의 탈이원론적이고 탈인간중심적인 과학적 관점에서 발견했기 때문이라고 나는 이해한다. 즉 '살아 있는 지구'라는 가이아 이론의 관점은 정신/물질, 비인간/인간, 생명/비생명이라는 이원론이 아니라 모든 존재가 상호연결 및 상호 의존함으로써 지구가 특별한 행성이 된 것을 보여주었기 때문이며 바로 이러한 관점이 인류세의 위기를 벗어나는 데 필요하기 때문이다. 따라서 라투르는 지구 자체가 인간 행위자들과 비인간 행위자들이 얽혀 공생하는 일종의 하이브리드(또는 어셈블리지)라고 보는 것이며, 근대주의가 파괴한 이 공생의 관계를 다시 회복할 수 있는 새로운 존재론(='비근대적 헌법')과 그것을 실천하는 새로운 정치적 집합체의 모델(='사물의 의회')을 추구하는 것이다. 그것의 핵심은 근대주의에서 무시 또는 부정되어 왔던 비인간들의 행위성을 인정하고 그들의 권리를 제도화하는 공동세계를 인간과 비인간이 함께 협력하여 만들어 나가는 것이라고 본다. 바로 이런 면에서 라투르의 사상과 신유물론 전체가 단지 학문적 의미뿐 아니라 커다란 지구역사적 의미를 지니고 있다고 할 수 있다.

인용 및 참고문헌 ···

김환석, 2020. 「사회과학과 신유물론 패러다임: 사회학 분야를 중심으로」, 『안과밖: 영미문학연구』 48, pp. 121-140.
유선무, 2020. 「신유물론 시대의 문학 읽기」, 『안과밖: 영미문학연구』 48, pp. 141-177.
Halewood, M., 2011. *A. N. Whitehead and Social Theory: Tracing a Culture of Thought (Key Issues in Modern Sociology)*, London: Anthem Press.
Haraway, D. and Goodeve, T., 2000. *How Like a Leaf: An Interview with Donna Haraway*, London: Routledge.

Latour, B., 1993. *We Have Never Been Modern*, C. Porter(trans.), Hemel Hempstead: Harvester Wheatsheaf.

_____, 1998. "To Modernize or to Ecologize? That is the Question," in B. Braun and N. Castree(eds.), *Remaking Reality: Nature at the Millenium*, London and New York: Routledge.

_____, 1999. *Pandora's Hope: Essays on the Reality of Science Studies*, Cambridge, MA: Harvard UP.

_____, 2000. "When Things Strike Back: A Possible Contribution of 'Science Studies' to the Social Sciences," *The British Journal of Sociology* 51(1), pp. 107-123.

_____, 2004. *Politics of Nature: How to Bring the Sciences into Democracy*, C. Porter(trans.), Cambridge, MA: Harvard UP.

_____, 2005. *Reassembling the Social: An Introduction to Actor-Network-Theory (Clarendon Lectures in Management Studies)*, Oxford: Oxford UP.

_____, 2007. "Can We Get Our Materialism Back, Please?", *Isis* 98(1), pp. 138-142.

_____, 2010. "A Plea for Earthly Sciences"(Keynote Lecture for the 2007 annual meeting of the British Sociological Association), in J. Burnett, S. Jeffers and G. Thomas(eds.), *New Social Connections*, London: Palgrave Macmillan.

_____, 2013. *An Inquiry into Modes of Existence: An Anthropology of the Moderns*, C. Porter(trans.), Cambridge, MA: Harvard UP.

_____, 2017. *Facing Gaia: Eight Lectures on the New Climatic Regime*, C. Porter(trans.), Cambridge: Polity.

Latour, B. and Woolgar, S., 1979. *Laboratory Life: The Construction of Scientific Facts*, London: SAGE.

Scofield, B., 2004. "Gaia: the Living Earth, 2500 Years of Precedents in Natural Science and Philosophy," in S. H. Schneider, et al.(eds.), *Scientists Debate Gaia: The Next Century*, Cambridge, MA: The MIT Press.

Serres, M., 1982. *The Parasite*, L. R. Schehr(trans.), Baltimore: Johns Hopkins UP.

_____, 1995a. *The Natural Contract*, E. MacArthur and W. Paulson(trans.), Ann Arbor: Michigan UP.

____, 1995b. *Genesis*, G. James and J. Nielson(trans.), Ann Arbor: Michigan UP.

Shapin, S. and Schaffer, S., 1985. *Leviathan and the Air-Pump: Hobbes, Boyle, and the Experimental Life*, Princeton, NJ: Princeton UP.

Stengers, I., 2014. *Thinking with Whitehead: A Free and Wild Creation of Concepts*, Cambridge, MA: Harvard UP.

____, 2015. *In Catastrophic Times: Resisting the Coming Barbarism*, London: Open Humanities Press.

Whitehead, A. N., 1920. *The Concept of Nature*, Cambridge: Cambridge UP.

____, 1929. *Process and Reality*, New York: Free Press.

2. 절대적 우연성으로서의 실재: 퀑탱 메이야수의 사변적 실재론[*]

정지은

사변적 실재론의 시작과 배경

인간을 비판의 대상으로 삼는 철학의 역사는 비교적 오래되었다. 이마누엘 칸트는 자신의 비판철학에서 인간의 인식을 문제의 대상으로 삼았고, 마르틴 하이데거는 존재의 물음을 최우선 과제로 놓으면서 인간의 실존을 정의한다. 구조주의는 언어학, 인류학, 역사철학과 정치철학, 정신분석학 등 다양한 분과학문 안에서 인간의 사유와 의식이 어떻게 비인간적인 구조의 지배를 받는지를 밝혔다. 그런데 인간의 위상을 끌어내리려는 그 모든 시도가 그럼에도 불구하고 인간의 사유에 의한 것이라면? 인간의 사유가 그 모든 것의 전제로서 이미 주어져 있다면, 그때에도 우리는 합법적인 지평 위에서 인간과 인간의 사유를 비판할 수 있을까?

이러한 질문을 던지면서 새롭게 등장한 철학적 흐름이 사변적 실재론Réalisme Spéculatif이다. 사변적 실재론은 프랑스의 철학자 퀑탱 메이야수Quentin Meillassoux(1967~)의 첫 저서 『유한성 이후』

---

*   이 글은 필자가 학술지에 발표했던 논문들을 취합하여 정리한 뒤 몇 가지 생각을 덧붙인 것이다.

(2006)에서 제안된 이후, 그의 생각에 동조하는 몇몇 동료와 함께 사유의 새로운 한 흐름으로 자리 잡게 되었다. 퀑탱 메이야수는 게오르크 헤겔 연구의 권위자인 베르나르 부르주아의 지도 아래[1] 「신의 비실존. 잠재적인 신에 관한 시론」(Essai sur le Dieu Virtuel)이라는 제목의 논문으로 박사학위를 받았으며, 이후 고등사범학교에서 교수로 있으면서 알랭 바디우, 이브 뒤루와 함께 프랑스 현대철학 센터를 창립했다. 바디우는 메이야수의 사상적 스승이라고 할 수 있으며, 메이야수의 첫 저서인 『유한성 이후』의 서문에서 바디우는 그 책을 "젊음의 어느 주어진 순간에 사유와 삶을 꿰뚫고 생겨나는, 어떤 대가를 치르더라도 해답의 길을 발견해야 하는 질문으로부터"(메이야수, 2010, p. 7) 탄생하고 있다고 묘사한다. 그리고 바디우는 그 질문이 이미 이마누엘 칸트와 데이비드 흄에게서 "사유의 역사를 둘로 쪼개 놓으면서"(Ibid., p. 8) 시작되었던 것이라고 말한다. 간단히 말해 보자면, 흄은 모든 것이 경험으로부터 나온다고 주장하며, 칸트는 그 점에서 흄의 사상에 동의하지만, 사물들과 법칙들의 필연성은 감각적 경험으로는 충분히 도출될 수 없으며 또 다른 원천을 가져야 한다고 주장한다. 메이야수는 그러한 질문을 뿌리에서부터 재검토한다.

사물이 존재해야 하는 이유는 무엇일까? 그리고 무無가 아니라 어떤 것이 존재해야 하는 이유는 무엇일까? 철학의 역사는 사물 존재의 필연성과 사물의 존재 법칙의 필연성을 질문하면서, 그 대답을 경

---

1 '절대적인 것'을 사유한다는 메이야수의 '사변' 이론은 헤겔의 영향이라고 할 수 있다. 비록 그가 헤겔의 '절대적인 것'에서 나타나는 '전체'의 이념을 비판한다고 할지라도 말이다.

험으로부터 혹은 이성에 의해 도출하려고 했다. 이에 대해 메이야수는 사물의 존재 근거를 경험과 이성에서 추구하려는 모든 시도는 실패할 수밖에 없다고 말한다. 사물이 존재할 그 어떤 필연적 이유도 없기 때문이다. 그는 존재의 우연성을 절대적인 것으로 놓으면서, 또한 사물의 존재 법칙들이 인간의 이성에 의해 완전히 해명되리라는 충족이유율을 내려놓으면서, 절대적인 것은 우연성 그 자체라고 주장하기에 이른다. 그의 첫 저서 『유한성 이후』는 이러한 주장을 위한 긴 논증이다.

새롭게 등장한 신유물론은 메이야수의 사변적 실재론을 비롯해서 그레이엄 하먼의 객체지향 존재론, 제인 베넷의 생기론적 유물론 등 다양한 이론을 포함하고 있다. 그렇지만 이들을 하나로 묶을 수 있는 공통의 지향점이 있는데, 인간중심적 혹은 인간관계적 사고의 틀에서 벗어나려고 한다는 점이다. 그리고 메이야수는 그러한 신유물론 사상의 첫 주자라고 할 수 있다.[2] 인간을 전제하지 않고도 존재하는 실재를 규명하는 메이야수의 사변적 실재론은 비인간주의 혹은 반인간주의의 성격을 갖는 신유물론 사상 안에서 중요한 자리를 차지한다. 이 글에서는 지면이 허락하는 한도 안에서 메이야수의 핵심 개념들을 소개하고 사변적 실재론의 주장과 의의를 찾아볼 것이다.

---

2 『유한성 이후』는 2006년에 프랑스에서 출간되었고, 2008년에 레이 브라시에의 번역으로 영어본이 출간되었다. 한국어 번역본은 2010년에 출간되었다. 메이야수의 사변적 실재론이 그의 첫 저서의 출간과 동시에 사람들의 입에 오르내리게 되지는 않았다. 그의 사상이 알려지게 된 계기는 레비 브라이언트, 닉 서르닉, 그레이엄 하먼이 편집한 『사변적 전회』(The Speculative Turn)가 출간되면서이다.

사변의 의미

메이야수의 사변적 실재론에서 '사변Spéculation'과 '실재Réal'는 철학사에서 이해되어 왔던 의미와 공유하는 바가 없지 않다. 그렇지만 메이야수가 그 두 개념을 정의하는 고유한 방식을 명확히 해야 하는데, 왜냐하면 그러한 정의가 그의 이론의 핵심을 이루기 때문이다.

우선 사변의 정의를 보자.『철학사전』에는 사변을 "경험에 의존하지 않고 사고에 의해서만 인식하려는 것을 말한다"라고 적혀 있다. 이 정의는 사변을 사고에 의한 인식으로 요약하고 있다. 하지만 이 정의는 상식적 이해에 불과하며 사변만이 갖는 고유한 특징을 전혀 이야기해 주고 있지 않다. 다시『칸트사전』을 보면 사변을 대략 두 가지 의미로 구분해서 정의하고 있다. 우선 철학적 인식은 보편적인 것을 추상적으로 인식한다는 점에서 사변적 인식이라고 가장 포괄적인 정의를 내리고 있다. 이 정의가 다시 두 가지 의미로 구분되는데, 첫째, 사변적은 "존재해야만 하는 것과 관계하는 실천적과 대비되어 존재하는 것과 관계한다는 의미"(칸트사전 2009, p. 183)이며 '이론적'과 거의 같은 뜻으로 사용된다. 둘째, 사변적은 "자연 인식에 대립"되는 것으로서 "어떠한 경험에서도 도달할 수 없는 대상 내지 대상에 관한 개념과 관계하는 경우"(Ibid.)이다. 다시 말해 사변은 실천적 관심보다는 이론적 관심을 요구하는 사유방식, 감각적 경험으로는 도달할 수 없는 실체나 원리에 대한 탐구방식을 의미한다. 그리고 많은 사람이 두 번째 의미보다는 '실천적'과 대립되는, 첫 번째 의미에서 사변을 사용했다.

상기한 두 가지 의미와 다르게, 메이야수는 절대적인 것[절대자]에 접근할 수 있는 모든 철학을 사변적이라고 명명한다. 하지만 그는 이성 원리[이유율]에 의해 절대적인 것—예를 들어 신, 영혼, 세계—에 접근한다고 주장하는 형이상학적 사변과 자신의 사변을 구분한다. 형이상학자인 고트프리트 라이프니츠는 어째서 무가 아니라 어떤 것이 존재하는지를 물으면서, 존재하는 것이 필연적으로 존재할 수밖에 없다는 충족이유율을 제시한다. 다시 말해 라이프니츠에게 존재하는 것은 필연적으로 존재할 수밖에 없으며, 반대로 그 어떤 이성 원리도 전제하지 않는 존재는 필연적 존재자일 수 없다. 반면에 메이야수의 사변은 인간의 유한성의 한계 너머로 끌어올려진 사유를 말하지만, 이는 필연적으로 존재하는 세계를 인식하기 위해서가 아니다. 그는 자신이 이성의 원리를 비판하는 것이지 이성의 사용을 비판하는 것은 아니라고 말한다. 그에게 사변은 필연적 세계가 아니라 있는 그대로의 세계를 인식하기 위해서다. 그리고 이러한 세계, 필연적으로 존재하지 않기 때문에 언제든지 소멸할 수 있고 또 언제든지 생성될 수 있는 세계의 존재가 절대적이다. 메이야수에게 실재를 사변한다는 것은 "이유율을 해체하는 것과 같으며, 일체의 필연적 원리의 부재 속에서 오늘 혹은 내일 실재일 수 있는 **가능성들**을 향해 동작을 취하는 것과 같다"(Fradet 2016, p. 229, 강조는 필자).

끝으로 절대적인 것에 접근할 수 있는 것을 사변적이라고 정의했다는 점에서 헤겔의 철학을 마찬가지로 사변적이라고 부를 수 있을 것이다. 그렇지만 헤겔의 "사변적 관념론"(메이야수 2010, p. 61)은 변증법적 과정을 통해 절대적인 것으로 향한다는 점, 그리고 그러한 절대적인 것이 정신 안에서 완성된다는 점에서 메이야수의 사변과 차이를 갖는다. 헤겔은 "절대자의 전개과정 안에서 피할 수 없는 우연적인 순간의 필연성을 지지"하지만 이 순간은 자연 속에서 전개되는 순간이자 "결함"(Ibid., p. 135)일 뿐이다.

상관주의 비판

메이야수는 잘 알려져 있는 르네 데카르트와 존 로크의 제1성질과 제2성질의 구분으로 『유한성 이후』를 시작한다. 제1성질은 불변적인 성질들, 예컨대 길이, 넓이, 형태, 무게, 부피와 같은 것이고 제2성질은 감각과 지각에서 유래하는 것들, 다시 말해 주관적인 것들이다. 그런데 시간이 지날수록 제1성질을 담고 있는 연장Extension도 제2성질과 결합하지 않는다면 아무 의미가 없다는 것을 사람들이 믿기 시작한다. 이를테면 붉음의 지각이 없으면 붉은 사물은 없다. 데카르트조차 제1성질과 제2성질의 가치가 그처럼 전도되리라고는 생각하지 못했을 것이다. 불변하는 진리를 담을 수 없다고 부정되었던 제2성질이 강조되기 시작한다. 그리고, 그때부터 주체가 사물과 갖는 경험적 관계의 결과로서 생기는 속성들과 사물 자체(즉자)의 구분이 제1성질과 제2성질의 구분을 대체하기 시작한다. 이제 사물 그 자체는 우리의 경험 너머, 우리의 인식 너머로 자리를 옮긴다. 이것이 상관관계에 의한 사유방식이다. 사람들은 상관관계를 넘어서는 것을 물자체의 영역으로 옮겨 놓았다. 상관관계는 지각, 감각, 의미, 언어 등 우리가 세계와 맺는 관계를 넘어서 있는 것에 대해 알 수 있는 것은 아무것도 없다는 것을 의미한다.

조금 더 자세히 살펴보자. 상관관계에 의한 사유는 주관성의 영역과 객관성의 영역을 서로 무관한 것처럼 사유하는 모든 주장을 거부한다. 메이야수는 두 영역의 상호적인 관련성을 '상관관계적 원환'이라고 부르고, 상관관계를 도입하는 모든 방식의 추론을 적당한 은유를 사용하여 '상관관계적 무도의 스텝Pas De Danse Corrélationnel'이라고 부른다. 메이야수는 상관관계를 이렇게 요약한다.

> 그와 반대로 이를테면 관계가 최초다. 세계는 오로지 내게 세계처럼 나타나기 때문에 세계의 의미를 가지며, 나는 오로지 세계와 마주하고 있기 때문에, 세계가 계시되는 것은 나를 위해서이기 때문에 나의 의미를 가진다(Ibid., pp. 18-19).

의미가 강조될 때 중요해지는 것은 언어와 의식이다. 언어와 의식은 외부의 것들을 관계의 결과들로 만들면서, 관계를 벗어난 모든 것들을 사유불가능한 것으로 만든다. 무언가를 생각하기 위해서는 인간은 내부에, 즉 의식과 언어에 의존해야 한다. 거꾸로 의식과 언어는 외부적인 것을 향한다. 문제는 외부적인 것을 다룬다고 할지라도 의식과 언어의 환경을 벗어날 수 없다는 것이다. 언어와 의식은 마치 투명한 감옥처럼 인간을 감싸면서, 외부를 투명한 유리 너머의 외부처럼 "유폐적 외부"로 만든다. "만약 저 외계가 … 우리가 그 속에 갇혀 있다고 느끼는 게 충분한 의미를 갖는 그런 외계처럼 우리에게 나타난다면, 이는 사실을 말하자면 그 외계가 전적으로 상대적이기 때문이다"(Ibid., p. 21).

메이야수는 상관관계에 의한 사물과 세계 존재의 이해를 "상관주의"라고 부르며, 상관주의가 인간으로 하여금 외부적인 것 그 자체를 사유할 수 없게 만들었다고 비판한다. 인간은 언어와 의식을 통과하지 않고도 존재하는 외부, 혹은 인간의 경험에 주어지든 말든 상관없이 존재하는 외부인 "거대한 외계Grand Dehors"를 상실하게 된 것이다. "이국의 영토에 있다는 —이제는 완전히 다른 곳에 있다는 —정당한 감정과 함께 사유가 돌아다닐 수 있었던 저 **외계**"(Ibid., p. 22).

메이야수는 칸트에게서 시작된 상관주의가 현상학을 거쳐 하이데거와 루트비히 비트겐슈타인에 이르면서 강력한 상관주의로 변질되었다고 판단한다. 칸트는 경험의 조건들을 정립함으로써 현상들의 인식가능성을 말하지만, 현상 너머의 물자체를 건드리지 않으면서 **약한 상관주의**로 남는다. 하지만 비트겐슈타인과 하이데거는 언어로 말해질 수 없는 세계를 신비한 것으로 만들었다.[3] 특히 하이데거는 사유와 존재의 만남의 사건을 이야기하면서 사유를 더욱 신비로운 것으로 만들었다. 메이야수는 이들의 사상을 **강한 상관주의**라고 명명한다. 강한 상관주의는 물자체를 완전히 배제하고 상관관계에 의해 구성된 세계나 그러한 관계 자체를 신비한 것으로 삼는다.

우리가 상실한 저 외계를 어떻게 회복할 수 있을까? 메이야수는 데카르트의 성질의 구분으로 논증을 시작했지만, 데카르트의 독단론을, 즉 외부적인 것의 진리를 전적으로 소유한다는 인식 이론을 옹호하려는 것은 아니다. 또한 인간 인식의 한계 너머를 설정하는 형이상학의 태도로 외부적인 것에 접근하려고 하는 것도 아니다. 게다가 우

---

3   비트겐슈타인은 『논리-철학 논고』에서 "세계가 **어떻게** 있느냐가 신비한 것이 아니라, **세계가 있다는 것**이 신비한 것이다"라고, 그러한 세계에 대해서는 침묵해야 한다고 말한다(비트겐슈타인 2006, p. 115, 6. 44).

리는 인간과 무관한 외부에 ―독단론이나 형이상학과는 다른 방식으로― 접근한 적이 있었다.

어떤 영역이 출현했다는 점에 주의해야 한다. 그것은 띠로 나타났다. 방사능 핵의 분해 속도 상수와 열광 법칙에 의해 지구의 연대기를 추적하는 이 띠는 우주의 기원(135억 년 전), 지구의 형성 시기(44억 5천만 년 전), 지구의 생명체의 기원(35억 년 전), 인간의 기원(200만 년 전)을 표시한다. 이러한 것들은 사유의 출현보다 앞서 있는 것, 즉 인간이 세계와 관계하는 모든 형식보다 앞서 있는 것을 표시한다. 메이야수는 이처럼 인간 종의 출현보다 앞서 있는 실재 전부를 '선조적인 것Ancéstral'이라고 명명한다. 그리고 그렇게 생명체보다 앞서 있는 실재나 선조적 사건의 존재를 표시하는 물질들을 원화석Archifossile 혹은 물질화석Matière-Fossile이라고 명명한다. 예를 들어 방금 언급한 방사선 동위원소나 행성의 광선과 같이, 선조적 현상에 대한 측정을 가능하게 하는 물질적 지지물이 원화석이다.

선조적인 것은 상관주의의 틀 안에서는 이해될 수 없는 것으로서, 그것은 인간에게 나타났든 아니든, 인간이 그것을 사유할 수 있든 아니든 상관없이 존재하는 것이며, 그 자체 있는 그대로의 의미, 즉 "실재적 의미"만을 가진다. 메이야수는 특히 "수학적 형식"(Ibid., p. 41)이 선조적 진술에 적합하다고 생각하는데, 수학적 진술만이 인간과 세계의 관계라는 벗어나기 힘든 감옥 안에서 실재로 향하는 작은 탈출구를 만들기 때문이다.

주관주의적 형이상학 비판

상관주의에 대한 메이야수의 비판은 계속해서 이어진다. 그는 칸트부터 시작된 상관주의가 현상학을 거쳐서 현대철학에서 "주관주의적 형이상학"(Ibid., p. 86)에 이르게 되었다고 진단한다. 칸트는 물자체를 인식의 영역 바깥에 놓았기 때문에 약한 상관주의자라고 볼수 있다. 반면에 강한 상관주의자들은 칸트의 물자체처럼 인식할 수 없는 어떤 존재를 그럼에도 불구하고 사유할 수 있다고 가정한다. 그리고 강한 상관주의자들에게 이 존재는 상관관계 자체로부터 나온다. 다시 말해 인간이 인식할 수 없는 어떤 것, 그 자체로서 존재하는 어떤 것이 상관관계를 지탱하는 절대자의 자격을 얻는다. 메이야수는 강한 상관주의가 그처럼 상관관계의 틀을 벗어나지 않으면서 즉자적 존재를 사유할 수 있다는 주장을 펴기 위해서 두 가지 전략을 쓴다고 적는다. 첫 번째는 상관주의의 정의 자체에 함축된 내용인 사유 내용과 사유 행위의 본질적인 분리불가능성이며, 두 번째는 조금전 말했듯이 상관관계 자체를 절대화하는 "형이상학적 전략"(Ibid., p. 59)이다. 주관주의적 형이상학은 강한 상관주의의 형이상학화라고 할 수 있으며, 메이야수는 아르투어 쇼펜하우어의 의지와 표상, 앙리 베르그송의 지속을 포함하는 기억, 프리드리히 니체의 힘에의의지, 질 들뢰즈의 생명 등을 거기에 포함시킨다.

위에서 열거한 사상들은 일견 기존의 주체에 대한 비판이자 기존의 형이상학에 대한 비판처럼 보이지만, 이는 겉으로만 그럴 뿐이며, 이러한 주관주의적 형이상학은 인간이 세계와 갖는 관계 유형을 벗어난 그 어떤 절대적인 것도 주장하지 않는다. "사람들은 상관주의가 본질적 필연성을 발견했다는 것을 인정했지만(우리는 즉자가 아니라 우리에 대한 것에 도달할 뿐이다)"(Ibid., p. 86) 상관관계의 결과로서 도출된 절대적인 것은 종류가 어떻든지 간에 여전히 사유의 자기반성의 순환에 갇힌 물질을 실체화하고 있을 뿐이다. 그런 점에서 아무리 물질을 다루고 있다고 할지라도 "사변적 유물론"은 "생명과 의지의 반합리주의적 학설들의 지배를" 받으면서 "비유기체에는 생명적이거나 의지적인 것인 그 어떤 것도 있지 않을 거라는 진지하게 채택했을 물질의 유물론에 손상을 입힐"(Ibid., p. 60) 수밖에 없다.

여기서 주관주의적 형이상학이 반합리주의적 학설의 지배를 받는다는 점에 주목해야 한다. 인간과 무관한 실재로부터 우리를 더 멀어지게 만들었다는 것 말고 메이야수가 주관주의적 형이상학을 비판하는 또 다른 이유는 절대적인 것이 신비의 옷을 입고 나타나게 만들었다는 점이다. 이 철학자들은 "절대자[4]로부터 한 가지만을 요구하는데, 그것은 절대자들에는 합리성을 주장하는 그 어떤 것도 남아 있지 않아야 한다는 것이다. … 다시 말해 [그러한 철학은] 절대자에 대한 모든 주장들에게서 이성을 몰아냄으로써 종교적인 것들의 어떤 과격한 회귀의 형태를 얻게 되었다"(Ibid., p. 73). 어쩌면 현대철학이 보여주는 우울한 측면은 회의주의와 비합리적인 신앙절대론Fidéisme 의 복합물의 효과들일 수 있다. 주관주의적 형이상학은 절대적인 것에 도달하고자 했던 독단론적 이성에게 사망신고를 내렸음에도 불

---

4 L'aboslu를 번역한 것이다. 이것은 절대자, 절대적인 것 등으로 옮길 수 있으며 필자는 『유한성 이후』의 한국어 번역본에서는 '절대자'를, 이 글에서는 '절대적인 것'을 번역어로 채택했다.

구하고 출몰하는 절대적인 것에 대한 어쩔 수 없는 수용이자 이러한 수용을 비합리적 이성을 사용해서 합법화하는 것이다. 메이야수는 상관관계적 사유를 비판하지만 이성을 포기한 것은 아니다. 그런 점에서 그는 주관주의적 형이상학자들의 비합리적인 절대자를 인정하지 않는다.

상관주의적 사유의 지배로 인해 우리가 잃어버린 저 거대한 외계, 절대적인 것, 메이야수는 이것에 대한 접근을 매우 독특한 방식으로 시도한다. 그것은 논리적인 방식이고 지금껏 그가 강하게 비판했던 상관주의를 역으로 이용하는 방식이다.

우연적인 존재 그 자체의 필연성. 본사실성

강한 상관주의는 상관관계의 절대성을 강조하기 위해서 그것의 근거를 정립했다. 상관주의자 가운데 하나인 하이데거는 사유와 존재의 상관관계를 강조하면서, '사실성Facticité' 개념을 내세운다. 모든 존재자 가운데 유일하게 인간만이 존재의 목소리에 의해 부름을 받아 기적 중의 기적―존재자가 있다는 것―을 체험한다. 여기서 하이데거는 존재자가 있다는 사실 자체에 초점을 맞추며, 이것을 존재 사건으로 부른다. 존재 사건은 인간 이성으로 파악할 수 없는 존재론적 진리이다.

그런데 메이야수는 그러한 하이데거의 사실성이 순수하지 않다고 판단한다. 사실성을 절대적인 것으로 삼은 것은 정당하나, 하이데거는 그러한 사실성을 파악할 수 없는 인간 이성의 무능력을 문제 삼으며, 그것을 존재 사건으로 넘겨 버린다. 그런데 같은 지점에서 메이야수는 다른 귀결을 이끌어낸다. 인간이 사실성에 의해서 존재하는 것의 필연적 존재 이유를 알지 못한다는 것이 확인된다면, 이는 인간 이성의 무능력을 의미하는 것이 아니라, 정반대로 존재하는 것이 존재하는 이유를 갖지 않는다는 것을 의미한다. 메이야수는 "사실성을 이유 없이 존재하는 모든 세계와 모든 사물의 실재적 속성으로, 그런 점에서 실제적으로 이유 없이 다르게 존재할 수 있는 능력을 가진 실재적 속성으로 삼아야 한다"(Ibid., p. 88)는 결론에 이른다.

그처럼 하이데거적 방식의 현존재와 존재 사이의 심연 혹은 공백이 지닌 형이상학적 의미를 제거하자, 절대적 우연성으로서의 사실성, 오로지 사실적이기만 한 사실성이 남는다. 메이야수는 이것을 하이데거의 사실성과 차별화하기 위해서 "본사실성Factualité"이라고 명명한다. 메이야수는 자신의 본사실성을 하이데거의 사실성과 구분하기 위해 매우 조심하며, 심지어 "[하이데거적 의미의] 사실성만이 본사실적이지 않다"(Ibid., p. 135)라고까지 말한다. 어떤 것의 사실성을 인정해야 한다면, 그것의 비非존재를 절대적으로 가능한 것으로서 사유해야 한다. 그 어떤 필연적 근거도 갖지 않는 사실성만이 순수 사실성이고 메이야수가 말하는 본사실성이다. 따라서 그러한 순수 사실의 존재자는 근거를 갖지 않을 뿐만 아니라 전적으로 우연적이다.

사람들은 우연을 떠올릴 때 필연성의 틀을 먼저 생각한다. 이 '나'는 내일 사고를 당해 죽을 수 있고, 이 도시는 내일 지진이 일어나 폐허가 될 수 있다. 이러한 우연성은 필연적 존재자가 전제된 상태에서 생성과 소멸의 일반적 원칙을 도입하는 경험적 우연성이다. 다시 말해 경험적 우연성에서 비존재는 늘 존재에 상대적인 것으로, 존재에 비해 결핍된 것으로 나타난다. 메이야수가 말하는 우연성은 그와 반대로 순수 가능성을 가리킨다. 다시 반복하지만 메이야수에게서 순수 가능성은 그렇게 존재하지 않을 수 있는 가능성을 존재 안에 품는 것과는 다른 것이다. 가령 헤겔에서 모순, 즉 바로 위 문장에서 말한 그렇게 존재하지 않을 수 있는 가능성은 완전한 존재로 가는 하나의 계기일 뿐이다. 메이야수가 말하는 절대적인 것은 비非모순의 순수 가능성이다. 그리하여 우리는 유일하게 절대적인 것은 우연성이라는 결론, 오로지 우연성만이 필연적인 존재라는 결론에 이르게 된다.

흄의 질문과 카오스의 시간

메이야수는 순수 가능성의 조건으로서의 시간성을 카오스라고 정의한다. 카오스는 존재하는 것이 그렇게 존재해야 할 아무런 근거도 갖지 않으면서 무엇이든지 생성될 수 있는 시간성을 말한다. 이러한 시간성은 역사성을 갖지 않으며, 따라서 이야기[서사]도 갖지 않는다. 그렇다면 카오스는 무질서, 혼돈인가? 메이야수는 카오스를 그렇게 바라보는 관점은 이성이 생각하거나 상상할 수 있는 근거에 기초해서 필연적으로 존재하는 세계라는 "필연론적" 세계 인식에서 나온다고 말한다. 세계는 당연히 안정적이다. 그렇지만 이 안정성은 세계가 인식이 구성한 법칙들을 따르기 때문에 나오는 안정성이 아니라 실재의 안정성이다. 따라서 이러한 카오스적 세계 안에서는 이성의 법칙을 따르지 않는 존재자들이 출현할 수 있고 우연적 사건들이 일어날 수 있다.

메이야수는 카오스적 시간을 이성 원리에 기대지 않는 법칙들의 우연성과 연결한다. 그리고 그는 흄이 그런 법칙들의 우연성과 관련해서 질문한 최초의 철학자라고 생각한다. 그러므로 만일 우리가 흄의 질문에 대답할 수 있다면, 존재의 필연적 우연성과 존재자들의 법칙의 우연성에도 대답할 수 있게 될 것이다.

우선 존재의 근거를 묻는 질문과 존재자들의 법칙의 근거를 묻는 질문을 구분해 보자. 존재하는 것들의 필연성의 근거를 묻는 질문은 연역적 추론을 요구한다. 모든 것이 필연적으로 존재하는 근본적인 원인이 추구되는 것이다. 예를 들어 중세와 근대의 서양에서 존재의 근거는 신이었겠으나 과학의 발달 이후 존재의 근거는 물질인 경향이 있다. 반면에 존재하는 것들의 법칙의 연속성이나 법칙들의 필연성의 이유를 묻는 질문은 경험의 통계적 결과를 요구하는 귀납적 추론을 요구한다. 따라서 귀납적 추론에 의해 세계의 법칙들이 결정된다. 그랬을 때, 문제는 귀납적 추론에 의한 법칙들이 절대적으로 참인지—이 세계는 안정적으로 법칙들에 따라 진행되는지를—를 아는 것이다.

흄은 그런 귀납적 추론이 타당할 수 있는지를 묻는다. "조건들이 일정하다면Ceteris Paribus 동일한 결과들이 동일한 원인들을 뒤따른다는 것을 증명하는 것이 가능한가?" 이는 인과성에 대한 질문이다. 더 정확히 말하자면 인과성의 필연성을 증명하는 우리의 능력에 대한 질문이다. 흄의 질문은 자연의 인과성의 법칙을 묻는 게 아니라 그런 인과성의 필연성에 대한 믿음이 인간의 마음 어디에서 유래하는

지를 묻고 있다. 자신이 던진 질문에 흄은 스스로 대답한다. 그런 믿음은 습관이나 관행에서 나온다. 법칙의 필연성에 대한 증명을 포기하고 심리주의로 방향을 바꾼 흄은 그 결과 회의주의로 향할 수밖에 없었다.

메이야수는 흄의 회의주의에 만족하지 않는다. 그에게 흄의 질문은 법칙들의 필연성에 대한 증명의 문제로 돌아간다. 그가 보기에 인과성 혹은 인과법칙의 필연성은 합당하지 않다. 왜냐하면 논리적 추론의 결과인 인과성의 필연성을 실제적·사실적 필연성으로 환원시키기 때문이다. 만일 인과성이 필연적으로 실제한다면, 그때의 세계는 순수하게 논리적인 세계가 될 것이고 다른 사건이 아닌 바로 이 사건이 존재해야 하는 이유를 찾을 필요가 없게 될 것이다. 그런 세계에는 일관성이라는 논리적 요청만이 남게 될 것이다. 그런데 그런 식으로 논리적 필연성을 실제적 필연성[5]으로 덧씌울 때, 즉 논리적 필연성을 우리의 세계 안에서 의심 없이 적용할 때, 세계는 전체가 되고 총체성을 획득하게 된다. 그리하여 인과성에 의한 세계는 "똑같이 상상할 수 있는 다양한 사건들 가운데 다른 것이 아닌 이 사건들이 존재해야 한다는 생각을 **요구**"(Meillassoux 2006, p. 4)하게 될 것이다.

사람들은 경험적 세계의 안정성을 위해서, 다시 말해 당장 내일 이 세계가 사라진다는 끔찍한 상상으로부터 벗어나기 위해서 인과성의 법칙을 세계에 부과한다. 하지만 인과성의 법칙은 논리성의 또 다른 측면인 개연성을 이미 포함하고 있다. 즉 인과성의 법칙은 '다른 사

---

5 메이야수는 논리적 필연성을 실제적 필연성으로 단번에 환원시키는 것을 "합리적 필연성의 물화"라고 명명한다(Meillassoux 2006, p. 5).

건이 아닌 이 사건이 일어날 수 있는 확률'을 포함하고 있는 것이다. 그리고 확률에 의한 추론은 가능성들의 총합인 전체를 전제한다. 이러한 전체, 가능성들의 총합이 법칙의 실재적 필연성에 대한 믿음을 만들어내는 것이다. 그런데 다시 말하건대 실제적인 세계는 논리적 세계가 아니다.

확률에 의한 추론이 갖는 맹점을 폭로하기 위해서 메이야수는 한 가지 사례를 든다. 주사위가 늘 같은 면으로 떨어진다고 가정해보자. 사람들은 주사위의 각 면은 동일한 확률로 떨어져야 하기 때문에, 만일 그런 일이 일어난다면 다른 원인이 숨어 있을 거라고 추측할 것이다. 가령 주사위 내부 한쪽에 납이 붙어 있을 거라는 등의 원인을 찾아내려 할 것이다. 물리적 세계는 변하지 않는 법칙들의 알려지지 않은 필연성에 기대어 있다고 가정하면서, 사람들은 위와 같은 가능한 경우를 '속임수'로 단정 지을 것이다. 메이야수는 그런 주사위 던지기의 필연론적인Nécessitaire 결정을 우주로까지 확장하는 태도를 지적한다.

> 요컨대 사람들은 가능한 경우들의 종합을 스스로에게 제공하기 시작하고, 그 각각의 경우는 다른 경우들만큼 동일하게 운명에 의해 선택될 기회를 가지고 있다고 이해되는 세계에 의해 표상된다 (Ibid., p. 8).

하지만 우리는 라이프니츠의 신이 아닌 이상 가능성들의 세계 전체를 알 수 없다. 게다가 확률적 추론이 완결된 전체를 전제해야만 하는 것은 아니다. 밧줄의 절단점은 밧줄을 이루는 무한대의 지점 가운데 하나일 것이고, 그 밧줄을 일부 자른 단편에서도 절단점의 확률은 무한대 분의 일이 될 것이다. "무한은 개연성들을 적용하는 데 있어 장애물이 아니기 때문이다. 대상이 경험에 의해 직접적으로 주어졌을지라도 무한에 근거하는 개연론적 계산의 기회를 제공할 수 있다"(메이야수 2010, p. 173).[6] 확률적 전체를 가정한다는 것은 전체에 일관되게 적용되는 필연론적 법칙을 가정하는 것인데, 이것은 이제 불합리한 것이 된다.

그리하여 메이야수는 흄이 던진 질문에 대해 완전히 새로운 대답을 내놓는다. 법칙들은 우연히 존재한다. "충만하게 합리적인 세계는 그렇기 때문에 충만하게 카오스적일 것이다"(Meillassoux 2006, p. 5). "충만하게 합리적인" 이유는 그 세계가 비합리적 이성—믿음을 뒷받침하는 이성—에 의해 도출된 상위의 법칙의 지배를 받지 않기 때문이며(즉 필연론적 법칙을 애써 추구하는 이성 원리가 아니라 진정한 이성을 사용하기 때문이고), "충만하게 카오스적인" 이유는 필연론적 법칙이 존재하지 않기 때문이다.

하지만 카오스가 무질서를 의미하는 것은 아니다. 카오스가 세계의 법칙들이 무분별하게 변화한다는 것을 의미하는 것은 아니기 때

---

6   메이야수는 바디우와 마찬가지로 칸토어의 집합이론을 참조한다. "우리는 실제로 칸토어 이래 무한들이 다수라는 것, … 그리고 특히 그런 무한들이, 모든 집합들의 집합이 모순 없이 전제될 수 없는 것처럼, **폐쇄가 불가능한** 다수성을 구성한다는 것을 안다. … 또한 고려된 무한이 어떤 것이든, **상위의 크기의(더 큰) 무한이 필연적으로 존재한다**는 것을 증명하는 게 가능하다. 그런 관점에서, 그 어떤 다른 무한도 넘어설 수 없는 최후의 무한을 사유하는 것이 불가능하다"(Meillassoux 2006, p. 9).

문이다. 세계의 법칙들의 "사실적" 상수들은 필연성을 잃어버린다고 해도 동일하게 남아 있을 수 있다. 카오스적 시간에서의 우연성은 확률론적인 우연과 같지 않기 때문이다. 이 두 가지 우연을 구분할 수 있을 때 **"모든 개연성 너머에서 우연적이고 안정적인 법칙들이 이해될 수 있다"**(Ibid., p. 10).

우연과 우연성

앞서 메이야수는 상관관계의 사실성으로부터 "존재자의 우연성의 필연성"을 이끌어냈다. 세계의 법칙들, 세계의 상수들과 관련해서 이제 메이야수는 법칙들의 우연성을 주장한다. 그는 그러한 우연성 Contingence[7]을 주사위 던지기에서의 우연Hasard과 구분한다. 좀 길지만 중요한 구분이기 때문에 메이야수의 문장을 직접 가져와 보겠다.

우리는 '요행Hasard(아랍어: Az-Zahr)'과 '사행적Aléatoire(라틴어: Alea)'이라는 용어들이 모두 근접한 어원들과 관계한다는 사실을 알고 있다: '주사위', '주사위 던지기', '주사위 놀이'. 그러므로 이 개념들은 놀이와 계산이라는 주제들을 대립된 것들이 아닌, 분리 불가능하게 엮인 것으로 환기시킨다: 모든 주사위 놀이에 내재하는 요

---

7 확률적 우연성을 의미하는 Hasard와 구분하기 위해서 Contingence를 우발성으로 옮기기도 하지만, 필자는 『유한성 이후』의 한국어 번역을 따라서 각각 우연과 우연성으로 번역하기로 한다.

행들의 계산. 따라서 존재와 요행의 일치가 사유를 지배할 때마다 주사위 – 전체라는 주제(가능성들의 수의 한결같은 봉입), 놀이의 무상성이라는 주제(삶과, 삶에 상위적인 표피성 안에서 인식된 세계의 놀이)가 모습을 드러내지만, 또한 빈도수의 냉혹한 계산이라는 주제(생명 보험과 위험 평가의 세계)가 모습을 드러낸다. 그와 반대로, 우연성Contingence이라는 용어는 라틴어 Contingere(프랑스어의 Arriver)와 관련되는데, 그것은 일어나는 것, 그렇지만 충분히 일어날 수 있기 때문에 우리에게 일어나는 것을 의미한다. 우연적임, 그것은 요컨대 어떤 것이 마침내 일어날 때다. 이미 등록된 모든 가능성들로부터 벗어나면서, 비개연적인 것까지도 포함한 모든 게 예측 가능한 그런 놀이의 허영심에 종지부를 찍는 다른 무언가가 일어날 때. 무엇이 우리에게 일어날 때, 새로운 것이 우리를 무조건적으로 몰아세울 때 계산도 놀이도 끝나게 된다. 마침내 진지한 것들이 시작된다(메이야수 2010, pp. 185-186).

전자의 우연Hasard, 사행적 우연은 총체적 수를 전제한다. 그것은 목록화된 경우들의 집합, 즉 우리의 경험 한가운데에서 일어난다. 사행적 우연은 경험 바깥에서 주장될 수 없다. 반면에 후자의 우연성 Contingence, 근본적 우연성은 전체를 가정하지 않은 비총체적 가능성들이며 생성의 의미를 갖는다. 이러한 근본적 우연성에서는 법칙들로 구성된 닫힌 집합으로 이루어지는 상위의 **법칙**이 존재하지 않으며, 각각의 법칙들은 생성될 수도 있고 갑자기 사라질 수도 있다. 두 개의 당구공이 당구대 위에서 무한한 방식으로 충돌하고 방향을 정할 수 있지만, 갑자기 당구공 가운데 하나가 사라지거나 우주로 날

아갈 수도 있는 것이다.[8] 주지했듯이 이러한 카오스적 시간이 세계의 안정성을 파괴하는 것은 아니다. 메이야수는 세계의 안정성으로부터 필연론적인 상위의 법칙이 꼭 도출되어야 하는 것은 아니라고 말하면서, 필연론적 상위 법칙에는 이성을 넘어서는 믿음, 일종의 '형이상학'이 추가되어 있다고 비판한다. 카오스적 시간은 무질서를 의미하기보다는 법칙들의 우연성, 다시 말해 무한한 가능성들을 의미한다. 메이야수는 비총체적인 가능성들로서의 법칙들을 증명하기 위해서 칸토어의 초한수를 끌고 온다.[9] 초한수 덕분에 전체(가능한 법칙들의 집합)는 내적 공백을 포함하며, 따라서 결코 봉합될 수 없는 것으로 드러난다.

하지만 칸토어의 집합 이론이 총체적이고 표준적인 집합이론의 공리체계를 금지하는 것은 아니다. 칸토어의 비총제적 집합이론의 공리는 가능성들의 비총체성을 증명하며, 이런 가능성들 가운데 표준적인 집합이론의 공리도 포함될 수 있다.[10] 다만 칸토어의 집합이론

---

8 메이야수는 흄의 당구공의 사례와 아시모프의 소설 「반중력 당구공」을 비교하면서 "과학 밖 세계들의 소설FHS"이라는 신조어를 만들어낸다. 메이야수의 『형이상학과 과학 밖 소설』(엄태연 옮김, 이학사, 2017) 참조. "흄의 명제를 칸토어적인 비총체성의 명제에 이식시킴으로써 우리는 모든 필연성과 모든 개연성 바깥에서, 선행하는 상황들 속에 전혀 앞서 포함되지 않은 그런 상황들을 출현시킬 수 있는 시간이 그려지는 것을 본다"(Meillassoux 2006, p. 14).

9 초한수는 제거되지 않는 공집합을 표시하는 공백값을 말하며, 비전체로서의 전체라는 명제를 뒷받침한다. 각주 6을 참조할 것.

10 바디우는 『일시적 존재론』에서 다수들을 "불안정한 다수"로, "하나가 없는 다수"로 정의한다(바디우 2018, p. 35, p. 36). 이러한 해석은 마치 형이상학적 일자의 부재를 전제로 다수를 이해하는 듯하다. 바디우와 마찬가지로 메이야수는 칸토어의 이론을 수용하지만 바디우와 반대로 메이야수에게 다수는 그 자체로 안정성을 가진다.

은 "필연론적 추론의 실격을 허락하며, 그것과 더불어 — 물리적 법칙들의 안정성이라는 사실에 알 수 없는 방식으로 덧대어진 — 물리적 법칙들의 필연성의 존재에 대한 계속된 믿음의 모든 근거를 실격시키는 것을 허락한다"(Ibid., pp. 179-180). 따라서 칸토어의 집합이론을 따른다면, 모든 법칙이 가설이고 가능성이 될 수 있다. 그리고 그 가능성은 생성으로서의 가능성이다. 다시 말해 법칙들은 비전체의 환원 불가능한 공집합, 즉 무로부터 생성된다. 칸토어 이론의 합리성에 근거한 잠재성 개념과 시간 인식이 있다. 잠재성은 미리 존재하는 그 어떤 형태도 포함하지 않는다. 잠재성으로부터는 완전히 새로운 것의 출현, 생성만이 있다. 메이야수는 이 후자의 시간성에서, 다른 무엇에 종속되지 않는 시간의 역능을 발견한다. 무로부터 새로운 것이 생성될 때 시간 자체의 힘이 드러난다. 다만 이 시간은 모든 것을 파괴하고 혼돈에 빠뜨리는 카오스적 시간이 아니라 무엇이건 생성하는 카오스적 시간이다.

> 요약하자. 나는 결정된 경우들의 우주와 법칙이 연관될 수 있다고 주장한다. 나는 경우들의 우주들의 (상위의) **우주**는 존재하지 않는다고 주장한다. 나는 시간이 가능성들의 비-모순적인 전체를 생성시킬 수 있다고 주장한다. 그 결과 나는 가능성들의 고정된 전체 — 우리가 알지 못하는 전체 — 속에 '가능태적으로Potentiellement' 포함되어 있지 않았던 새로운 법칙들을 생성시킬 수 있는 능력을 시간이 가지고 있다는 것에 동의한다. 따라서 나는 선행하는 상황들 안에 전혀 포함되어 있지 않았던 상황들을 생성시킬 수 있는 능력을 시간이 가지고 있다는 것에 동의한다. … 그러므로 **우리는 무로부터**

의 출현으로부터, 그 순수한 내재성으로 인도된 시간성의 개념 자체를 만든다(Meillassoux 2006, p. 13).

법칙들은 카오스적 시간 속에서, 모든 필연성과 개연성 너머에서 생성된다. 다른 원인을 갖지 않는 그런 법칙들의 생성은 다름 아닌 시간의 역량이다.

사변과 실재

철학의 역사에서 주류가 되었던 상관주의와 주관주의적 형이상학을 비판하자 이르게 된 것은 우연성의 필연성 혹은 우연성만이 필연적인 존재의 철학이다. 이러한 존재론만으로는 충분하지 않다고 생각한 메이야수는 그러한 존재자들의 존재 법칙의 전적인 우연성을 끌어낸다. 존재의 우연성의 필연성을 위해서 그는 하이데거를 이용했고, 존재자들의 법칙의 우연성을 위해서 그는 흄의 질문을 극단으로 밀어붙였다. 마지막으로 남는 질문은 우연성만이 필연적인 존재자를 어떻게 진술할 것인가이다.

이에 대해 메이야수는 "수학적 담화의 절대화"를 논하지만 구체적인 제시를 하지는 않는다. 다만 바디우의 사상에 기대어, 인간적 의미를 함축하는 사유인 예술적·시학적·종교적 사유가 아니라 수학적 사유만이 절대적 우연성으로서의 존재 혹은 순수 가능성의 실재를 다룰 수 있다고 판단한다. "무엇이 우리에게 일어날 때, 새로운 것이 우리를 무조건적으로 몰아세울 때 계산도 놀이도 끝나게 된다. 마침내 진지한 것들이 시작된다. … 결국 우리는 수학이라는 바로 그 간접적 수단을 통해서, 수학이 지니는 새로운 능력을 이용하여 양量들을 우회시키고 놀이의 끝을 알리는 무언가를 사유하기에 이를 수 있다"(메이야수 2010, pp. 185-186). 그는 필연적으로 참인 명제를 주장하는 수학적 진술이 아니라 사실의 순수 가능성을 확립하는 수학적 진술을 요구한다. "모든 존재자의 우연성의 필연적 조건을 포착하면서, '유일한 le' 논리학을 절대화하려고 시도했던 것처럼 '유일한 le' 수학을 절대화하자"(Ibid., p. 217).

이와 관련해서 스티븐 샤비로는 메이야수의 비판자들의 의견을 소개한다. 수학도 의식이나 언어처럼 매개이며 특히 수적 계산은 자본주의가 함축하는 수사학이 아니냐는 비판이다. 만일 실재가 인간과 무관한 혹은 인간이 없어도 가능한 존재라면 수라는 매개를 사용할 수 없어야 한다는 주장이다. 하지만 이러한 비판은 이미 메이야수가 확률적 추론—이를테면 보험회사의 확률 계산—과 자신의 수학과의 차이를 이야기했기 때문에 적절하지 않다. 샤비로는 어쨌든 메이야수의 수학의 사용은 본질적인 것이 아니라 기회주의적이라고 판단한다. 그에 따르면 메이야수가 수학적 형식화를 도입하는 이유는 그것이 "감성과 의미를 완전히 제거하는 방식으로 작용"하기 때문이다(샤비로 2021, p. 222). 다른 한편으로 샤비로는 비판이라기보다는 메이야수의 사변과 화이트헤드의 사변을 연결하면서 메이야수의 사변의 한 특성을 부각한다. 샤비로는 사변철학이 갖는 위험성, 상식에서 벗어난 전문성을 갖추기 때문에 자칫 오만함에 도취될 수 있다는 위험성을 지적하는 화이트헤드의 말을 인용하면서, 사변철학이 사변소설에 가깝다고 진단하는데, 왜냐하면 그것은 수학적 도식처럼 새로운 기호의 도입을 필요로 하기 때문이다. 사변철학은 "개별적인 주제에서 일반화를 거쳐, 일반화된 것을 상상적으로 도식화하고, 마지막으로 상상적인 도식을 그것이 적용되어야 할 직접적인 경험과 다시금 새롭게 비교해보는 복잡한 과정으로서 작동한다. 과학소설에도 같은 것을 말할 수 있다. 사실, 과학소설과 사변적 형이상학 사이의 선은 종종 명확히 긋기 힘들다"(Ibid., p. 33).

아나나 다를까 메이야수는 과학소설을 주제로 했던 자신의 강연을 요약해서 지면에 발표한다. 거기서 그는 우리가 알고 있는 과학소설 SF와 과학 밖 소설FHS을 구분한다. 메이야수의 이 글이 먼저인지 샤비로의 메이야수에 대한 비판 글이 먼저인지는 알 수 없지만, 아무튼 메이야수의 사변철학이 상식을 벗어난 순수 가능성의 세계를 다루는 과학소설과 가깝다는 샤비로의 주장에는 일리가 있다. 메이야수는 우연만이 필연적인 존재를 실재로 정의하면서, 선조성—인간이 없어도 존재하는 성질—과 순수 가능성—카오스의 시간 속에서의 생성—을 그러한 실재에 부여했는데, 이러한 실재는 현재 일어나고 있는 경험적 사건보다는 미래와 더 연결되어 있는 것처럼 보이기 때문이다.

마지막으로 메이야수의 사변적 실재론을 신유물론이라고 말할 수 있는 이유에 대해 생각해보자. 우리가 상식적으로 알고 있는 유물론은 관념론에 대립하면서 물질의 원리를 지배적인 것으로 받아들이는 이론이다. 여기에는 과학적 유물론, 생기론적 유물론, 경제적 유물론 등이 있다. 메이야수의 사변적 실재론은 상기한 유물론들의 특징을 갖지 않지만 실재적 존재에게서 일체의 인간의 경험적·감각적 소여들을 제거하려 한다는 점에서 신유물론적이라고 할 수 있다. 그는 한 인터뷰에서 자신의 철학이 어떤 점에서 유물론인지를 이야기한다.

> 이 모든 형태의 유물론들(생기론, 과학주의, 자연주의 등)에 제가 맞세우는 유물론은, 상관관계의 논변들을 진지하게 받아들이고자 하고, 이 논변들에 대한 정확한 반박을 제시하며, 비의인적 물질(사유, 정신, 감각, 생이 전적으로 부재하는 물질)을 사유할 가능성에 토대를 제공하는 유물론입니다(메이야수 대담).

물질은 형식(형태)을 상대적 개념으로 갖는다. 이제까지의 형식은 주로 물질을 가두는 것, 물질의 물질성을 상실하게 만드는 것이었다면, 메이야수가 실재를 진술하는 형식은 우리가 알고 있는 형식과 다르다. 메이야수는 자신의 주저, 『유한성 이후』에서 상관주의를 넘어서 실재를 밝히고 있다. 그리고 그는 수학적 형식처럼 인간적 의미를 제거한 기호만이 그러한 실재에 도달할 수 있을 것이라고 말한다.

인용 및 참고문헌 ···

메구미, 사카베 외 엮음, 2009. 『칸트사전』, 이신철 옮김, 서울: 도서출판b.
메이야수, 퀑탱, 2010. 『유한성 이후』, 정지은 옮김, 서울: 도서출판b.
____, 2017. 『형이상학과 과학 밖 소설』, 엄태연 옮김, 서울: 이학사.
메이야수 대담, 2021. https://blog.naver.com/limitedinc/222394511558
바디우, 알랭, 2018. 『일시적 존재론』, 박정태 옮김, 서울: 이학사.
비트겐슈타인, 루트비히, 2006. 『논리-철학 논고』, 이영철 옮김, 서울: 책세상.

샤비로, 스티븐, 2021. 『사물들의 우주』, 안호성 옮김, 서울: 갈무리.

이성백 · 임석진 · 윤용택 · 황태연 외, 『철학사전』(2009)의 '사변 · 사변적' 항목 참조. https://terms.naver.com/entry.naver?docId=387984&cid=41 978&categoryId=41985

정지은, 2011. 「메이야수의 사변적 전회와 그 정치적 수용의 가능성」, 『정치와 공론』 8, 한국정치평론학회, pp. 65-95.

정지은, 2019. 「우연성의 필연성과 새로운 문학의 가능성: 퀑탱 메이야수의 사변적 실재론을 중심으로」, 『미학예술학 연구』 57, pp. 33-69.

Brassier, Ray, 2007. "L'énigme du réalisme: A propos d'Après la finitude de Quentin Meillassoux", in Robin Mackay, ed. *Collapse 2: Philosophical research and development.* Oxford: Urbanomic. pp. 93-157.

Fradet, Pierre-Alexandre, 2016. "Charles De Koninck et la pensée spéculative contemporaine(Meillassoux, Grant, Garcia, Bergson): Une étude comparative autour de la question du réel", *Laval théologique et philosophique*, 72(2), Québec: Université Laval, pp. 227-259.

Meillassoux, Quentin, 2006. *Potentialité et Virtualité*, Ed. de Ionas,

____, 2011. *Le nombre et la sirène: Un déchiffrage du Coup de dés de Mallarmé*, Paris: Fayard.

____, 2013. *Métaphysique et fiction des mondes hors-science,* Paris: Aux Forges de Vulcain,

____, 2015. "Le nombre de Mallarmé", *Transversalités: revue de l'institut catholique de Paris* 2015/3(134), Paris: Institut Catholique de Paris, pp. 115-139.

3. 그레이엄 하먼의
객체지향 존재론과 비유물론

서윤호

그레이엄 하먼Graham Harman은 퀑탱 메이야수와 함께 사변적 실재론 운동을 선도하다가 점차 자신의 철학적 입장을 '객체지향 존재론Object-Oriented Ontology, OOO'으로 분명하게 제시한 철학자다. 객체지향 존재론은 사물들의 현실적 실존과 진정한 본질을 발견할 것을 요청하는 철학적 프로그램을 말한다. 『도구 존재: 하이데거와 객체의 형이상학』(Tool-Being), 『쿼드러플 오브젝트』, 『객체지향 존재론: 새로운 만물 이론』(Object-Oriented Ontology), 『비유물론: 객체와 사회이론』 등 하먼의 책들은 레비 브라이언트의 『객체들의 민주주의』, 이안 보고스트의 『에일리언 형이상학』(Alien Phenomenology) 그리고 티머시 모턴의 『하이퍼객체』(Hyperobjects) 등과 함께 객체지향 철학의 필독서에 속한다. 이들의 객체지향 철학의 관념과 구상들은 혁신적인 출판 형태와 블로그를 통해 신속하게 전 세계로 퍼졌으며, 무엇보다 젊은 학자들에게서 커다란 호응을 받았다. 객체지향 존재론은 특히 철학, 고고학, 건축과 예술 분야에서 커다란 반향을 불러일으켰으며, 교육학, 지리학 그리고 사회학에서의 논쟁에도 영향을 미쳤다(Hoppe and Lemke 2021, p. 23). 이 글에서는 먼저 하먼이 누구인지 간략하게 살펴보고, 그가 주장하는 객체지향 존재론이 어떠한 과정을 통해 형성되었으며 또 그 주요 내용이 무엇인지 살펴보고, 그가 최근에 주장하는 비유물론은 무엇을 주장하고 있으며 새로운 유물론과 어떠한 관계에 있는지 살펴보고자 한다.

하먼은 누구인가?

먼저 하먼이 누구인지 그의 약력을 짧게 언급하면 다음과 같다. 1968년 미국 아이오와주에서 출생, 1990년 세인트존스대학교에서 철학 학사학위, 1991년 펜실베이니아주립대학교에서 알폰소 링기스의 지도 아래 에마뉘엘 레비나스에 관한 연구로 석사학위, 1999년 시카고 드폴대학교에서 마르틴 하이데거에 관한 연구로 박사학위를 취득했다. 박사학위를 마친 후 이집트로 이주해 2000년부터 2016년까지 카이로 소재 아메리칸대학교 철학과 교수로 재임했고, 2016년 미국으로 돌아와 로스앤젤레스 소재 서던캘리포니아 건축대학교 SCI-Arc 철학 특임교수로 재직 중이다.

그의 약력에서 알 수 있듯이, 하먼은 대학 내 전통적인 철학 학과에 속해 있지 않아, 매우 독창적인 사상을 자유롭게 펼치고 있는 것으로 보인다. 그래서인지 하먼의 철학은 전통 철학보다 오히려 과학기술학, 기술철학, 예술비평 등의 분야에서 더 많이 읽히고 활용되고 있다. 하이데거와 브뤼노 라투르를 기반으로 객체의 형이상학에 관한 연구를 객체지향 존재론으로 발전시키면서 『아트 리뷰』(Art Review)에 세계 예술계에서 가장 영향력 있는 인물 100인 중 한 사람으로 선정되기도 했다. 이는 '만물에 대한 새로운 이론'이라는 부제가 붙은 『객체지향 존재론』 제2장에서 '미학이 모든 철학의 뿌리다'라고 밝히고 있는 데서도 충분히 감지할 수 있을 것이다(Harman 2018a, p. 59).

하먼의 주요 저술로는『도구 존재』,『게릴라 형이상학』(Guerilla Metaphysics),『네트워크의 군주: 브뤼노 라투르와 객체지향 철학』,『쿼드러플 오브젝트』,『기이한 실재론: 러브크래프트와 철학』(Weird Realism: Lovecraft and Philosophy),『브뤼노 라투르: 정치적인 것을 다시 회집하기』,『비유물론』,『객체지향 존재론』,『사변적 실재론 입문』(Speculative Realism: An Introduction),『예술과 객체』등이 있다. 하먼의 저술은 다수가 현재 우리말로 번역되어 있다.[1] 이 글은 주로『쿼드러플 오브젝트』,『객체지향 존재론』,『비유물론』이렇게 세 권의 책을 중심으로 하먼이 주장하는 주요 내용과 함께 그 의미와 한계를 살펴보고자 한다.

사변적 실재론과 객체지향 존재론의 전개

근대 서양철학은 대체로 이마누엘 칸트처럼 사물이나 물자체에 대해서는 인식할 수 없는 것으로 규정하고 주체의 인식과 이해의 가능성을 철학적 탐구의 중심주제로 삼거나, 아니면 관념론의 철학에서처럼 물자체를 주체와 정신 속으로 통합함으로써 물자체의 실재성을 부정하는 방식을 취해왔다. 자크 라캉과 자크 데리다, 미셸 푸코

---

1 현재 우리말로 번역된 하먼의 저술은 다음과 같다.『네트워크의 군주』,『쿼드러플 오브젝트』,『비유물론』,『브뤼노 라투르』,『예술과 객체』.

등과 같은 포스트구조주의적 사상가들도 주체의 탈중심성, 의미의 미끄러짐, 앎과 권력에 의한 주체의 구성 등을 주장하지만, 그들 담론의 중심에는 항상 주체와 의미의 문제가 놓여 있다.

2000년대 초반부터 이러한 주체 철학에서 벗어나 사물과 객체의 물질성과 실재성에 대한 새로운 사고들이 대거 등장하고 있는데, 그중 가장 눈에 띄는 이론들 중의 하나가 하먼의 객체지향 존재론이다. 객체지향 존재론은 지금까지의 철학적 입장과는 달리 물질과 객체, 대상의 실재성을 새롭게 사유하고자 하는 움직임들 중에서 단연 선두에 서 있다. 지금까지의 철학적 입장과는 달리 물질과 객체, 대상의 실재성을 새롭게 사유하고자 하는 움직임은 가장 먼저 '사변적 실재론'의 형태로 나타났다.

사변적 실재론은 2007년 4월 27일 런던대학교 골드스미스 칼리지에서 열린 한 세미나에서 시작한다. 이 세미나에 메이야수, 하먼, 레이 브래시어Ray Brassier, 이안 해밀턴 그랜트Iain Hamilton Grant 등이 참석하였다. 이들은 내부의 미묘한 차이에도 불구하고 일반적으로 인간으로부터 독립적인 방식으로 사물의 실재성을 사변적으로 사고한다는 공통점이 있으며, 인간중심적, 주체중심적, 서구중심적인 사유를 넘어서는 데 크게 기여하고 있다. 특히 지구온난화와 인류세의 문제들이 인간에 의해 야기되었으면서도 인간의 인식적 한계를 넘어선 세계적이고 행성적인 복합적 얽힘과 연결되어 있다는 점에서 이들의 사유는 현재의 문제들을 이해하는 데 중요한 이론적 가능성을 제공하고 있는 것으로 평가된다.

메이야수는 '상관주의'라는 용어로 칸트 이후의 근대철학을 남김없이 비판한다.[2] 그는 근대 서양철학이 주체와 의미 중심의 사유에만 초점을 둠으로써 주체와의 상관관계를 갖지 않는 사물과 객체는 칸트처럼 물자체로서 인식의 대상에서 제외되거나 아니면 헤겔처럼 의식과 정신에 의해 통합되어야 할 대상으로 간주되고 있다고 신랄하게 비판한다. 그는 '상관관계'를 우리의 사유와 존재의 상관관계로만 접근할 수 있을 뿐이며, 그것들에서 따로 추출해낸 어느 하나의 항목에는 절대로 접근할 수 없다는 의미로 해석한다(메이야수 2010, p. 18). 그리고 이렇게 해석된 상관관계를 이론적 특징으로 갖는 모든 사유의 흐름을 '상관주의'라고 이름붙이고 비판을 가한다. 특히 메이야수는 소박한 실재론이기를 원치 않는 모든 철학이 상관주의의 변이형이 되었다고 주장하면서 상관주의에서 벗어나지 못하는 근대 서양철학을 비판의 대상으로 삼는다. 상관주의의 핵심은 사물과 존재가 주체, 언어, 권력과 분리되어서는 사고될 수 없다는 데 있다. 이렇게 볼 때, 상관주의는 주체 중심의 근대 철학과 그것을 비판하면서도 실은 여전히 상관관계에 의존하는 포스트구조주의를 동일한 연장선상에서 비판하는 개념으로도 사용된다. 왜냐하면 포스트구조주의는 주체와 언어를 통하지 않고서는 세계를 이해할 수 없다는 상관주의적 주장을 근본적으로 받아들이기 때문이다.[3]

사변적 실재론을 주장하는 많은 젊은 학자는 메이야수의 상관주의

---

2 메이야수의 상관주의 비판에 대해서 자세한 것은 이 책에 실린 정지은의 글을 참조하라.
3 나아가서 메이야수는 물자체를 부정하지 않지만 우리의 인식의 대상으로 삼지 않았던 칸트와 에드문트 후설을 '약한 상관주의'로 간주하는 한편, 루트비히 비트겐슈타인과 게오르크 헤겔처럼 물자체의 실재성을 인정하지 않고 의미와 주체의 세계 속으로 통합하는 것은 '강한 상관주의'로 구분하기도 한다.

개념을 둘러싸고 대부분 공통된 입장을 취하면서도 미묘한 차이를 보인다. 메이야수는 '거대한 외부'를 되찾기 위해 인간의 사유가 출현하기 이전의 '선조 이전성'의 시점에서 철학의 가능성을 모색하고 수학적 사고 등을 통해 절대적인 것을 사고할 수 있다고 함으로써 상관주의를 극복하고자 하는 전략을 취하고 있는 데 반해, 브래시어는 반대의 방향에서 '사후성'의 시점에서 태양의 소멸과 인류의 절멸을 도마 위에 올림으로써 상관주의 비판을 행하고 있다. 이와 같이 브래시어는 '사후성'으로부터 상관주의를 비판하고, 인간적 의미를 지워버리는 사유를 논의하고 있다.[4] 하먼의 입장은 좀 더 앞으로 나아간다. 하먼의 객체지향 존재론은 상관주의 자체를 거부하고, 사변적 철학을 인간으로부터 사물 측으로 넘겨주고자 한다. 그에 따라 메이야수가 사물 자체에 접근하는 것은 가능하다고 생각하는 데 반해, 하먼은 칸트가 말하는 물자체와 마찬가지로 사물 자체에 대한 직접적인 접근은 불가능하다고 생각한다. 이제 하먼은 사변적 실재론으로부터 객체지향 존재론으로의 발걸음을 분명히 하면서 자신의 독자적인 철학을 구축하고 있다.

객체지향 존재론의 개요

객체지향 존재론은 주체와 객체, 인간과 사물, 의미와 세계, 존재

---

4   절멸에 대해 사유하는 것, 즉 사유의 죽음에 대해 사유하는 것은 상관주의를 타파하고 모든 상관성으로부터 해방된 세계의 실재를 시사한다.

와 의식 등의 상관관계를 벗어나서 사물, 즉 객체의 물질성과 실재성을 사유하려는 이론이다. 이것은 인간과 사물의 관계를 벗어나서 인간과 무관계하게 성립하는 객체와 객체의 관계를 사고하는 철학이다. '객체지향 존재론'을 제창하는 하먼은 인간에 대해 사물이 어떻게 현상하는가가 아니라 인간과는 무관계하게 존재하는 사물 자체의 구조를 그려내고자 한다.[5] 하먼은 객체와 인간의 관계만이 아니라 객체와 객체의 관계도 대등하게 다루자고 한다. 그는『쿼드러플 오브젝트』에서 객체지향 존재론의 목표를 다음과 같이 말하고 있다.

> 이 책은 … 모든 객체, 그리고 그것과 관련한 지각적이고 인과적 관계를 말할 수 있는 새로운 형이상학을 목표로 한다. 나는 사람과 객체 사이 관계의 단일한 틈새에 사로잡힌 포스트칸트주의를 거부한 채, 목화와 불의 상호작용이 목화와 불에 대한 인간의 상호작용과 동일한 발판 위에 귀속한다고 주장한다(하먼 2019b, p. 25).

객체지향 존재론에서의 객체란 무엇인가? 여기서 말하는 객체는 사물만을 의미하지 않는다. 하먼은 객체의 범위에 다이아몬드, 밧줄, 중성자만이 아니라 군대, 괴물, 사각의 원, 실재적 국가와 허구적 국가의 연맹도 포함한다. 즉 사물만이 아니라 이론적 대상, 집합적 대

---

5 하먼이 '객체지향 존재론'이라는 개념을 공개적으로 사용한 것은 영국의 브루넬대학교에서 행해진 1991년의 강의에서인데, '객체지향'이라는 개념의 유래가 컴퓨터의 프로그래밍이라는 점도 객체지향 존재론이 현대의 시대적 감각과 매우 친화성이 있음을 시사한다.

상, 자기 모순적인 대상, 이념적 대상, 상상적 대상 등, 넓은 의미에서의 대상이 객체지향 존재론의 객체에 포섭되는 것이다. 이와 관련하여 하먼은 이렇게 말한다. "나는 절대로 모든 객체가 '동등하게 실재적'이라고 주장하지 않는다. … 내가 하고자 하는 말은 모든 객체가 동등하게 실재적이라는 것이 아니라, 그것이 동등하게 **객체**라는 것이다"(하먼 2019b, p. 23).

하먼은 먼저 후설과 하이데거의 철학을 독자적으로 독해함으로써 객체지향 존재론을 구성한다.[6] 메이야수가 밝힌 바와 같이, 후설과 하이데거는 상관주의에 머물러 있는 것으로 파악된다. 그러나 하먼에 따르면 이들의 현상학에는 다른 한편으로 '모종의 실재론적인 분위기'가 있다고 한다(이와우치 2020, p. 145). 따라서 현상학의 준비된 도구들을 사용하면 객체, 즉 사물 그 자체를 분석하는 길이 열리는 것이 아닐까? 하먼은 현상학으로부터 객체에로 자신의 발걸음을 내디딘다.

20세기 초에 후설이 제창하고 그것을 이어받은 하이데거가 발전시킨 현상학이 '사태 그 자체로'라는 표어를 내건 것은 잘 알려져 있다. 언뜻 보면 '사태 그 자체' = '사물 자체'로 생각될지도 모르지만, 현상학에서의 '사태'란 의식에 나타나는 '현상'을 가리키지 현상을 가능하게 하는 '사물 자체'를 말하는 것이 아니다.[7] 게다가 하이데거

---

6 물론 하먼의 후설과 하이데거에 대한 독자적인 독해에 대해서는 다양한 비판이 가능할 것이다.

7 특히 후설 현상학은 의식 체험의 본질을 분석함으로써 탐구는 인식자에 대한 대상에 한정된다.

에게서 사물이란 다양한 '염려'에 따라 나타나는 '도구 존재'이다. 사물은 단지 공간적인 '연장'으로서 거기에 있는 것이 아니라, 우리의 관심에 따라 그 의미를 개시한다. 즉 사물은 그때마다 특정한 목적을 위해 수단성, 유용성, 이용 가능성의 연관으로서 그 자신의 '무엇'을 주는 것이다. 하이데거는 세계에 관계하는 존재인 '현존재'의 짜임새를 '세계 내 존재'라고 부른다. 현존재는 언제나 이미 특정한 관심에 토대하여 세계에 관여하고 있으며, 주위의 세계는 그 관심에 대한 수단-목적의 연관으로서 현상한다. 사물의 의미가 염려 상관적으로 나타난다고 하면, 하이데거의 '염려-도구 존재'라는 도식은 상관주의의 일종이라는 것을 알 수 있다. 하지만 사물이 도구 존재'라는 개념으로 남김없이 다 드러날 수 있을까? 모든 사물이 쓸모가 있는 '도구 존재'로서만 나타나는 것일까? 사물을 객관적으로, 탈관점화된 방식으로 사물 그 자체로서 파악할 수는 없는 것일까?[8]

이제 하먼은 객체에 대한 분석을 통해 후설과 하이데거를 넘어서고자 한다. 하먼은 객체를 구성하는 요소를 네 가지로 분류한다. 객체와 성질은 각각 '감각적인 것'과 '실재적인 것'으로 나뉘고, 그것들

---

8   곧바로 생각되는 것은 자연과학일 것이다. 자연과학은 사물을 그것 자체로서 인식하고 있는 것으로 보인다. 자연과학의 기술에서는 대상이 수학에 의해 정밀하게 규정되기 때문이다. 예를 들어 물은 수소 원자 둘과 산소 원자 하나가 조합된 것이며, 그 이상도 그 이하도 아니다. 그것을 누가 보더라도 H가 둘에 O가 하나라는 것에 변함이 없을 것이다. 그런 까닭에 자연과학은 모든 관점으로부터 독립해 있는 것으로 생각된다. 그러나 실제로는 자연과학도 특정한 관심 아래 사물을 기술한다. 그것은 특정한 관점을 전제로 한 기술의 체계인 것이다.

은 '감각 객체'와 '감각 성질', '실재 객체'와 '실재 성질'이라고 불린다. '감각 객체'와 '감각 성질'은 관찰자에 대해 나타나는 객체와 성질을, '실재 객체'와 '실재 성질'은 관찰자로부터 독립하여 존재하는 객체와 성질을 의미한다. 두 종류의 객체는 각각 두 종류의 성질과 연계되므로 네 가지 경우의 수가 생긴다. 감각 객체의 감각 성질, 실재 객체의 감각 성질, 감각 객체의 실재 성질, 실재 객체의 실재 성질이 그것이다. 하먼은 이를 '네 겹의 객체'라고 부른다.

아무도 없는 숲에서 나무가 쓰러졌다면 이 사태는 실재 객체다. 누군가 나무가 쓰러지는 소리를 듣거나 기록했다면 그것은 감각 객체다. 유령이나 귀신은 실재 객체가 아니지만 사회적 실체로서 문화에 존재하고 고유의 행위력도 있다는 점에서 감각 객체다. 실재 성질은 객체에 내재된 성질이고, 감각 성질은 외부에서 측정하고 감지할 수 있는 성질이다. 이를테면 블랙홀은 물리적으로 실재한다는 점에서 실재 객체다. 블랙홀은 외부로 정보를 발산하지 않는다는 점에서 실재 성질이 있지만 현재 과학 지식으로는 블랙홀에 감각 성질이 있다고 볼 수 없다. 이와 반대로 산타클로스나 염력 등은 실제로 존재한다고 볼 수 없기에 실재 성질 없이 감각 성질만 있는 객체다.

그는 네 겹의 객체에 각각 시간, 공간, 형상, 본질의 요소를 대입한다. 첫째, 감각 객체의 감각 성질인 '시간'은 의미의 획득 과정을 뜻한다. 우리가 감각 객체를 경험하며 현상학적으로 의미를 획득하는 과정에서 매 순간 감각 성질이 변화하는데 이 과정이 곧 시간이다. 기술과 사회에 대한 통시적 연구는 감각 객체의 감각 성질을 따라 진행하는 방법론이라 할 수 있다. 둘째, 실재 객체의 감각 성질은 해당 객체의 부분임과 동시에 분리되어 있다. 부분이면서 분리되어 있는 이 상태는 연접과 이접의 문제를 발생시키며 '공간'의 문제로 환원된다. 기술과 사회에 대한 공시적 연구는 실재 객체의 감각 성질을 따라 진행하는 방법론이다. 셋째, 하먼은 감각 객체의 실재 성질을 '형상'이라고 부른다. 형상은 변화하는 감각 성질 외에 감각 객체에 내재하는 불변의 성질을 의미한다. 특정한 객체가 갖는 대상 영속성은 이 텐션 때문에 가능해진다. 넷째, 실재 객체와 실재 성질의 텐션인 '본질'에는 직접 접근할 수 없다는 특징이 있다. 양자 세계에서 특정 입자의 운동량을 알 때의 위치 또는 특정 입자의 위치를 알 때의 운동량처럼 이는 본질적으로 접근이 불가능하다. 이에 접근하려는 시도는 마치 유리수의 세계에서 무리수를 이해하거나 4차원 시공간에 거주하면서 5차원의 세계를 감각하려는 것과 같다.

하먼은 후설의 지향적 대상, 음영, 본질이라는 개념을 원용하여 감각 객체, 감각 성질, 실재 성질을 각각 도출했다. 그러나 실재 객체는 후설 현상학으로부터 끄집어낼 수 없다. 후설은 원칙적으로 의식에 나타나는 것에 탐구를 한정했기 때문이다. 그에 반해 하이데거가 보는 세계에는 감각 객체가 아니라 실재 객체가 존재하고 있다고 하먼은 생각한다. 하이데거에게서는 감각 객체가 배경으로 물러나고, 감각 성질, 실재 객체, 실재 성질의 세 가지 요소가 분석된다고 한다. 하먼은 하이데거 현상학을 독창적으로 독해함으로써 객체로 향한다.

하이데거는 사물이 염려에 대한 도구라고 분석한다. 즉 주위의 세계에 배치된 이런저런 사물은 '나'의 관심에 대한 수단성, 유용성, 이용 가능성의 연관으로서 나타나는 것이다. 통상적으로 우리가 실천적으로 관여하고 있는 사이에는 사물의 존재가 특별히 의식되지 않는다. 요컨대 차례차례로 사물을 잘 사용하는 과정에서는 사물이 확장된 신체성의 일부로서 기능하고. '나'는 목적의 달성에 몰두하고 있는 것이다. 사물이 의식되는 것은 사물이 잘 기능하지 않는다든지 부서져 있다든지 알맞지 않는다든지 할 때이다. 컴퓨터에 와이파이가 잘 연결되지 않고, 책상 조명이 켜지지 않고, 드라이버가 나사에 맞지 않는 경우에 우리는 사물을 의식하기 시작하고, 그것을 잘 살펴본다든지 점검한다든지 확인한다든지 함으로써 상황에 대처하고자 한다. 요컨대 사물의 사물성은 그것이 도구로서의 역할을 수행하지 못하는 경우에 의식되는 것이다. 여기서 하먼은 각각의 개별적 존재자가 도구 연관 전체에 연루되는 것은 대상을 해체하는 것이라고 비판한다. 그는 하이데거의 도구 존재 분석의 진의는 다른 데 있다고 말한다. 사물이 도구로서 우리에게 나타나 있다는 것은 의심할 수 없다. 하지만 그것은 사물의 실재가 아니다. 참된 객체는 실재 객체이다. 이러한 하먼의 해석은 매우 독특한 것으로 알려져 있다. 하먼이 주장하는 객체의 구조는 다음과 같이 정리할 수 있다(이와우치 2020, p. 163).

① 객체는 감각 객체, 감각 성질, 실재 객체, 실재 성질이라는 사방 구조에 의해 성립한다.
② 객체는 하나인 것, 성질은 여럿인 것이다.
③ 감각 객체와 감각 성질은 현전하지만, 실재 객체와 실재 성질은 숨겨져 있고, 그것들 모두가 밝혀지는 것은 아니다.
④ 적어도 감각 객체-감각 성질, 감각 객체-실재 성질, 실재 객체-감각 성질, 실재 객체-실재 성질에는 각각 독자적인 긴장 관계가 있다.

감각 객체, 감각 성질, 실재 객체, 실재 성질이라는 네 개의 요소는 하나의 객체에서 서로 긴장 관계에 있을 뿐만 아니라 다른 객체와도 긴장 관계에 놓여 있다. 그리고 세계에는 무수한 객체가 존재하는 한에서, 그것들의 관계도 셀 수 없을 만큼 무수히 존재한다. 그러나 그야 어쨌든 객체는 그 모든 관계와 상호성으로부터 자유로워야 하며, 그것은 스스로의 구성요소로도, 다른 사물과의 외적 관계로도 환원될 수 없다. 각각의 객체는 고립해 있으며, 인간에 대해서도 또는 다른 객체에 대해서도 그 전모를 보여주지 않는다. 확실히 객체는 감각적인 것을 매개로 하여 다른 객체에 관계하지만, 그 실재는 어디까지나 물러나 숨어 있다.[9]

하먼은 객체지향 존재론에 대해 제기되는 부당한 의문 중 많은 것이 그릇된 가정을 품고 있음을 지적한다. 즉 객체에 중점을 두는 객체지향 존재론은 인간을 논의에서 배제하거나 근절함으로써 객체들에 접근하게 됨이 틀림없다고 흔히 잘못 가정된다는 것이다. "인간 없는 예술은 어떤 모습일까?" "인간 없는 건축은 어떤 모습일까?" 이에 대해 하먼이 분명하게 강조하는 요점은 이렇다.

---

9 서로가 서로에 대해 물러나 숨어 있는 사물의 실재를 기술하는 구체적인 수단은 무엇인가? 구체적인 방법론이 없다면 실재는 기술될 수 없으며, 또한 설사 기술된다 하더라도 그 타당성을 확인할 수단은 없게 된다. 이와우치는 객체지향 존재론은 인간중심주의로부터 벗어남을 지향하지만, 그것은 인식론적 담론에서 주관을 지워버리고자 하는 시도가 아니며, 오히려 인식론적 문제들은 일단 뒤로 미루어두고 객체 그 자체를 생각해보자는 제안이라고 할 수 있다 (이와우치 2020, p. 172).

모든 주어진 상황에서 인간을 제거하는 것이 아니라, 인간이 단지 외부에서 방관하는 특권적 관찰자라기보다는 오히려 인간 자신이 공생의 구성요소가 되는 방식에 주의를 집중하는 것이다. 우리는, 인간 자신이 객체라는 점과 인간이 자신의 시간과 장소의 단순한 산물이 아니라 자신이 직면하는 모든 환경에 맞서 대처하면 할수록 그 자신이 객체로서 더욱더 풍성해지고 중요해진다는 점을 기억해야 한다(하먼 2020, p. 110).

사변적 실재론으로부터 후설과 하이데거의 현상학을 넘어서서 '객체지향 존재론'을 통해 하먼이 말하고자 한 '객체'에 대한 논의는 이 정도로 줄이고, 이제 객체지향 존재론을 사회이론에 적용하고자 하는 『비유물론』의 내용을 살펴보기로 하자.

새로운 유물론과 비유물론의 공리들

하먼은 『비유물론』에서 객체를 다룰 뿐만 아니라 사회이론과의 관련성도 함께 다루고자 한다. 하먼은 이 책의 2부에서 사회이론의 예로 네덜란드 동인도회사VOC를 분석의 대상으로 삼고 있다. 린 마굴리스의 '연속 세포 내 공생설Serial Endosymbiosis Theory, SET'을 끌어들여 동인도회사라는 사회적 객체를 분석한 이론적 결과를 사회이론에 있어서 객체지향 존재론 방법의 열다섯 가지 잠정적인 규칙으로 제시하고 있다. 이에 대해서는 뒤에서 다시 언급하기로 하겠다. 여기에서는 먼저 이 책의 1부에서 다루고 있는 행위자-연결망이론

Actor-Network Theory, ANT과 새로운 유물론에 집중하여 '비유물론'을 통해 하먼이 무엇을 말하고자 하는지 살펴보기로 하자.

하먼은 브뤼노 라투르의 행위자-연결망이론은 그것이 행위를 실행하기만 한다면 무엇이든 실재적이라고 여기는 평평한 존재론을 제시하고 있다고 한다. 하지만 어떤 의미에서 행위자-연결망이론은 객체를 완전히 놓치고 있는데, 그 이유는 행위자-연결망이론이 객체를 그것의 행위로 환원하면서 사물 속에 숨은 어떤 심연도 없애 버리기 때문이다. 결국은 당신이나 나나 기계나 자신이 현재 행하고 있는 바에 불과한 것은 아닌데, 그 이유는 각자 쉽사리 다르게 행동하고 있을 수 있거나, 아니면 전적으로 다른 것이 되지 않은 채로 그냥 누워서 잠자고 있을 수 있기 때문이다.

객체지향 존재론은 객체를 행위자-연결망이론의 경우처럼 그것이 행하는 바에 관한 서술이나 전통적 유물론의 경우처럼 그것을 구성하는 것에 관한 서술로 대체하는 대신에, '객체'라는 술어를 사용하여 그 구성요소로도 바꿔 말할 수 없고 그 효과로도 바꿔 말할 수 없는 존재자를 가리킨다. 객체지향 존재론은 모든 객체가 동등하게 실재적이지는 않더라도, 객체들은 모두 객체라는 점에서 동등하다는 것을 주장한다. 여기서 우리는 실재 객체의 자율성과 자신을 마주치는 어떤 존재자에 대한 감각 객체의 의존성을 구분해야 한다. 이는 앞에서 살펴본 『쿼드러플 오브젝트』의 핵심 주장이기도 하다.

참으로 친객체적인 이론은 인간이 직접 개입되지 않은 객체들의 관계를 인식해야 한다. 객체가 행위주체성을 갖추고 있는 점에 대해 높이 평가하든, 아니면 객체는 어떤 행위주체성도 갖추고 있지 않다고 자신만만하게 단언하든, 우리는 행위를 취하지 않을 때의 객체가 무엇인지에 관한 물음을 간과한다. 객체를 오로지 행위자로 여기는 것은, 사물은 행위를 실행하기에 존재하기보다는 오히려 존재하기에 행위를 실행한다는 점을 무시하는 것이다. 객체는 자신의 힘을 비축한 채로 잠자는 거인이고, 게다가 자신의 에너지 전부를 한꺼번에 쏟아내지 않는다.

객체를 세계의 근본구조로 파악하려는 객체지향 존재론은 객체에 대한 환원주의적 접근과 과도한 구성주의적 접근 모두를 배격한다. 우리는 어떤 기술적 대상이나 사회적 현상, 예술 작품을 이해하고자 이를 더 간단한 객체로 환원해 분석할 수 있다. 그러나 더 이상 근원으로 내려갈 수 없는 가장 단순한 객체를 가정하는 것은 잘못이며, 또한 이와 반대 방향의 접근 방식도 마찬가지로 잘못이라고 말한다. 하먼에 따르면, 우리는 사물에 관해 오로지 사물이 무엇으로 구성되어 있는지와 사물이 무엇을 행할 수 있는지 이렇게 두 가지 기본적인 종류의 지식만 있을 뿐이다. 그런 지식이 치러야 하는 불가피한 대가는, 어떤 사물을 바꿔 말한 것을 그 사물 자체의 대용품으로 사용한다는 점이다. 어떤 객체를 다른 것으로 바꿔 말하려는 시도는 항상 그 객체를 아래로 환원하기Undermining, 위로 환원하기Overmining, 아니면 이중 환원하기Duomining에 해당한다.

우리가 어떤 객체를 그것을 구성하는 더 작은 요소들로 설명한다면, 그 객체는 하향 전환을 거쳐 아래로 환원된다. 서양 과학은, 고대 그리스의 소크라테스 이전 사상가들이 중·대규모 존재자들의 구성을 설명하는 근본적인 뿌리를 찾아내려고 열망하면서 아래로 환원하기를 시도한 데서 탄생했다. 현존하는 사물들은 모두 물이나 공기, 불, 원자, 수, 무형의 덩어리 또는 전혀 다른 무언가로 구성되어 있는

가? 아래로 환원하기와 관련된 문제는, 그것이 객체가 자신의 구성 부분과 역사로부터 상대적으로 독립되어 있는 사태, 즉 창발로 더 잘 알려져 있는 현상을 설명할 수 없다는 것이다. 객체는 정확히 배치된 자신의 원자들과 동일하지 않은데, 그 이유는 어떤 한계 안에서 이들 원자는 객체 전체를 변화시키지 않으면서 대체 혹은 제거되거나 이동될 수 있기 때문이다. 또한 객체는 자신의 환경에서 받게 되는 영향들과도 동일하지 않은데, 그 이유는 이들 영향 중 일부는 결정적인 것으로 판명되는 한편 다른 것들은 여전히 아무 효과도 미치지 않기 때문이다. 객체는 자신의 구성요소들 이상의 것이기에 하향 전환의 방식으로는 성공적으로 바꿔 말해질 수 없다.

하먼은 인문학과 사회과학에서는 위로 환원하기라는 정반대의 조작이 일반적으로 행해지고 있다고 한다. 이 경우에는 객체를 그것의 근본적인 최소 부분들과 대비하여 피상적인 것으로 여기기보다는 오히려 그것의 가시적인 특성이나 효과와 대비하여 불필요하게 깊거나 유령 같은 가설로 여긴다. 하먼은 라투르를 위로 환원하기의 사상가 중 현재 가장 자극적인 인물로 꼽는다. 이는 다음과 같은 라투르의 주장에서 확연히 드러난다고 한다. "왜 행위자는 시험을 통해서 정의되는가? 이는 그것의 행위를 통해서가 아니고서는 행위자를 정의할 다른 방안이 없기 때문이며, 관심의 초점인 특징이 어떤 다른 행위자들에 의해 수정되거나 변형되거나 방해되거나 생성되었는지를 묻는 방법을 통해서가 아니고서는 행위를 정의할 다른 방안이 없기 때문이다"(라투르 2018, pp. 200-201). 하먼은 위로 환원하기와 관련된 문제로, 그 조작으로 인해 객체는 자신이 수정하거나 변형하거나 교란하거나 생성하는 모든 것을 넘어선 잉여 실재가 허용되지 않는다는 것을 지적하고 있다.

아래로 환원하기 전략과 위로 환원하기 전략을 별개로 마주치는 일은 드물고, 일반적으로 그 두 전략은 결합하여 서로 강화하는데, 이런 양면적 전환이 바로 이중 환원하기에 해당한다. 하먼은 이중 환원하기 전략을 최초로 실행한 철학자로 파르메니데스를 꼽는다. 파르메니데스는 한쪽에는 단일한 통합적 존재자가 있고 다른 한쪽에는 의견과 외양의 허위적 연출이 있는 이중 우주를 주창했다. 이에 대해 하먼은 모든 것은 단지 통일된 심연이나 단지 다채로운 표면일 뿐, 진정한 개별적 사물을 위한 중간의 여지가 전혀 없다고 지적한다. 다른 한 사례는 몇 가지 형태의 과학적 유물론에서 찾아볼 수 있는데, 이들 이론이 근본 입자, 장, 끈, 또는 중간 규모의 '물질'을 우주의 근본적 층위로 여길 때에는 가차 없이 아래로 환원하지만, 한편으로 수학이 그 진정한 층위의 1차 성질들을 망라할 수 있다고 주장할 때에는 가차 없이 위로 환원한다. 아래로 환원하기와 위로 환원하기, 이중 환원하기는 세 가지 기본적인 지식의 형식이고, 게다가 이런 이유로 인해 인간 생존이 그런 지식을 획득하는 것에 따라 결정된다는 점에서 그 전략들은 회피할 수 없다고 하먼은 밝힌다.

하먼은 사물의 궁극적 불가지성과 자율성을 사물에 관한 고찰 속에 집어넣어야 한다면서, 모든 이론의 철학적 토대는 지식의 형식일 수가 없고, 오히려 더 미묘하고 더 간접적으로 세계를 다루는 방법이어야 함을 강조한다. 하먼은 객체에 대한 관심이 현대의 지적 생활에서 종종 '유물론'에 대한 관심과 혼동되기도 한다면서 기존의 유물론과는 다른 새로운 유물론의 공리들과 자신이 주장하는 비유물론의 공리들을 다음과 같이 대조한다.

새로운 유물론의 공리들 (하먼 2020, pp. 59-60)	비유물론의 공리들 (하먼 2020, pp. 61-62)
모든 것은 끊임없이 변화한다.	변화는 간헐적이고 안정성이 표준이다.
모든 것은 뚜렷한 경계와 단절 지점을 갖기보다는 오히려 연속적인 구배를 따라 발생한다.	모든 것은 연속적인 구배를 따라 발생하기보다는 오히려 특정한 경계와 단절 지점에 의해 분할된다.
모든 것은 우발적이다.	모든 것이 우발적이지는 않다.
우리는 실체/명사보다 오히려 행위/동사에 집중해야 한다.	실체/명사가 행위/동사에 우선한다.
사물은 우리의 '실천' 속에서 생성되기에 기성의 본질이 전혀 없다.	모든 것은 일시적일지라도 자율적인 본질을 갖추고 있고, 게다가 그 본질을 파악하는 데 있어서 우리의 실천이 우리의 이론보다 별로 나을 게 없다.
사물의 행위가 사물의 무엇임보다 더 흥미롭다.	사물의 무엇임이 사물의 행위보다 더 흥미로운 것으로 판명된다.
사유와 세계는 결코 별개로 존재하지 않기에 상호작용하기보다는 오히려 '내부작용한다.'	사유와 그 대상은 여타의 다른 두 객체보다 더도 덜도 분리되어 있지 않기에 그것들은 '내부작용하기'보다는 오히려 '상호작용'한다.
사물은 단일체라기보다는 오히려 다양체다.	사물은 다양체라기보다는 단일체.
세계는 순전히 내재적이고, 게다가 그것은 좋은 일인데, 그 이유는 어떤 초월성도 억압적일 것이기 때문이다.	세계는 그저 내재적인 것이 아니고, 게다가 그것은 좋은 일인데, 그 이유는 순전한 내재성은 억압적일 것이기 때문이다.

이 목록들에 대해 하먼이 주장하는 바는 다음과 같다. 새로운 유물론의 공리들은 위로 환원하기 방법에 대한 깊은 신념을 보이는데, 이러한 방법은 객체 자체를 그 객체가 현재 우연히 취하고 있는 행위 또는 세계에서 나타내고 있는 표현과 구별할 수 없다는 것이 약점이

다. 객체의 실재성을 제대로 다루려면, 이런 종류의 위로 환원하기 유물론에 대립하는 용어가 필요하다. 유물론에 대한 자연적 대립물로 '형식론'이라는 용어가 있지만, 이 낱말은 객체지향 방법과는 무관한 종류의 추상적인 논리·수학적 절차에 너무 밀접하게 연관되어 있기 때문에 하먼은 이들 접근법들에 대한 반의어로 '비유물론'을 제안한다(하먼 2020, p. 61).

새로운 유물론의 공리들이 위로 환원하기 방법에 빠져 있는 것과는 반대로, 비유물론의 공리들이 던지는 '우리를 단지 아래로 환원하기라는 정반대의 악덕으로 데려가는 것은 아닌가?'라는 의문에 하먼은 그렇지 않다고 단호하게 말한다. 그 까닭은 비유물론이 모든 규모에서 존재하는 존재자들을 어떤 근본적인 구성적 층위로 용해하지 않은 채 있는 그대로 인정하기 때문이라고 한다. 이들 존재자는 모두 때때로 서로 영향을 주고받지만, 자신의 상호적 영향 속에 결코 전적으로 소진되지 않는데, 그 이유는 그들 각자가 다른 일을 할 수 있거나 심지어 도대체 아무것도 하지 않을 수 있기 때문이다. 하먼은 이렇게 말한다. "관계적 형이상학은, 객체는 다룰 수 없고 오로지 관계만 다룰 수 있지만 비관계적 형이상학은 관계를 새로운 복합 객체로 적절히 다룰 수 있기 때문에 객체와 관계를 모두 다룰 수 있다"(Ibid., p. 63).

또 비유물론의 공리들은 어떤 종류의 반동적이고 본질주의적이며 소박한 실재론을 우리에게 돌려주는 것은 아니냐는 물음에도 하먼은 비유물론의 본질주의는 반동적이지 않고 비유물론의 실재론은 소박하지 않다고 단호하게 말한다. 그 이유는 예전의 본질주의는 사물의 본질을 인식한 다음에 이 지식을 억압적인 정치적 목적을 위해 사용할 수 있다고 생각했지만, 비유물론적 본질주의는 본질은 직접 인식할 수 없기에 뜻밖의 일을 빈번하게 일으킨다고 주의를 주기 때문이다. 더욱이 소박한 실재론은 실재는 마음 바깥에 존재하고 우리는 그것을 알 수 있다고 생각하지만, 객체지향 실재론은 실재는 마음 바깥에 존재하고 우리는 그것을 알 수 없다고 주장한다. 그러므로 우리는 간접적 방식이나 암시적 방식이나 대리적 방식으로만 실재에 접근할 수 있을 뿐이라고 하먼은 말한다.

하먼이 비유물론을 통해서 말하고자 하는 핵심은 '사물의 비관계적 심연'에 대한 강조에 있다. 이는 앞에서 살펴본 객체지향 존재론에서 분명히 말하고 있는 객체의 불가지성과 자율성과 맞닿아 있다. 그렇기 때문에 하먼은 후기의 라투르에 대해서도 비판적인 입장을 취한다. 라투르는 후기에도 스스로 정립한 기성의 관계적 행위자 모형을 유지하는데, 그리하여 여전히 행위자는 아무것도 유보되지 않은 채 자신의 행위들로 철저히 규정된다. 라투르의 현행 양식 프로젝트는 그 중요성에도 불구하고 모든 네트워크 바깥에 있는 사물의 비관계적 심연에 주목해야 하는 세계에 대한 비유물론적 설명을 위한 도구를 제공할 수는 없다고 하먼은 말한다.

비유물론과 객체지향 철학의 한 가지 중요한 특징은 지적 생활의 중요한 구성요소로서 인기 없는 물자체를 고집한다는 점이다. 이는 이중 환원하기와 관련된 문제에서 잘 드러난다. 어떤 객체를 그것의 조각들로 아래로 환원하면, 우리는 창발을 설명할 수 없다. 반대로 어떤 객체를 그것의 효과들로 위로 환원하면, 우리는 변화를 설명할 수 없다. 이로부터 두 가지 기본적인 지식의 형식, 즉 사물의 구성과 행위 중 어느 것으로도 전환될 수 없는 실재로서의 물자체가 필요하다. 결국 사물은 지식으로 전환될 수 있다는 어떤 주장도 사물과 그것에 관한 지식 사이의 명백하고 영구적인 차이를 설명할 수 없는데, 요컨대 우리가 개에 관하여 완전한 수학적 지식을 갖추고 있더라도 이 지식은 여전히 개가 아닐 것이다. 그런 주장은 '허수아비' 논증이라고 진술될 것인데, 그 이유는 철학자들이 지식은 그 대상과 다르다는 사실을 명백히 인식하고 있기 때문이다. 하지만 중요한 것은 철학자가 개인적으로 이 사실을 '인식'하는지에 관한 물음이 아니라, 그의 철학이 그 사실을 충분히 설명하는지에 관한 물음이다. 하먼은 객체의 불가지성을 강조한다. "사물은, 상당한 변형이 일어나지 않은 채 지식으로 결코 전환될 수 없거나, 또는 우리의 '실천'을 통한 어떤 종류의 접근으로도 결코 전환될 수 없다. 칸트와 관련된 진짜 문제는 그가 물자체를 도입한 점이 아니라, 물자체가 오로지 인간을 괴롭힐 뿐이라는 관념인데, 그리하여 유한성이라는 비극적인 짐을 단일한 종의 객체가 짊어지게 된다. 칸트가 인식하지 못한 것은 어떤 관계도 자신의 관계항들을 철저히 망라하지 못하기에 모든 생명 없는 객체 역시 서로에 대해서 물자체라는 점이다"(Ibid., p. 80).

객체지향 존재론의 구체적 방법

하먼은 라투르의 행위자-연결망이론과의 비교를 통해 자신의 이론을 형성해가면서 객체지향 존재론의 구체적 방법을 제시하고자 애쓴다. 하먼은 라투르의 행위자-연결망이론의 최대 장점에 속하는 것으로 크게 다섯 가지를 꼽는다.

① 모든 것은 행위자다.

② 모든 관계는 호혜적이다.

③ 모든 관계는 대칭적이다.

④ 모든 관계가 동등하게 중요하지는 않다.

⑤ 우리는 서로 다른 유형의 존재자들을 구분할 수 없다.

이에 대해 하먼은 객체지향 존재론의 입장을 다음과 같이 맞세운다.

① 존재자는 그저 공개된 행위자라기보다는 오히려 부분적으로 물러서 있는 객체다.

② 객체들 사이의 관계는 비호혜적일 수 있다.

③ 객체들 사이의 관계는 비대칭적일 수 있다.

④ 객체의 중요한 관계와 사소한 관계 사이에는 차이가 있다.

⑤ 철학의 과업 중 하나는 객체의 서로 다른 유형들 또는 집합들을 분류하는 새로운 방식을 찾아내는 것이다(하먼 2020, p. 167).

하먼은 이러한 객체지향 존재론의 기본적인 입장을 유지하면서 마굴리스의 공생 개념을 끌어들여 『비유물론』의 마지막 장에서 동인도회사에 관한 논의에서 도출되는 사회이론에 있어서 객체지향 존재론 방법의 열다섯 가지 잠정적인 규칙을 제법 긴 목록으로 제시한다(Ibid., pp. 178-189, pp. 205-213). 이는 객체지향 존재론이 비교적 강세를 보였던 예술분야에서의 미학적 차원을 넘어 사회이론에서도 적용될 수 있는 구체적인 방법론을 제시하고자 하는 의도에서 비롯된 것이라고 할 수 있다.

규칙 1. 행위자가 아니라 객체: 아무것도 자신이 다른 것들과 맺는 현행 또는 잠재적 관계들의 총합으로 환원될 수 없다. 객체는 언제나 잉여인데, 결코 완전히 표현되지 않는다.

규칙 2. 유물론이 아니라 비유물론: 유물론은 사물을 그 구성요소들로 아래로 환원하거나(고전적인 과학적 유물론) 아니면 그 언어적 효과나 문화적 효과로 위로 환원하기(포스트모던 유물론) 위한 방법이다.

규칙 3. 객체는 그것이 맺은 관계보다 그것이 맺지 않은 관계로 더 잘 알게 된다: 라투르는 고립된 객체를 주변 환경과 충분히 상호작용하지 못한 패자로 여기는 경향이 있지만, 객체지향 존재론은 주변 환경에 초연함으로써 더 큰 자율성을 획득하는 객체의 역사적 중요성의 진가를 평가한다.

규칙 4. 객체는 그것이 거둔 성공보다 인접한 실패로 더 잘 알게 된다: 행위자-연결망이론은 우리에게 "행위자를 주시하라"고 요청하는 반면에, 객체지향 존재론은 객체의 표현되지 않은 별개의 핵심을 숙고하는 것에 못지않게 객체의 실패로부터 많은 것을 알게 된다고 주장한다.

규칙 5. 사회적 객체를 이해하는 데 필요한 열쇠는 그것의 공생들을 찾아내는 것이다.

규칙 6. 공생은 객체의 생애에서 비교적 일찍 발생할 것이다.

규칙 7. 공생은 객체의 특질이 일단 확립되면 무한정 유연하지는 않다.

규칙 8. 공생은 강한 유대로 성숙하는 약한 유대다: 긴밀한 인간관계는 충성심과 정서적 지원을 제공하면서도 일상적인 지인들과의 느슨한 관계보다 참신한 기회를 더 적게 제공한다. 연결관계가 이미 포화 상태에 가까워진 자신의 강한 유대 집단보다 더 느슨한 집단에서 새로운 연인이나 경력 전환의 기회를 찾아낼 개연성이 더 크다.

규칙 9. 공생은 비호혜적이다.

규칙 10. 공생은 비대칭적이다.

규칙 11. 사건으로서의 객체는 객체로서의 객체의 메아리다.

규칙 12. 객체의 탄생은 호혜적이면서 대칭적이다.

규칙 13. 객체의 죽음은 그것이 맺은 유대가 지나치게 강한 데서 기인한다.

규칙 14. 객체의 성숙은 그것의 공생이 팽창하는 데서 비롯된다.

규칙 15. 객체의 퇴락은 그 공생들의 정형화에서 비롯된다.

하먼은 이들 규칙들이 조금 난삽하고 일관성이 결여되어 있다고 느꼈는지, 한국어판 서문에서 이를 최종적으로 다시 6개의 그룹으로 정리해서 제시하고 있다. 이를 간략하게 표로 정리하면 다음과 같다 (Ibid., pp. 14-36).

그룹	해당 규칙
그룹 1 명사에의 귀환	규칙 1, 규칙 2, 규칙 11
그룹 2 관계의 희귀성	규칙 3, 규칙 4
그룹 3 공생의 본질	규칙 5, 규칙 6, 규칙 7, 규칙 8
그룹 4 반대의 경우는 마찬가지가 아니다	규칙 9, 규칙 10
그룹 5 객체의 탄생과 죽음	규칙 12, 규칙 13
그룹 6 성숙과 쇠퇴	규칙 14, 규칙 15

이와 같이 하먼은 객체, 관계, 공생, 강한 유대와 강한 유대, 탄생, 성숙, 퇴락, 그리고 죽음 등 모든 범주에 관해 객체지향 존재론의 방법을 구체화하지만, 이들 관계가 『쿼드러플 오브젝트』에서 제시한 4방 다이어그램을 충분히 반영한 것인지는 스스로도 자신하지 못한

다(Ibid., p. 39). 하먼은 자신의 『비유물론』에 대해 "지금까지 내가 저술한 모든 책 중에서 … 가장 애호하는 책"이라고 2020년 한국어판 서문에서 말하고 있지만,(Ibid.,) 과연 객체지향 유물론을 사회이론에까지 확장하려는 하먼의 '비유물론'이 독자들의 사랑을 제대로 받을 수 있을지는 의문이다.

그럼에도 불구하고 하먼의 객체지향 존재론이 가지는 이론적 매력은 여전하다. 하먼과 같은 객체지향 존재론의 철학적 입장을 주장하는 이로는 레비 브라이언트가 있는데, 브라이언트의 『객체들의 민주주의』는 객체지향 존재론의 정치이론으로서도 의미가 있다. 브라이언트는 최근 『존재의 지도』에서 유물론을 변호하고 갱신하고자 하는 의도에서 기계지향 존재론을 주장하면서 하먼의 객체 개념을 비판하고 있다.[10] 그럼에도 불구하고 하먼의 객체지향 존재론은 여러 영역에서 여전히 커다란 영향력을 행사하고 있다. 특히 기후위기와 관련지어 티머시 모턴의 『자연 없는 생태학』(Ecology without Nature)이 눈에 띈다. 그는 객체지향적 존재론에 근거하여 생태학적 사유를 급진적으로 재구성하고자 한다. 모턴은 인간과 자연, 주체

---

10 브라이언트는 『존재의 지도』에서 우리가 '객체'라는 용어를 듣자마자 그 객체를 파악하거나 상정하거나 지향하거나 마주치는 주체에 관해 생각하게 된다면서, '객체'보다 '기계'라는 용어를 사용할 것을 제안한다. '기계'라는 용어 덕분에 우리는 독립적인 신체로서 작용하는 존재자에 주의를 기울임으로써 '객체'라는 용어가 불러일으키는 인간중심적 연상을 피할 수 있고, 주체에 의해 고려되거나 지향되는 것으로서의 객체에 집중하는 일을 막을 수 있으며, 또한 기계라는 개념은 우리가 객체와 주체를 둘러싸고 엄청나게 누적된 철학적 전통을 벗어나는 데 도움이 된다고 한다(브라이언트 2020, p. 40, p. 67). 이로써 브라이언트는 질 들뢰즈에 더 접근하고 있음을 보여준다.

와 객체, 자아와 세계, 내부와 외부 등과 같은 이분법적 경계에 근거한 기존의 생태학이 결국 인간을 위한, 즉 인간중심주의적인 생태학에 불과하다고 비판하면서, 그런 이분법들을 해체하고 다양한 존재들과 사물들이 그물망처럼 상호 연결된 관계를 사유하는 '자연 없는 생태학'을 주장한다. 자연 개념은 인간과의 대립 속에서 구축되었기 때문에 근본적으로 인간중심주의적 사유에서 벗어나기 힘들다. 따라서 자연 없는 생태학은 근본적으로 인간중심주의를 넘어선 생태학을 사유하기 위한 시도이다. 『자연 없는 생태학』 외에도 모턴의 『하이퍼객체』(Hyperobject), 『인류』, 『어두운 생태학』(Dark Ecology)도 생태학의 영역에서 객체지향 존재론의 지평을 넓히는 데 기여하고 있다.[11]

---

11   모턴은 '하이퍼객체'를 인간에 비해 광대한 시간과 공간에 펼쳐져 있는 것이라고 정의한다. '하이퍼'는 다른 어떤 것과 비교해서 압도적이라는 의미이고, '객체'는 무한에 가까운 사물과 객체의 가능성을 인정하는 객체지향 존재론과 맥락을 같이 한다. 하이퍼객체는 인간의 지식 체계로 담아내기에는 너무 크고 인간과의 관계로만 그 쓰임새를 정하기에는 너무 다채롭다. 하이퍼객체를 깔끔히 이해하거나 정의하는 것은 불가능하다. 모턴은 하이퍼객체와 그로 인해 일어나는 일들은 감각과 감성으로 작동하는 미학적 차원에서 경험해야 한다고 주장한다. 그리고 『인류』에서 모턴은 '초월Transscendence'이 아닌 '저월Subscendence'이라는 새로운 개념 외에도 '자연Nature'과 대비되는 '인간Human' 대신 객체지향적 관점에서 '공생적 실재Symbiotic Real'의 일부라는 뜻에서 '인류/휴먼카인드Humankind'와 '연대Soliarity'의 개념을 논의의 주된 대상으로 삼고 있다. 나아가 모턴은 생태학의 아이러니, 추함, 공포를 표현하는 수단으로 '어두운 생태학Dark Ecology'을 제안하면서, 모든 존재자는 이미 생태학적 '얽힘Entanglement' 속에 존재한다고 주장하고 있다.

김환석 외, 2020.『21세기 사상의 최전선』, 서울: 이성과 감성.

라투르, 브뤼노, 2018.『판도라의 희망: 과학기술학의 참모습에 관한 에세이』, 장하 원·홍성욱 옮김, 서울: 휴머니스트.

메이야수, 퀑탱, 2010.『유한성 이후: 우연성의 필연성에 관한 시론』, 정지은 옮김, 서울: 도서출판b.

모턴, 티머시, 2021.『인류: 비인간적 존재들과의 연대』, 김용규 옮김, 부산: 부산대 학교출판문화원.

브라이언트, 레비, 2020.『존재의 지도: 기계와 매체의 존재론』, 김효진 옮김, 서울: 갈무리.

_____ , 2021.『객체들의 민주주의』, 김효진 옮김, 서울: 갈무리.

이와우치 쇼타로, 2020.『새로운 철학 교과서: 현대 실재론 입문』, 이신철 옮김, 서 울: 도서출판b.

하먼, 그레이엄, 2019a.『네트워크의 군주: 브뤼노 라투르와 객체지향 철학』, 김효진 옮김, 서울: 갈무리.

_____ , 2019b.『쿼드러플 오브젝트: 새로운 유물론과 사변적 실재론』, 주대중 옮김, 서울: 현실문화연구.

_____ , 2020.『비유물론: 객체와 사회 이론』, 김효진 옮김, 서울: 갈무리.

_____ , 2021.『브뤼노 라투르: 정치적인 것을 다시 회집하기』, 김효진 옮김, 서울: 갈 무리.

_____ , 2022.『예술과 객체』, 김효진 옮김, 서울: 갈무리.

Bogost, I., 2012. *Alien Phenomenology: or What It's Like to Be a Thing*, Minneapolis/London : U of Minnesota P.

Harman, G. 2002. *Tool-Being: Heidegger and the Metaphysics of Objects*, Chicago/ LaSalle : Open Court.

_____ , 2005. *Guerilla Metaphysics: Phenomenology and the Carpentry of Things*, Chicago/La Salle : Open Court.

_____ , 2018a. *Object-Oriented Ontology: A New Theory of Everything*, St. Ives :

Pelican Books.

___ , 2018b. *Speculative Realism: An Introduction*, London: Polity.

Hoppe, K. and Lemke, T., 2021. *Neue Materialismen: zur Einführung*, Hamburg: Junius Verlag.

Morton, T., 2007. *Ecology without Nature: Rethinking Environmental Aesthetics*, Cambridge: Harvard UP.

___ , 2013. *Hyperobjects: Philosophy and Ecology after the End of the World*, Minneapolis/London: U of Minnesota P.

___ , 2016. *Dark Ecology: For a Logic of Future Coexistence*(The Wellek Library Lectures), New York: Columbia UP.

4. 제인 베넷의 『생동하는 물질』

임지연

말하고 웃는 오드라덱 - 생기적 유물론의 방법

카프카의 단편 「가장의 근심」에는 오드라덱이라고 불리는 이상한 사물이 등장한다. 오드라덱은 이름부터 모양과 용도, 정체성이 불분명한 물건이다. 그것은 이렇게 생겼다.

> 그것은 우선 납작한 별 모양의 실패처럼 보이며 실제로도 노끈과 연관이 있어 보인다. 노끈이라면야 틀림없이 끊어지고 낡고 가닥가닥 잡아맨 것이겠지만 그 종류와 색깔이 지극히 다양한, 한데 얽힌 노끈들일 것이다. 그런데 그것은 실패일 뿐 아니라 별 모양 한가운데에 조그만 수평봉이 하나 튀어나와 있고 이 작은 봉에서 오른쪽으로 꺾어져 다시 봉이 한 개 붙어 있다(카프카 1998, p. 191).

오드라덱은 별 모양을 한 실패처럼 보이지만, 수평봉이 뻗어 있어 두 발로 선 것처럼 서 있을 수 있다. 또한 오드라덱은 깨진 것처럼 보일 수 있지만 그렇지도 않다. 카프카는 그것을 "상세한 것은 말로 표현할 수 없"다고 쓰고 있다. 그것은 어떤 것으로도 환원될 수 없는 묘한 사물이다. 그것은 쏜살같이 움직여서 잡히지 않을뿐더러, 다락이나 계단 등에서 머물기도 하는데 몇 달이고 보이지 않다가 다시 집으로 되돌아온다. 가장家長인 나는 그에게 말을 건다. 이름이 뭐냐고 물으면 그것은 "오드라덱이에요"라고 답한다. 어디에 사느냐고 물으면 "아무 데나요"라고 답하면서 "폐가 없이 웃는 웃음"을 웃는다. 게다가 오드라덱은 가장인 내가 죽은 후까지도 살아간다.

오드라덱은 별 모양을 한 실패처럼 생겼지만 실패의 용도로 사용되지 않는다. 그것은 깨진 것처럼 보일 수도 있지만 쓸모없는 것이라고 말할 수도 없다. 그것은 쏜살같이 움직여서 손에 잡히지 않는다. 오드라덱은 말하고 웃고 오랫동안 산다. 도대체 오드라덱을 무엇이라고 할 수 있을까? 오드라덱은 결여의 존재가 아니라(지젝 외 2010, p. 265)[1], 과잉의 존재에 가깝다. 그것은 이것도 아니고 저것도 아닌 것이 아니라, 이것이기도 하고 저것이기도 하며, 전혀 새로운 이것-저것이기도 하다.

우리는 일반적으로 사물을 죽어 있다고 판단해왔다. 생명이 없는 비유기체이기 때문이다. 그래서 '사물화'라는 말은 부정적으로 사용되곤 한다. 살아 있는 존엄한 인간으로 인정받지 못한 인간을 두고 사물화되었다고 표현한다. 그러나 카프카는 사물을 사물화하지 않는다. 오드라덱은 사물이지만 생명체처럼 말하고 웃는데, 대체로 "나무토막처럼" 아무 말이 없다. 도대체 오드라덱이라는 사물은 무엇일까?

제인 베넷Jane Bennett은 사물을 죽었다고 판단하는 인간중심적 관

---

1 지젝은 오드라덱을 "아무것도 결여하지 않는" 것으로 파악한다.

점을 래디컬하게 비판하면서 사물의 생동성에 집중하는 신유물론적 입장을 가진 미국의 정치학자이다. 베넷은 오드라덱을 통해 사물의 존재론적 활기에 집중한다. 그는 오드라덱을 무력한 물질과 생기적인 생명 사이의 선을 가로지르는 물질적 배열을 가지고 있다고 판단한다(베넷 2020, p. 48). 그렇게 본다면 카프카의 오드라덱 이야기는 우화로 보기 어려울 것 같다. 우화란 동물이나 사물을 의인화하여 인간세계를 풍자하기 위한 이야기를 말한다. 우화의 비인간 주인공은 인간을 이야기하기 위한 보조물에 지나지 않는다. 그러나 베넷의 관점으로 오드라덱의 이야기를 읽으면 이때의 오드라덱은 가장의 근심을 설명하기 위한 도구가 아니라, 주인공 자체이다. 인간의 근심을 설명하기 위한 것이 아니라, 자기만의 서사와 캐릭터를 갖는다. 베넷은 『생동하는 물질』에서 물질을 인간이 규정한 용도로 설명하는 방식을 비판하고 완전히 새롭게 접근한다. 그렇다고 해서 오드라덱을 탈인간화된 객관적 실체나 독립적 실체로 파악하는 것은 아니다. 오드라덱은 말하고 웃고 움직이지만, 인간과 완전하게 분리된 초월적이고 독립적 개체가 아니다. 또한 그것은 가장의 근심을 납득시키기 위해 사용된 의인화된 상징물이라고 할 수 없다. 오드라덱은 망가진 실패라는 인간이 규정한 이름에서 벗어난 존재다. 그리고 가장인 나와 대화를 나누고, 인간의 주거지에서 함께 살아가는 존재라는 점에서 독립적인 고유성을 갖지만 동시에 상호적으로 행동한다는 점에서 관계적 존재이기도 하다. 베넷은 오드라덱을 사물-권력을 가진 능동적 물질로 접근한다.

신유물론은 하나의 입장으로 정리할 수는 없지만, 근대적 이원론을 극단적으로 밀어붙이면서 탈인간중심적 일원론으로 나아간다는 공통적인 경향이 있다. 즉 신유물론은 "정신-물질 그리고 문화-자연이라는 초월론적 휴머니즘 사유의 분할뿐 아니라 인과 사유체계와 목적론(결정론) 또한 돌파"한다(돌피언·반 데어 튠 2021, p. 137). 그래서 신유물론자들은 방법적으로 이원론에서 가치절하되었던 물질, 자연, 비인간의 관계적 행위성에 주목한다. 특히 베넷은 사물의 능동적 역량과 관계적 힘에 집중한다. 도나 해러웨이는 자연과 물질을 통합하기 위해 '자연문화'라는 용어를 사용하고, 브뤼노 라투르는 '자연-문화'로 부르는데, 베넷은 '생동하는 물질Vibrant Matter'로 접근한다. '생동하는 물질'이란 물질(자연)과 그것의 의미(문화)를 재배치한 개념이다. 즉 사물을 인간들의 도구나 죽어 있는 수동적 물질이 아니라, 능동성을 가진 살아 있는 것으로서 인간과 상호적 영향관계에 있는 존재를 의미한다. 그가 인간을 '걷고 말하는 무기질'로 보는 견해에 동의한 것도 같은 맥락이다. 그런 점에서 생동하는 물질은 인간과 자연, 정신(의미)과 물질의 이분법을 가로지르는 물질 일원론적 관점이라고 할 수 있다.

베넷은 존스홉킨스대학교 정치학 교수로서 생태철학, 예술과 철학, 미국 정치사상 등 사회정치이론에 주된 관심을 둔 여성 정치철학자이다. 그는 바뤼흐 스피노자의 '코나투스Conatus', 질 들뢰즈의 '배치Assemblage', 라투르의 '행위소Actant', 헨리 데이비드 소로의 '야생Wildness', 한스 드리슈Hans Driesch와 앙리 베르그송의 '비판적 생기론Critical Vitalism'[2]에 영향을 받았으며, 이 개념들을 횡단적으로 사용

---

2 베넷은 자신의 유물론을 생기론도 아니고 기계론도 아니라고 하면서, 드리슈와 베르그송의 생기론을 비판적으로 재해석한다. 베넷의 생기론적 신유물론

하면서 '생동하는 물질'이라는 관점을 제시했다. 그는 자신에게 영향을 준 학자들의 개념들을 신유물론의 입장에서 재해석함으로써 물질에 대한 인간중심적 접근법에서 벗어나 창조적인 물질의 힘을 포착하고자 하였다. 특히 베넷은, 마르크스의 유물론이 상품을 탈신비화함으로써 물신화를 막으려고 했지만, 가치의 원천을 인간의 노동력과 행위성에 제한한다고 비판한다. 대체로 신유물론은 마르크스의 유물론이 인간중심적이라는 의견에 동의한다. 마르크스 유물론은 하나의 상품이 오직 힘센 노동자의 팔뚝에서 나오는 것으로 본다. 즉 상품이 만들어져 사용되는 과정에서 흙, 나무, 연료, 기계장치, 증기기관, 시장시스템, 소비자의 욕망 등 다양한 행위자가 복잡하게 작용한다는 점을 무시한다. 베넷은 흙, 나무, 금속, 전기, 쓰레기 등을 탈인간화된 물질의 능동적 행위에 주목함으로써 신유물론자의 입장을 견지하고 있다. 정치학자인 그는 궁극적으로 인간중심의 정치학에서 인간과 비인간을 위한 '정치생태학'으로 확장하고자 하는 것이다.

20세기 해체주의나 탈구조주의가 근대적 인간성을 근원적으로 의심했지만, 그러한 관점 역시 인간주의적 시선에서 크게 벗어나지 않았다. 지금까지 철학은 정도의 차이가 있기는 하지만, 세계를 인간중심적으로 구성해왔다. 평등이라는 민주주의적 이념은 인간의 평등에 한정되었고, 자유 역시 인간의 자유를 중심으로 이해되었으며, 사랑은 인간적 가치를 확장하는 최고의 능력으로 구사되었다. 물론 인간

의 입장이 관념성에서 자유로울 수 없다는 비판은 생기론의 입장을 재해석하는 과정에서 생겨난 듯하다. 그러나 베넷은 생기론의 외부적 생명성 개념을 비판하면서 생명성과 사물의 관계를 내재화하고자 하였다.

세계는 아직 평등, 자유, 사랑이라는 가치를 완전하게 구현하지 못했다. 그러나 이 가치를 제대로 실현하기 위해서라도 우리는 인간중심적 관점에서 벗어나야 할 때가 되었다. 가령 동물을 학대하면서 동시에 완전한 여성 평등을 실현하는 것은 현실적이지 않기 때문이다. 여성을 동물과 같은 비문명 자연으로 비유하고 평등을 인간의 영역으로 제한할 때 역설적으로 인간의 평등은 구현되기 어렵다. 쓰레기 더미를 쓸모없는 것들의 무덤으로만 여기면 우리 주변에서 함께 살아가는 사물들은 수동적이고 죽어 있는 도구들에 불과하기 때문에 인간 이외의 세계는 하찮은 것이 되어버린다. 그래서 종이나 금속, 옷감, 음식, 나무, 동물들을 인간 소유물에 불과한 것으로 여기게 되는 것이다. 이때 지구와 생태계는 파괴될 수밖에 없다. 인간만이 지구의 주인이라는 왜곡된 자기인식 때문이다. 인간의 몸도 물질로 이루졌다는 사실을 인정할 때 우리는 우리 몸처럼 물질로 이루어진 사물과 평등하고 행복한 관계를 맺을 수 있을 것이다. 우리는 세계를 어떻게 인간중심적이지 않은 방식으로 재구축할 수 있을까? 오드라덱을 쓸모없는 별 모양의 실패로 바라보는 대신, 나와 대화를 나누고 웃고 민첩하게 움직일 줄 아는 살아 있는 것으로 사유할 수는 없을까? 그래서 인간과 비인간이 서로 횡단하면서 연결된 새로운 세계를 생성할 수는 없을까? 우리에게는 새로운 정치생태학이 필요하다.

사물에게 권력을

베넷은 사물의 능력에 대해 긍정적 관점으로 접근한다. 생동하는 사물에게는 능동성과 수동성, 활기와 비활기, 생명력과 비생명력, 탄생과 소멸 같은 이중적 특성을 모두 갖고 있겠지만, 베넷은 긍정적 특징에 더 주목한다. 즉 그에게 사물은 능동적이고 활기 있고, 생명력을 갖으며, 배치가 달라지면 새롭게 태어나는 행위자이다. 베넷은 물질에 대한 비논리적 사랑을 품은 이론을 고안(베넷 2020, p. 164)하려는 정치적 목적을 가지고 신유물론에 접속한다.

베넷은 사물의 능동적 능력을 사물-권력Thing-power이라고 정의한다. 이 특징 때문에 베넷의 유물론은 '사물-권력 유물론Thing-power Materialism'(Beetz 2016, p. 3)으로 불리기도 한다. 사물-권력은 스피노자의 코나투스와 유사하며, 소로의 야생 개념과 연관되어 있다. 스피노자는 사물을 자신의 존재를 끈질기게 지속하려는 경향인 코나투스로 설명한다. 스피노자는 "심지어 떨어지는 돌조차도 그 안에서 계속 움직임을 유지"하려는 능동적 충동에 주목하는데, 베넷은 이 코나투스를 '사물-권력'의 특징으로 파악한다. 또한 소로의 야생성은 인간만의 힘이 아니며 인간과 다른 신체를 혼란스럽게 할 뿐 아니라 전환시키는 힘이라고 할 수 있다. 사물-권력은 물질의 외부Out-side로서, 다른 것으로 환원될 수 없는 기묘한 물질의 차원을 말한다. 외부를 사물의 바깥이나 초월적인 것으로 해석해서는 곤란하다. 외부는 사물을 수동적인 객체나 고정된 실체가 아니라는 점을 강조하기 위해 사용한 것이다. 하지만 사물-권력은 완전하게 독립적인 고유성을 뜻하는 것은 아니다. 그것은 인간과 물질이 겹쳐지는 범주에 있으며, 서로에게 미끄러져 들어간다. 사물-권력의 입장에서 인간 역시 비인간 물질이고, 사물 역시 세계 속에서 활동하는 생기적 참여자라는 사실을 알게 한다(베넷 2020, pp. 39-40).

사물-권력은 사물을 살아 있는 활력가로 파악한다. 쓰레기는 어떻게 존재할까? 일반적으로 쓰레기는 인간의 과잉생산에 대한 부정적 효과물로 인식된다. 지그문트 바우만이 "쓰레기는 모든 생산의 어둡고 수치스러운 비밀"(바우만 2008, p. 59)이라고 했듯이 쓰레기는 지구를 오염시킬 뿐 아니라, 인간의 삶마저 쓰레기로 만든다. 자본의 무한한 생산 욕구가 더 많은 상품을 소비하고 교체하고 과잉생산함으로써 쓰레기는 지구적 삶의 기본적 조건이 되어버렸다는 것이 문명비판가나 생태주의자들의 진단이다. 하지만 베넷은 로버트 설리번의 『목초지』(Meadowlands)를 인용하면서 쓰레기로 불리는 사물들을 완전히 다른 방식으로 접근하고자 한다.

> 그 … 쓰레기 더미는 살아 있다. … 그곳에는 어두운 무산소계 밑에서 무성히 활동하는 수십억의 미생물들이 있다. … 뉴저지나 뉴욕의 찌꺼기의 극히 일부를 소화시킨 뒤, 이 세포들은 막대한 양의 이산화탄소와 따뜻하고 습윤한 메탄가스, 그리고 지면을 통해 새어 나가는 거대한 열대성 바람을 내뿜어 목초지의 화재를 야기하거나 대기권에 도달하여 … 오존을 침식시킨다. … 하지만 바로 그 순간, 이 액체가 스며 나오는 곳은 순수한 오염 물질이, 기름과 윤활유, 시안화칼륨과 비소, 카드뮴과 크롬과 구리와 납과 니켈과 은과 수은과 아연의 순수한 혼합물이 … 태어나는 곳으로 변모했다(Sullivan, Meadowlands; 베넷 2020, p. 45에서 재인용).

쓰레기 더미는 내부에서 부패한 폐기물에 의해 침출수가 흘러나오고 가스가 발생하며, 산업폐기물에서 각종 중금속이 발생하여 토양과 대기를 오염시켜서 죽음의 땅으로 만든다. 그러나 그것은 쓰레기의 부분적인 일면에 불과하다. 베넷에 따르면 쓰레기는 살아 있다. 그것도 활력에 넘쳐 발랄하게 자신의 존재성을 능동적으로 드러낸다. 미생물은 쓰레기 더미에 묻힌 물질들을 소화하고 메탄가스를 발생시킨다. 메탄가스는 뜨거운 바람을 내뿜어 화재를 일으키기도 하고, 대기권으로 올라가 오존층을 파괴한다. 쓰레기 더미는 얼마나 활기찬가. 설리번은 썩은 폐기물에서 흘러나오는 오염물질에 "순수"하다는 수사를 붙여서 카드뮴과 구리 수은 등의 화합물이 자신의 활동력을 어떻게 표현하는지에 주목하였다. 카드뮴은 배터리나 색소 등을 만들 때 사용하는 유용한 물질이지만, 중독되기 쉬워 인간에게 해로운 물질로 분류되었다. 하지만 쓰레기 더미에서 발생하는 카드뮴은 자신의 고유성을 드러낸다. 설리번은 "그것이 따뜻하고 발랄하다고 느낀"다. 오염 물질들은 인간이 부여한 악한 이미지에서 벗어나 자신의 생동하는 물질성을 이곳에서 마음껏 표현하는 것이다. 쓰레기를 쓸모없는 물질, 죽은 물질, 해로운 물질로 판단하는 것은 편협한 인간중심적인 시선이다.

또한 사물-권력은 '자기-조직'적 활동을 수행한다. 베넷은 '솔리톤Solition'을 통해 사물의 내재적 힘에 대해 주목한다. 앞서 쓰레기 더미에서는 소멸되지 않는 사물의 물질성과 활기를 확인할 수 있었다면, 사물의 내재적 힘에 대해서는 '솔리톤'은 물질에 내재하는 창조적 능력이 어떤 것인지 알게 해준다.

자연현상에 깊은 주의를 기울이는 신유물론자 마누엘 데란다는 솔리톤 현상에 주목하면서 사물의 내재적 활동력을 설명한 바 있다. 베넷은 데란다가 주목한 솔리톤을 언급하면서 사물-권력이 어떻게 작동하는지를 보여주고 있다. 솔리톤은 수학과 물리학에서 파동(파동 묶음, 펄스)이 주변과 상호작용하면서 스스로 강화하여 사라지지 않고 계속 유지되는 현상을 말한다. 이 현상은 1830년대에 존 러셀 John Scott Russel에 의해 처음 발견되었다.[3] 선박 설계사였던 그는 어느 날 말을 타고 운하를 따라가다 운하에서 생긴 물 덩어리가 아주 멀리 이동하는 현상을 보게 된다. 보통 물은 파동을 치면서 사방으로 흩어지다가 사라지기 마련인데, 한번 만들어진 이 물 덩어리는 상당히 오랫동안 분산되지 않고, 형태를 유지한 채 흘러갔다. 물덩이는 일정 시간 유지되다가 소멸되지만, 오랫동안 힘이 유지되는 이 현상은 마치 물질이 자신의 기억을 가지고 있는 것처럼 보일 만큼 내재적인 힘이 있다는 사실을 알게 한다. 두 개의 솔리톤이 마주쳤을 때, 두 힘은 섞이거나 흩어지지 않고 잠깐 사라졌다가 다시 제 갈 길을 간다. 데란다는 솔리톤의 이 힘에 대해 "자발적 구조의 생성은 비-유기적 물질이 우리가 생각했던 것보다 훨씬 다양하고 창조적이라는 사실"(DeLanda 2000, p. 16; 베넷 2020, p. 47에서 재인용)임을 지적한다. 러셀이 발견한 운하의 물 덩어리는 파동이 퍼져나가다 운하 바닥에 부딪혀 돌아오면서 물 덩어리가 흩어지지 않기 때문에 유지된다. 솔리톤은 해일이나 태풍, 대기의 찬 공기, 신경 전달 과정 등 다양한 곳에서 발견되는 현상이라고 한다. 심지어 마라톤 경기에서 선두 그룹이 특정 거리까지 일정하게 유지되는 것도 솔리톤 현상으로 설명할 수 있다. 그렇게 본다면 물질에 내재하는 창조적 능력은 사물

---

3 위키백과의 '솔리톤' 항목.

이 죽어 있다는 우리의 생각에 균열을 가한다.

　사물-권력은 법적 행위 능력을 갖는다. 베넷은 검찰이 용의자를 살인죄로 기소해 열린 재판의 배심원으로 참여한 경험을 토대로 사물이 갖는 법적 행위 능력에 대해 질문한다. 사건의 증거물로 제시된 화약 잔여물 추출검사 장치(접착제로 막힌 금속제 뚜껑이 있는 작은 유리병)는 배심원에게 반복하여 제출되면서 점점 더 많은 힘을 갖는다. 이 화약 검사 장치인 유리병은 유리병 이상의 법적 능력을 가진 것이다. 이것은 사물이 하나의 형태와 용도로만 존재하지 않는 것을 의미한다. 여기서 베넷은 라투르의 행위소 개념을 가져온다. 라투르의 행위자-연결망이론에서 행위자는 주체도 객체도 아니며, 이 둘의 조합과 관계망 속에서 다양한 행위자가 된다. 행위자는 인간과 비인간 모두를 지칭하는 것으로서 인간중심적으로 해석된 사물의 능력과 존재방식을 다르게 배치한다. 영국에서 1846년에 폐지된 '봉납捧納, Deodand' 개념에 따르면, 보행자의 다리를 다치게 한 마차는 법적 행위자가 된다. 인간에게 상해를 입혔다면, 마차 주인뿐 아니라 마차인 사물에게도 법적 책임을 물을 수 있다는 것이다. 그래서 그 마차는 봉납되어야 했다. 그렇다면 사람을 찌른 칼과 찌른 사람의 법적 능력은 어떨까? 아마도 베넷은 그 칼과 사람을 존재론적으로 평평하게 다루고자 한다(베넷 2020, pp. 50-52). 사람을 찌른 칼이 단지 죽어 있는 사물이라면, 사람의 손에 의해 자신의 운명을 맡긴 아무 능력도 없는 사물이라면, 법적 능력을 갖지 못할 것이다. 그러나 칼에게 사물-권력이 있다는 것을 인정하면 그 칼은 사람을 찌른 사건에서 특정한 역할을 담당하게 된다. 모든 사건은 인간에 의해서만 일어나지 않는다. 사람을 찌르는 행위의 원천은 사람에게만 있지 않다는 것이다.

사물-권력은 사람을 이성적이고 합리적이며 숭고한 생명력을 지 닌 유기체라고 보는 대신, 걷고 말하는 무기질이라는 물질적 측면에 서 바라보게 한다. 베넷은 인간의 권력을 인간이기 때문에 형성되었 다기보다 사물-권력의 일종으로 바라본다. 인간은 물질적인가? 베 넷은 그렇다고 말한다. 데란다와 블라디미르 베르나츠키의 진화론적 관점에서 본다면 인간은 '걷고 말하는 무기질'이다. 뼈가 형성되는 진화 과정에 대해 데란다는 다음과 같이 기술한다. "연조직(젤라틴, 에어로졸 근육, 신경)은 당시 생명을 구성하고 있던 신체의 물질-에 너지 복합체 일부가 갑작스러운 무기화 과정에 놓였고, 생명체를 구 성하는 새로운 물질인 뼈가 새롭게 창발했다." 동물들은 여러 제약에 서 벗어나 환경을 극복할 수 있도록 스스로 움직이면서 능동적인 권 력을 갖게 된 것이다. 베르나츠키도 인간은 무기질이 강력하게 혼합 된 형태라는 관점을 지지한다. 그래서 인간은 "걷고 말하는 무기질" 로서 물질로 구성된 존재다.[4]

인간을 '살아 있는 물질'이라고 말한다면 휴머니스트들은 인간의 지성적 특별함을 포기하라는 말로 이해할지도 모른다. 기존 휴머니

---

4   러시아 과학자 베르나츠키는 생명체를 '살아 있는 물질'이라고 부를 수 있는 광물로 보았다. 그는 살아 있는 것과 살아 있지 않은 것에 대한 선입견 없이 지 질학적 현상을 분석하면서 생명체를 살아 있는 물질임을 강조한다. 예를 들 자면 사람이 이리저리 돌아다니고 땅을 파고 지표면을 바꿔놓는데, 산소, 수 소, 질소, 탄소, 인 등 지각을 구성하는 원소들을 생명체에 재분배하고 집중시 킨다. 그에게 인간은 "걷고 이야기하는 무기질"인 것이다(마굴리스·세이건 2016, pp. 71-72).

즘의 관점에서 본다면 사물-권력은 인간의 가치를 격하시킨다는 오해 때문에 상당한 비판을 받을 것이다. 그러나 베넷은 인간과 물질의 위계화를 극복할 수 있는 관점을 사물-권력에서 찾고 있으며, 오히려 이 관점이 인간의 도구화를 막을 수 있다고 주장한다(Ibid., pp. 54-58).

사물-권력은 인간과 물질의 분할 구도를 인정하면서도, 인간에 의해 폄하되었던 물질의 가치를 격상함으로써 결과적으로 인간의 행복을 증진할 수 있다는 관점이다. 물질이 수동적 객체나 인간을 위한 도구일 뿐이라는 인식은 사물의 존재론적 가치를 깡그리 무시하는 인간중심적 사유이다. 인간의 도구화나 물질화가 인간 세계의 불평등을 야기한다면, 물질의 생기론적 가치를 인정할 때 인간의 도구화에 대한 논리적 근거는 약해진다. 인간과 물질의 범주적 구별은 가능하겠지만, 그것을 가치판단에 따른 위계화의 결과로 받아들인다면 세계는 근원적으로 불평등해진다. 물질이 살아 있는 활력과 자기-조직적 힘을 갖고, 법적 행위 능력을 갖는 힘이 있다는 것을 인정한다면, 세계는 가치의 차원에서 평평해질 수 있다. 존재론적 평평함은 평등한 인간 사회를 구축할 수 있는 근거가 된다. 인간의 문명은 물질, 사물, 자연의 힘에 의존하지 않고는 만들어질 수 없다는 것을 인정해야 한다.

전기는 자신의 길을 선택한다: 사물의 배치, 관계적 능동성

사물-권력이라는 용어의 단점 중 하나는 사물을 개체주의적이고 원자론적 관점에서 바라보게 한다는 것이다. 이 용어는 사물을 개체적 안정성을 갖는 것이라는 의심을 받기도 한다. 사물의 생기적 능동성이 마치 힘이나 권력을 형성하고 작동시키는 원천이라고 볼 수도 있기 때문이다. 이에 대해 베넷은 사물의 역동적인 배치에 주목하면서 반론을 편다. 사물은 행위소이기 때문에 절대 혼자 작동할 수 없다. 예를 들자면 배치란 이런 것이다. 베넷은 자신이 쓴 책의 문장은 기억, 의도, 견해, 장내 세균, 안경, 혈당뿐 아니라, 컴퓨터 키보드, 지저귀는 새, 방의 공기로부터 창발된 것이라고 말한다. 문장은 언어라는 인간의 문화 범주로만 구성될 수 있는 게 아니다. 거기에는 컴퓨터 키보드에 손가락을 움직여야 하고, 깜박이는 커서를 클릭하는 마우스가 작동되어야 한다. 어떤 문장을 쓸 때 창문 너머에서 새가 지저귀는 소리를 들으며 안경을 쓴 후 얼마 전 내가 읽은 책의 의미를 기억하고 성찰해야 한다. 나의 생각은 문장이 만들어지면서 확정되고, 나의 문장은 내가 살아가는 사회의 규범과 연결되면서 쓰인다. 문장 쓰기란 뇌의 작용과 몸의 작용, 사회제도적 작용과 물질적 작용이 역동적으로 결합되면서 일어나는 사건인 것이다. 이처럼 문장은 자음과 모음의 조합이 아니라, 수많은 행위소의 연합인 것이다.

사물의 관계적 행위 능력에 대해 베넷은 들뢰즈와 펠릭스 과타리가 제안한 배치(아상블라주)라는 용어를 선택한다. 배치는 생동하는 물질들을 일시적으로 묶은 것으로서, 그것들 내부를 혼란스럽게 만드는 지속적인 에너지의 존재에도 불구하고 살아서 기능하는 연합을 말한다. 사물-권력이 다소 세계를 평평한 것으로 보이게 할 수 있다면, 배치는 세계를 평평하지 않은 지형으로 바라보게 한다.

배치는 자연과 문화, 인간과 물질이라는 이분법적 분할에서 벗어나 자연-문화, 사회-물질이라는 관계적 전환을 사유하게 한다. 배치에는 중심이 되는 지휘자가 없기 때문에 이질적인 것이 생동하는 관계 속에서 생성된다. 즉 행위 이전에 행위자가 먼저 있는 것이 아니라, 통일되지 않는 배치 속에서 행위는 관계적으로 생성된다. 여기서 사물들은 관계적으로 사물-권력을 행사하게 되는 것이다. 여기서 특정 사태에 대한 행위자들의 행위는 분산될 수밖에 없다.

베넷은 전기 송전선망을 배치의 좋은 사례로 들면서 2003년 8월 북미에서 일어난 블랙아웃 사태를 세심하게 분석한다. 이를 통해 대규모 블랙아웃 사태의 원인이 인간의 관리 부실이나 에너지 정책의 오류, 그리고 우연한 전기의 오작동이 아니라, 사회-물질의 거대하고 역동적인 배치의 관점으로 접근하고 있다.

생기적 유물론자에게 전력망은 수많은 행위소의 연결망이다. 전력망의 행위소는 석탄, 습기, 자기장 컴퓨터 프로그램, 전자류, 이윤, 동기, 열, 생활양식, 핵연료, 플라스틱, 숙련이라는 환상, 정전기, 법률, 수분, 경제 이론, 전선, 나무 등으로 나열할 수 있다. 전력망은 이것들로 이루어진 불안정한 혼합물이다. 전력망의 행위소들은 알 수 없는 이유와 경로를 통해 극심한 불협화음을 만들었던 것이다. 2003년의 블랙아웃에서는, 가장 먼저 오하이오주와 미시간주에서 서로 관련이 없었던 발전기의 중단 사태가 송전선의 전자류 패턴에 변화를 일으켰다. 이어서 송전선 하나를 태운 소규모 화재가 있었고, 다른 전선들에 연속적으로 과부하를 일으켰다. 그 결과 선들 사이의 연결이 끊기면서 발전기 하나가 전력망으로부터 분리되었다. 나머지 발전기들이 더 많은 압력을 받게 된 지 불과 1분 만에 스무 개의 발전기가 작동을 중단한 것이다(Ibid., pp. 85-86).

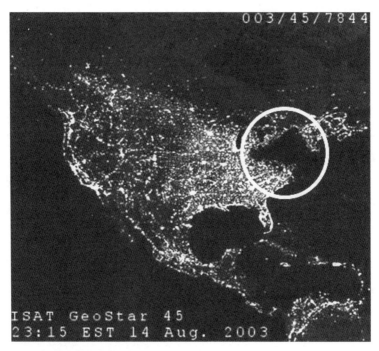

003/45/7844

ISAT GeoStar 45
23:15 EST 14 Aug. 2003

2003년 8월 블랙아웃 당시 위성사진

　이 사건의 경위를 추적하면서 전문가들은 스물두 개의 원자로와 백 개가 넘는 발전장치를 중지시킨 후 스스로 캐스캐이드가 멈춘 이유를 이해하지 못했다. 베넷은 여기에 주목한다. 전문가들은 초기 대응이 미흡하였고, 설비의 노후화, 투자 미흡도 실제 원인으로 지적한다(김입경 2003, p. 8). 그러나 이 사태는 인간의 관리 소홀이나 전력 민영화를 가속화한 연방 정책, 에너지 회사들의 이윤추구, 전기수요량을 늘린 소비자, 우연히 발생한 소규모 화재만으로 발생되지 않았다. 인간중심적 관점으로는 이 사태의 원인을 제대로 밝힐 수 없다는 것이 베넷의 입장이다. 베넷은 이 사태에서 조명받지 않았던 전기의 행위성에 대해 주의를 기울인다.

우리가 사용하는 전기는 전류와 전압[5]이 한 쌍의 파동으로 진동한
다. 두 파동의 위상이 맞을 때 우리는 전등, 헤어드라이어 등의 전자
기구에서 사용되는 유효전력을 갖는다. 그러나 냉장고나 에어컨에
있는 전동기 같은 몇몇 장치는 파동의 위상이 맞지 않을 때 나타나
는 무효전력에도 의존한다. 무효전력은 모터를 물리적으로 회전시
키는 데 직접 도움을 주지는 않지만, 전자기장을 유지하는 데 필요한
전압을 확보하기 때문에 유효전력 지지에 매우 중요하다.

2003년 북미 전력망에서 무효전력에 결손이 발생했다. 이 결손이
왜, 어떻게 발생했는지를 알아야 이 사태의 원인을 제대로 파악할 수
있다. 1992년 미연방 에너지규제위원회는 전기의 생산과 공급을 분
리했다. 그 결과 전력회사들은 발전소에서 전기를 구입하여 멀리 떨
어진 지역에 판매할 수 있었다. 장거리 전력 거래량이 늘어나면서 송
전선에 과부하가 생겼다. 여기서 문제가 발생한다. 송전 전압을 유지
하기 위해 필요한 무효전력이 급격하게 소모된 것이다. 그러나 송전
회사는 수익을 극대화해야 하기 때문에 수익이 나지 않는 무효전력
을 만들기 위한 발전소를 짓지 않는다. 이 때문에 무효전력이 고갈된
것이다. 그러자 전기들은 인간이 전혀 예상하지 못한 방식으로 움직
여 나간 것이다. 베넷에 따르면 2003년 8월 송전선의 연결이 끊어
진 이후에도 전력은 극적이고 놀라운 방식으로 경로를 변경했다. 그
것들은 즉시 방향을 전환하여 반시계 방향으로 회전하며 흐르기 시

---

5   전류는 전기를 띤 입자의 흐름이고 전압은 전류를 흐르게 하는 힘을 말한다.

작했다. 전자의 흐름인 전기는 언제나 움직이고 언제나 어딘가를 향해 나아간다. 전기는 인간이 보내고 싶은 방향으로 가기도 하지만, 때로 자신이 만나는 다른 사물들과 상호작용할 수 있는 기회들에 즉각적으로 반응하며 스스로 나갈 길을 선택한다(베넷 2020, pp. 90-91).

베넷은 여기에 주목한다. 2003년 북미에서 일어난 블랙아웃은 다르게 배치되면서 생겨난 전기의 놀라운 능력이 주도한 것이다. 전기 스스로 갖는 힘이 다른 사물과 재배치되면서 우리가 예상하지 못한 방식으로 창발되었다. 관리자의 예상대로라면 소규모 화재가 났을 때 전기는 거기서 멈췄어야 했다. 하지만 그것이 나아가던 길을 바꾸었고 사태의 규모는 어마어마하게 커졌다.

이 사건을 조사한 북미신뢰성위원회가 "정전 확산 차단 시스템이 제대로 작동했다면 사태는 커지지 않았을 것"이라고 보고한 데 대해 한국 언론은 "인재人災"(이상원 2013)라고 진단했다. 이 사태는 정말 인재인가? 인간만의 잘못으로 이처럼 대규모 정전사태가 발생한 것일까? 생기적 신유물론자인 베넷은 그렇게 판단하지 않는다. 그 행위는 전기의 힘에서 나왔으며 인간의 통제를 벗어났기 때문에 발생한 것이다. 이 사태를 인재라고 보는 것은 인간의 오만한 태도에서 기인한다. 전문가들이 사태의 원인을 제대로 짚어내지 못하는 것도 전기의 놀라운 힘을 인간이 통제가능하다고 보았기 때문이다. 이 사건은 인간의 기술 능력의 한계나 끝없는 자본의 이윤추구 욕망, 국가의 실책이나 소비자의 욕구만으로 설명될 수 없다. 거기에 인간이 예상하지 못했던 전기의 놀라운 능력과 상호작용이 덧붙여져야 한다. 더 정확하게 말하자면 이 사건을 주도한 것은 전기의 배치 변환에 있다고 해야 한다.

이것은 사회정치적 문제라기보다는 사회-물질적 사건이다. 이러한 사태를 방지하기 위해서는 인간만의 노력으로는 부족하다. 왜냐하면 이 사태는 인간과 비인간 사물의 배치의 변화에서 발생한 것이기 때문이다. 따라서 사건에 대한 책임은 분산될 필요가 있다. 특정 요소에 과도한 책임을 묻고 비난을 돌리는 것은 배치의 윤리 측면에서 적절하지 않다. 우리는 이 사건을 주도한 전기의 행위능력과 복잡한 배치를 고려하면서 함께 정치 테이블에 앉아야 한다. 우리는 전기를 통제해야 할 대상이 아니라, 어떻게 조화로운 배치를 할 것인가를 함께 논의하는 정치적 사물로 생각해야 한다. 그래야 근원적인 대책을 마련할 수 있다.

부시는 왜 황우석을 비판했나? - 위계적 생명정치 비판

2005년 미국 부시 대통령은 한국 황우석 연구팀의 배아줄기세포 연구에 대해 비판했다. 생명을 파괴하는 과학이라는 이유에서였다. 이 시기 미 의회에서 '줄기세포 정치'라는 신조어가 생겨날 만큼, 줄기세포를 둘러싼 생명윤리 문제는 정치의 핵심으로 떠올랐다. 부시 정부는 생명은 복제될 수 없는 존엄한 것이라는 입장을 가지고 배아줄기세포 연구 지원금지 완화를 위한 법안에 거부권을 행사하고자 했다. 논문 조작 사건이 일어나기 전, 황우석 연구팀의 줄기세포 연구가 성공적이라는 평가를 받을 때였다. 부시는 "나는 연방 자금과 납세자의 돈을 '생명을 구한다며 생명을 파괴하는' 과학을 증진시키는 데 사용하는 것에 반대한다는 뜻을 의회에 분명히 밝혔다"면서 "그러한 법안에 대해선 거부권을 행사할 것"(김한규 2005)이라고 말했다. 당시 백악관 대변인은 한국의 줄기세포 연구는 (치료 목적이 아니라) 오로지 과학적 연구 목적의 인간복제를 의미하는 것이라며 "한국의 연구는 우리가 반대하는 바로 그것"이라고 말했다(「부시 '황우석 연구' 반대」 2005).

줄기세포는 분화하지 않은 미성숙 상태의 세포로 체외 배양에서도 미분화 상태를 유지하면서 무한정으로 스스로 분열, 복제할 수 있으며, 서로 다른 세포로 분화되어 나갈 수 있는 세포들을 총칭한다(박수헌 2009, p. 399). 줄기세포의 만능성은 알츠하이머, 파킨슨병, 척수손상 등과 같은 불치병에 희망을 준다는 점에서 이 연구에 거는 기대는 클 수밖에 없다. 그러나 수정란의 포배 단계에 있는 줄기세포를 추출하는 과정을 두고 생명윤리 논란이 제기된다. 배아줄기세포를 추출하면 낭배기 형성과정을 막기 때문에 배아는 파괴된다. 그렇게 되면 아기는 태어날 수 없다. 부시가 배아줄기세포 연구지원을 제한하려 했던 것이 이런 이유였다. 이것은 생명존중을 위한 정책인가? 얼핏 보면 그럴 것도 같다. 그러나 베넷은 부시의 생명과 물질을 분리하는 관점과 인간중심적인 위계적 생명관에 대해 비판한다. 신유물론은 인간의 생명을 특권화하지 않는다.

베넷은 부시가 모든 줄기세포 연구를 제한하려고 한 것이 아니라, 배아줄기세포 연구만 반대한다고 지적한다. 베넷에 따르면 줄기세포는 제대혈, 성인의 골수, 노화된 수정란, 피부 세포로부터 추출할 수 있다. 부시는 이것들에서 줄기세포를 추출하는 것은 반대하지 않는다. 생명에 위협이 되지 않기 때문이다. 그렇게 본다면 부시는 혈액, 골수, 피부, 퇴화한 배아는 죽은 물질로 간주한다(베넷 2020,

p. 219). 베넷은 이러한 생명관에 이의를 제기한다. 이것은 생명과 물질의 위계적 질서에 대해 근원적인 비판이다.

베넷은 부시로 대표되는 미국 생명문화 옹호론자들은 다음 네 가지 믿음을 전제로 한다고 분석한다. 첫째, 생명과 물질은 근본적으로 다르다는 것, 둘째, 인간의 생명은 다른 생명과 질적으로 다르다는 것, 셋째, 인간의 유일성은 신의 의도를 드러낸다는 것, 넷째, 세계는 고정적인 위계 구조를 갖는다는 것이다. 베넷은 생명문화 옹호론자들이 생명을 위계화하기 때문에 군사적 폭력행위와 자연스럽게 연합할 가능성이 있다고 비판한다(Ibid., pp. 220-221). 드리슈나 베르그송의 생기론이 비인격적인 것까지 포함한 것이었다면, 생명문화 옹호론자들에게 생명력은 신성한 영혼으로부터 부여받는 것으로 간주된다. 전자가 비판적 생기론자라면[6] 후자는 영혼 생기론자이다. 신성한 영혼으로부터 인간의 생명력이 발생하는 것이라면, 인간의 생명과 죽은 물질은 질적 차이가 날 수밖에 없다. 신성한 영혼을 가진 생명체와 죽은 물질은 같은 존재 지평에 있을 수 없다. 부시에게 배아줄기세포는 생명을 위협하는 존재이기 때문에 규제를 해서라도 보호해야 하지만, 피부, 혈액, 퇴화한 배아의 줄기세포는 죽은 물질이므로 마음껏 사용하다 버리면 그뿐인 것이다.

이 시기 부시 정권은 이라크 침공을 감행하는데, 그 명분은 약자를 위한 보호였다. 배아에서 줄기세포를 추출하면 아기가 태어날 수 없기 때문에 배아줄기세포 연구지원을 하지 않으려고 했을 만큼 생

---

6 베넷은 드리슈와 베르그송의 비판적 생기론을 분석하고, 이들이 넘어서지 못했던 부분을 유물론의 관점에서 구축하고자 한다(베넷 2020, pp. 169-209).

명을 존중한다던 부시 정권에게 이라크 국민의 생명은 보호할 필요가 없는 대상이었다. 이들은 생명을 위계적인 질서로 체계화했다. 베넷은 나치가 생명력 개념을 이용하여 독일을 위해 생기적 전쟁을 수행해야 하다는 것을 정당화했다고 비판했는데(Ibid., p. 225), 부시가 생명력과 폭력을 엮어내는 논리도 그렇다고 봤다.

베넷은 줄기세포에 대한 2001년 미국 국립보건원의 보고서에서 놀라운 주장을 발견하면서 신유물론자로서의 자기를 재점검한다. 첫 번째는 배아줄기세포가 인간 배아 그 상태로 존재하는지를 아무도 정확하게 모른다는 점이다. 즉 배아줄기세포가 배아에 존재하는지 아닌지 아직 불분명하다는 것이다. 두 번째는 실험실에서 만들어진 배아줄기세포조차 그 만능성에 대한 전망이 균질하며 미분화되어 있는지 아닌지 확신할 수 없다는 것이다. 베넷은 이 사실에 경악했다고 고백한다. 배아줄기세포가 몸 안에 존재하지 않을 수도 있다. 그것은 미분화된 만능성의 원형이 아닐 수도 있다. 베넷은 자신의 몸을 생리학적 기계로 생각해오고 있었다는 점을 깨닫는다. 생기적 유물론자인 그는 기계론도 생기론도 아닌 창발적 유물론을 고안하고자 했다. 그런데 베넷은 자신의 몸을 기계적 관점에서 사유해왔던 것이다. 자신은 자연에 대한 기계론적 모델을 암묵적으로 수용해왔고, 사물의 생기성을 인식하는 능력이 제한되었을 것임을 성찰한다(Ibid., p. 231).

에머슨의 "나는 적나라한 물질 속으로 뛰어들려 한다"는 문장을 베넷은 "생기적 유물론자 역시 물질 속으로 뛰어들려고 한다"로 다시 쓴다(Ibid., p. 233). '적나라한 물질'이 '물질'로 바뀌었다. 물질은 적나라하지 않다. 물질은 살아 있지만 자신의 능력과 행위를 투명하게 노출하지 않는다. 물질은 독립적이거나 고유한 것으로만 존재하지 않으며, 배치 속에서 관계적으로 존재하기 때문에 그 능력은 잠재적이다. 어떤 배치에 있는지, 어떤 관계에 있는지에 따라 행위 능력은 달라지기 때문이다. 베넷은 그러한 물질로 뛰어들자고 요청한다. 생기적 유물론자는 능동적이고 활력 있으며, 창조적인 물질을 긍정한다.

벌레들의 식사(보름스 의회): 정치학에서 정치생태학으로

자크 랑시에르는 탁월한 민주주의는 지배적인 감성의 분할에 의해 나타난다고 보았다. 정치는 치안과 대립되는 것으로서 감각적인 것의 분할로 이루어진다. 그것은 보이는 것과 보이지 않는 것, 들리는 것과 들리지 않는 것의 나눔을 전제로 한다(랑시에르 2008, p. 249). 정치는 합의가 아니라 분열을 일으키는 것이다. 베넷은 랑시에르의 정치가 말하는 자들의 평등에 대한 이야기를 전달한다고 본다. 랑시에르의 감각적 재분할은 인간의 언어 능력에 제한된다. 랑시에르에게 비인간 사물은 정치의 참여자, 인민의 참여자로서 자격을 갖지 않는다. 그런데 베넷은 랑시에르의 정치모델의 확장 가능성을 모색한다. 랑시에르에 따르면 인민은 "인구의 총합도 아니고 내부에서 서로 냉대하는 요소들도 아니"며, 특수한 신체들로 환원될 수 없는 "초과"다. 베넷은 랑시에르의 인민 개념에서 비인간 신체를 발견한다. 보이지 않는 것들을 보이게 함으로써 감각적인 것의 재분할이 일어날 때, 비인간 사물 역시 권력을 가지고 있기 때문에 이들이 통과할 수 있는 정치의 문이 열린다. 그래서 쓰레기, 오드라덱, 금속, 전기, 동물,

식물, 무기물, 인공물은 초과하는 인민이 될 수 있다는 것이다(베넷 2020, pp. 258-262).

베넷은 다윈의 작은 행위성이라고 부른 지렁이와, 라투르가 아마존에서 숲을 움직이게 만든 벌레에 주목한다. 이것들의 능동적 행위성이 초과하는 인민으로서 정치 행위자가 될 수 있다고 생각한다. 다윈은 오랫동안 지렁이 연구를 했다.『지렁이의 활동과 분변토의 형성』(The Formation of Vegetable Mould Through the Action of Worms)에서 그는 지렁이의 다양한 활동에 대해 "지성적인 즉흥적 행위"라고 표현했다. 예를 들자면 지렁이가 잎으로 굴을 막을 때 인간과 거의 유사한 방식으로 행위한다. 지렁이가 밝은 빛에 노출되었을 때 반사적으로 근육의 수축을 일으키는 것 같지만 때때로 무관심할 때가 있다. 다윈은 지렁이를 "정신의 존재"라고 불렀다. 다윈이 보기에 지렁이는 단순하고 본능적인 행위가 아니라 상황에 적절하게 반응하는 사물-권력을 갖는 행위소라고 할 수 있다(Ibid., pp. 241-242). 라투르는 아마존 보아비스타 숲의 토양을 바꾸어 숲을 초원으로 전진하게 만든 '숲-초원 전환의 네트워크'에 주목한 바 있다(라투르 2018, pp. 63-135). 베넷은 이 이야기에서 벌레의 배치에 집중한다. 인간이 알 수 없는 이유로 벌레들은 초원의 경계에 몰려들어 알루미늄을 만들었다. 알루미늄은 숲의 나무가 자라는 데 적합한 진흙을 생성한다. 그 결과 아마존의 숲이 초원으로 전진하는 변화가 생겨난 것이다. 여기서 핵심적 조작자가 누구인지를 분명하게 파악하는 일은 어렵다. "벌레들인가? 벌레들의 식사인가? 알루미늄 배설물인가? 우림에 거주하는 인간들이 벌레의 이동에 영향을 미쳤는가?" 다양한 행위소가 배치를 변환하면서 숲을 움직이게 했다(베넷 2020, pp.

243-244). 이때 벌레들은 능동적인 사물-권력을 갖으며 배치를 전환하는 행위소임에 틀림없다.

벌레들은 랑시에르식의 초과하는 인민이다. 라투르가 비인간 사물을 위한 정치 모델을 '사물들의 의회'로 제안했다면, 베넷은 '벌레들의 식사(보름스Worms 의회)'를 제시한다. 벌레를 진지하게 고려하면서 우리는 인간의 유일성과 탁월함의 믿음을 회의하고, 그 믿음들을 재발명해야 한다. 베넷은 비인간 사물의 발생, 반대, 증언, 명제를 주의 깊게 듣고, 그에 대응할 수 있는 새로운 절차, 기술, 지각 체제를 고안해낼 수 있다고 본다(Ibid., pp. 265-267). 그것이 베넷이 고안하고자 했던 정치생태학이다. 현재 정치학이 인간중심적으로 구성되었다면, 그는 생기적 유물론을 통해 인간과 비인간 사물이 함께 하는 정치생태학을 발명하고자 한다.

사물의 생기에 집중한 유물론을 전개하고자 했지만, 베넷의 생기적 신유물론은 몇 가지 점에서 비판을 받는다. 그의 생기적 물질 개념이 관념적이라는 점과 존재론적 평면성을 갖는다는 점이 그것이다(Gamble et al 2019, p. 120). 베넷의 생기적 유물론은 드리슈와 베르그송(생의 약동)을 비판적 생기론으로 재해석하면서 관념론을 완전히 벗어나지는 못했지만, 비유기체들을 포괄하는 생명력을 포착했다는 점을 인정한다. 그리고 자신이 사물-권력 개념을 통해 유물론을 전개하면서 생기론의 새로운 계보를 만들고자 하였다. 생기론 자체의 한계일지는 모르지만, 이 점을 보완하기 위해서는 생명력을 발생에서 죽음의 과정인 생명력을 특권화하거나 신성화하지 않는 새로운 생명의 의미를 재설정할 필요가 있다. 또한 베넷은 사물을 위계화하지 않으며, 사물의 수동성을 탈각하려고 한다. 그래서 사물들은 존재론적으로 평평하고 가치적으로 평등할 수는 있다. 그러나 사물이 갖는 수동성이나 비활성, 죽음의 측면들이 거세될 때 사물들은 보편적이고 개념적이 될 소지가 있다. 이 점은 베넷만의 문제는 아닌 것 같다. 신유물론이 헤쳐나가야 할 논점이기도 하다.

베넷의 유물론은 사물의 자율성과 능동성, 활기와 생명력을 이론화한다는 점에서 '사물-권력 유물론' 또는 '마술적 유물론Enchanted Materialism'(Coole and Frost 2010, p. 9)으로 부를 수 있다. 베넷은 정신과 육체, 인간과 물질, 생명과 죽음이라는 이원론을 사물 일원론으로 재배치하고자 한다. 이를 통해 인간중심적 정치학으로부터 생태정치학으로 정치를 재발명하고자 한다. 베넷의 생기적 유물론은 인간인 우리가 걷고 말하는 무기질로 인식함으로써 물질과 어떻게 수평적으로 관계 맺고 있는지를 알게 해준다. 그것은 동시에 대상화되었던 자연을 인간과 연결할 수 있는 앎을 확장하게 한다. 말하고 웃는 오드라덱은 우리에게 근심이 아니라, 자기확장과 세계 발견의 기쁨을 누리게 할 것이다.

인용 및 참고문헌 ···

김입경, 2003. 「미국, 캐나다 동부지역 대정전 사태의 교훈:사고원인 추정내용과 우리나라의 대응」, 『전기저널』 322(1), pp. 2-6.

김한규, 2005. 「'황우석 쇼크'에 부시 당황, 백악관 '한국 비난'」, 『프레시안』, 2005. 05. 21. https://www.pressian.com/pages/articles/30431#0DKU.

돌피언, 릭·반 데어 튠, 이리스, 2021. 『신유물론: 인터뷰와 지도제작』, 박준영 옮김, 파주: 교유서가.

라투르, 브뤼노, 2018.『판도라의 희망: 과학기술학의 참모습에 관한 에세이』, 장하원 · 홍성욱 옮김, 서울: 휴머니스트.

랑시에르, 자크, 2008.『정치적인 것의 가장자리에서: 우리시대의 새로운 지적 대안 담론』, 양창렬 옮김, 서울: 길.

마굴리스, 린 · 세이건, 도리언, 2016.『생명이란 무엇인가』, 김영 옮김, 서울: 리수.

바우만, 지그문트, 2008.『쓰레기가 되는 삶들: 모더니티와 그 추방자들』, 정일준 옮김, 서울: 새물결.

박수헌, 2009.「미연방 정부의 자금지원을 통한 인간배아줄기세포연구의 규제」,『토지공법연구』44. pp. 395-416.

베넷, 제인, 2020.『생동하는 물질』, 문성재 옮김, 서울: 현실문화

「부시 '황우석 연구' 반대」,『동아사이언스』, 2005. 05. 21. https://www.donga-science.com/news.php?idx=-47399.

이상원, 2013.「'전력대란'공포 … 되돌아본 2003년 美 '블랙아웃'」,『연합뉴스』, 2013. 8. 11.

지젝, 슬라보예 · 샌트너, 에릭 L. · 레이너드, 케네스, 2010.『이웃: 정치신학에 관한 세 가지 탐구』, 정혁현 옮김, 서울: 도서출판b

카프카, 프란츠, 1998.「가장(家長)의 근심」,『변신 · 시골의사』, 전영애 옮김, 서울: 민음사.

Beetz, J., 2016. *Materiality and Subject in Marxism,(Post-)Structuralism, and Material Semiotics*, London : Palgrave Macmillan.

Coole, D. and Frost, S.(eds.), 2010. *New Materialisms : Ontology, Agency, and Politics*, London : Duke UP.

Gamble, C. N., Hanan, J. S., and Nai, T., 2019, "WHAT IS NEW MATERIALISM?" *Angelaki* 24(6), pp. 111-134.

5. 비키 커비의
'읽고 쓰고 말하는 몸'

임소연

호주의 신유물론 페미니스트 비키 커비

비키 커비Vicki Kirby는 호주 뉴사우스웨일즈대학교 사회과학대 사회학 및 인류학과 교수이다. 그는 주로 자연/문화, 몸/마음, 몸/기술 등의 대립적 구분들이 너무나 많은 정치적, 윤리적 결정에 깊이 관여한다고 보고 이 구분에 관심을 가지고 연구해 왔다. 신유물론 페미니스트라고 알려진 것을 생각하면 의외일 수도 있지만 커비는 '언어'에 관심이 많다. 언어란 무엇인가, 그리고 이에 대한 답이 어떻게 인간을 정의하고 정치를 시작하게 하는가 등의 질문을 던진다. 호주 특유의 페미니즘과 비판 이론 사이의 풍부한 학제적 전통의 영향을 받은 문화 이론에 관심이 있기도 하다. 특히 체화Embodiment와 물Matter에 관심이 크고 이러한 관심을 풀어가는 데에 있어서 페미니즘과 해체이론을 접목하는 독특한 접근을 해왔다. 커비는 문화적 의미가 징후와 기호를 생산하면서 생물학적으로 등록된다고 보는데, 문화와 생물학 이 둘 간의 소통에서 '언어'가 역할을 한다고 보고 이 '언어', 즉 몸과 물질, 자연의 언어가 전통적인 의미의 언어와 어떻게 다른지를 탐구한다. 신유물론자로서 언어에 대한 그의 질문은 이런 것들이다. 살이 글을 쓸 수 있다면 자연/문화 구분이 유지될 수 있을까? 만약 살이 계산을 할 수 있다면 어떨까? 생명의 활기가 일종의 읽기와 쓰기라면 그들도 인간에게 부여되었던 특별한 위상을 얻을 자격이 있지 않을까?

이런 질문들에 대한 답을 찾기 위해 커비는 '언어의 생명'에 대한 후기 구조주의적 이해와 '생명의 언어'에 대한 과학적 증거 사이의 기묘한 조응을 탐구하게 된다. 1997년 출판한 저서 『말하는 살: 육체적인 것의 실체』(Telling Flesh: The Substance of the Corporeal)에서 그는 살의 기호학적 능력이라는 매우 독특하고 도발적인 개념을 내놓았다. 2006년 출판한 『주디스 버틀러: 살아 있는 이론』(Judith Butler: Live Theory)은 물질성과 언어, 그리고 담론에 대한 본격적인 탐색으로 현대 페미니스트 이론 및 정치 이론의 거장 주디스 버틀러의 사유에 대한 생산적인 비판을 담고 있다. 커비는 버틀러와 같이 자연 대 문화의 대립을 적극적으로 거부하는 이들의 논의에서조차 대립적 이분법이 슬그머니 되돌아와 있음을 지적하며 이분법적 구분을 어떻게 다르게 사유할 수 있을지 제안한다. 이러한 혁신적인 지적 경로를 하나로 묶어낸 저서가 2011년에 출판된 『양자 인류학: 생명 일반』(Quantum Anthropologies: Life at Large)이다. 이 책에서 저자가 던지는 질문은 이러하다. 인문학 연구는 얼마나 과학과 연루되어 있을까? 자크 데리다의 '텍스트 밖에는 아무것도 없다'는 명제를 '자연 밖에는 아무것도 없다'로 읽는다면 우리는 어떤 도전에 직면하게 될까? 『말하는 살』에서와 마찬가지로 커비는 여전히 해체를 자연과 체화, 물질주의, 그리고 과학 등에 성찰을 제공하는 도구로 활용하는데 이는 데리다에 대한 해체주의적 해석이기도 하다. 가장 최근에 나온 저서인 『문화가 내내 자연이었다면?』(What if Culture was

Nature all along?)는 열한 개의 글을 모은 커비의 편집 저서로 신유물론 페미니즘 논의의 장을 제공한다.

"말하는 살"이 말하고자 하는 것

언어와 쓰기는 문화 연구와 포스트모더니즘, 그리고 페미니즘의 교차 지점에서 활발하게 논의되어 왔다. 언어적 전환에 대한 문제의식이 다양한 신유물론의 공통 출발선이라고 알고 있는 이들에게 커비가 언어와 쓰기에 천착한다는 사실은 모순적으로 느껴질 수도 있다. 기호와 언어는 몸과 물질의 대립항이자 포스트모던 페미니즘과 문화이론의 주요 관심사였다. 커비의 대표작이자 초기의 문제의식을 잘 보여주는 저서 『말하는 살』은 기호학자 페르디낭 드 소쉬르에 대한 재해석으로 시작한다. 기호학이 문화연구에 미친 영향력을 감안하면 이상할 것 없는 출발이다. 소쉬르의 기호학을 아는 이들이라면 기호와 실제 사물 사이의 임의적인 관계를 떠올릴 것이다. 그러나 커비는 그동안 기호가 임의적이라는 것이 무엇을 의미하는지 고찰되지 않았다고 말하며 나아가 소쉬르 자신이 지시 대상이 불필요하지 않다고 했음에도 불구하고 그의 추종자들이 언어를 사물과 급진적으로 분리했다고 주장한다. 문화를 정체화하는 가소성이 임의적으로 만들어진 것이 아니라 자연과 연결되어 있다고 보는 것이다. 그렇다면 몸은 문화만큼이나 변화 가능하고 표현한다고도 말할 수 있다.

커비가 가장 크게 의지하는 학자는 다름 아닌 데리다이다. 커비는 소쉬르와 비슷한 전략으로 데리다의 이론에서 물질성을 되살린다.

커비가 보기에 데리다의 텍스트 개념은 쓰기의 현상학적 개념으로 오인된 것이고 데리다의 목적은 원래 실재와 상징화 사이의 절대적 구분에 근거하는 언어적 형이상학 및 언어주의를 해체하는 것이다. 그러나 문화 연구에서 실재가 다른 시공간에서는 다르게 구성되는 이데올로기적 효과인 것으로 논의되면서 몸은 보편적이고 생물학적인 물질로 간주되었다. 즉 침묵하는 몸이 된 것이다.

몸이 말하고 쓴다는 것은 무엇을 의미할까? 신유물론 페미니즘에 대한 여러 우려스러운 반응들 중 하나가 생물학적 본질주의로의 회귀이다. 커비는 바로 이 본질주의를 정면으로 들여다보며, 몸이나 자연을 비활성화된 물질로 보는 것이 아니라면 본질주의라는 말 자체를 재개념화할 필요가 있다고 말한다. 생물학이 인간의 본질인가, 문화의 본질인가, 정체성의 본질인가 이런 질문을 할 것이 아니라 '본질은 어떠한 것인가'를 질문하자는 것이다. 본질이 어떻게 우리의 사유와 우리의 존재 안에서 자연화되는가를 질문하자는 것이기도 하다. 커비는 대표적인 페미니스트 이론가인 제인 갤럽Jane Gallop, 드루실라 코넬Drucilla Cornell 그리고 주디스 버틀러가 모두 몸을 이론적 분석에서 제외했음을 지적한다. 이 세 이론가에게 기대면서 동시에 비판하는 커비의 방식은 '해체'라는 그녀의 대표 개념과 조응한다. 커비의 해체는 기존 이론의 한계를 비판하기보다는 기존 이론의 정치적 힘을 확장하는 방식을 취한다. 기존 이론이 매여 있던 경계를 해체하는 것에 가깝다. 문화적 해석이 접근할 수 없는 영역으로 지목하는 것은 생물학의 진리 그 자체가 아니라 문화와 생물학 사이의 엮임의 조직인데 이 엮임을 커비는 쓰기로 본다. 신유물론은 문화냐 자연이냐가 아니라 이 둘 사이의 쓰기에 어떻게 접근할 것인가의 문제인 것이다. 마찬가지로 기술에 친화적이든 기술을 반대하든 사이버공간을 해석할 때 비물질과 물질의 이분법으로 보는 공통점이 있다는 점을 문제시한다. 생물학이나 사회생물학처럼 본질주의 담론에는 무조건 반대하는 오랜 이데올로기 비판에 대항하여, 커비는 어떤 것도 분석에서 배제될 수 없다고 주장한다. 이때의 본질은 고정된 실체이거나 결정하는 힘이나 원인이 아니라 몸의 복잡성 안에서 끊임없이 다시 써지는 것이다.

커비는 포스트모더니즘을 자연을 문화로, 기원을 재현으로, 원인을 효과로 대체하는 담론으로 본다. 모더니즘이 중요시했던 전자를 후자로 대체하면서 모더니즘을 넘어서고자 했던 포스트모더니즘이 성공할 수 없었던 이유는 자연을, 기원을, 원인을 주어진 것으로 보는 만큼 문화와 재현, 그리고 효과에 대해서는 그러지 않았기 때문이다. 문화, 재현, 효과 역시 인간의 순수한 구성물일 수 없다는 사실을 간과해 왔다. 이것은 포스트모더니즘이 찬양해 마지않은 혼종성 Hybridity에 대해서 비슷하게 적용된다. 순수성을 혼종성으로 대체하는 것은 오히려 순수성의 자리를 확고하게 만들었다. 혼종성이 순수성의 자리에서만 기능하도록 만들었기 때문이다. 따라서 이분법적 구분에서 양쪽의 자리만 바꾸는 것으로는 타자를 보호할 수 없고 겸허한 다원주의에 도달할 수 없다.

따라서 커비가 말하는 몸은 쓰기의 대상이거나 쓰기와는 다른 차원에 존재하는 물질이 아니라 쓰기의 주체이다. 몸은 글자와 글자들의 행, 그리고 행간의 간격을 갖는다. 몸의 유한한 한계와 무한히 확장하는 경계 모두 그 쓰기 안에 내재되어 있다. 이러한 몸의 개념에서 본질은 정체성도 아니고 매끈한 단일체도 아니며 다원성에 의해서 쉽게 교체되는 존재도 활성을 결핍한 존재도 아니다. 본질은 그 자체로 복잡하고 변화에 열려 있는 글쓰기이다. 커비는 이것을 육체지Corporeography로 명명한다. 커비의 육체지는 데리다에 대한 해체적 해석이자 페미니스트적 독해이기도 하다. 커비에 따르면 데리다의 텍스트 개념은 언어의 우월함 혹은 언어주의를 뜻하는 것이 아니라 실재를 언어로 환원하는 것에 대한 해체적 접근이었으며 여기에 뤼스 이리가레의 남근주의 비판을 더해 몸과 여자에 대한 질문은 곧 남자에 대한 질문임을 강조한다. '말하는 살'이라는 커비의 책 제목은 살이라는 존재의 강렬함을 표현하기도 하지만 동시에 음소거 상태가 아닌, 언어와 문화가 기입되는 빈 서판으로의 몸이 아닌, 스스로 쓰고 말하는 몸의 존재를 강렬하게 보여준다.

자연을 두려워하는 버틀러

커비의 신유물론적 사유는 스테이시 앨러이모Stacy Alaimo와 수전 헤크먼Susan Heckman이 편집한 신유물론 페미니즘의 대표 저서인 『물질 페미니즘』(Material Feminisms)에 실린 「자연스러운 전환(대화): 혹은, 문화가 내내 자연이었다면?」(Natural Convers (at)ions: Or, What if Culture was Nature all along?)에 흥미롭게 서술되어 있다. 물질의 존재함을 몰랐던 것도 아닌데 몸이 어떻게 이렇게 생략되어 왔을까? 커비는 페미니스트 이론에서의 역설을 지적한다. 르네 데카르트 이분법을 비판하고 자연과 몸, 그리고 여성 사이의 친연적인 관계에 비판을 해 왔으나 결국 이분법의 틀에서 벗어나지 못하는 이유가 무엇인지를 이해해 보자고 제안한다.

  이분법, 특히 데카르트 이분법에 대한 비판은 이제 식상하다고 느껴질 정도로 일상적이다. 이분법을 비판하는, 비-이분법적 이론이란 무엇일까? 이분법적 논리를 피해서 우리는 어디로 가는 걸까? 둘이라고 했을 때 그 둘의 차이가 진짜 실재하는 독립성과 분리의 반영인가? 몸이라는 물질 그 자체와 육체성을 언어와 문화, 사유로부터 분리하는 과정에 대한 앎을 전제하지 않으면 이 모든 요소와 연결은 본질화된다. 따라서 대개의 경우 이분법에 대한 비판은 문화를 자연에 덮어씌우는 것으로 귀결되거나 더 미세하게 이분법 논리를 반복하는 함정에 빠진다. 특히 자연과 문화의 이분법적 대립을 전제로 하는 정체성이 설명되는 방식은 크게 두 가지이다. 하나는 자연은 주어진 것, 고정된 것, 불변하는 것으로 전제하는 반면 문화는 경합과 이동, 변화, 불협화음 등으로 묘사한다. 이 경우 정체성은 온전히 문화적 구성물이 된다. 다른 하나는 몸과 자연의 물질성을 인정하지만 그것을 문화적 구성물로 보는 경우이다. 후자의 대표적인 사례는 버틀러로 커비는 앞의 글에서 버틀러와의 인터뷰를 상세하게 언급한다. 커비는 버틀러가 언어와 담론을 너무 좁게 상상하고 있다고 보고 생물 그 자체가 언어 시스템을 가지고 있다거나 기호를 존재적인 물질로 보는 상상이 제한되는 경향이 있음을 지적한다. 그리고 버틀러에게 박테리아도 언어를 가지고 있지 않은지 물었다. 그에 대한 버틀러의 답변은 아래와 같다.

  우리가 생물학을 이해하기 위해 따르는 모델과 어떻게 유전자가 기능하는지를 이해하기 위해 만들어진 모델이 있다. 어떤 경우 모델은 설명하려는 현상에 내재하는 것으로 여겨지기도 한다. 그래서 폭스 켈러는 초파리의 유전자 시퀀싱을 설명하기 위해 사용되었던 특정 컴퓨터 모델이 최근 유전자 그 자체의 본질로 받아들여졌다고 주장한다. 보기에 "생물학적 코드" 같은 개념이 그러한 종류의 융합이 될 위험이 있을 것 같아 걱정된다. 분명히 암호화Encryption는 생물학적 프로세스, 특히 세포 재생산을 이해하기 위해 필요한 메타포나 모델로 사용될 수 있다. 그러나 설명 모델로서 유용한 것을 생물학의 존재론 그 자체로 봐도 되는 것인가? 이것이 내가 우려하는 지점인데 특히 생물학적 삶에 대한 담론적 주장을 낳는 기계적 모델일 때 특히 그러하다. 생명이 모델을 능가한다면? 언제 담론이 그것이 설명하고자 하는 바로 그 생명체가 된다고 주장하는가? 나는 "생명 그 자체"가 창조적 암호화라고 말하는 것이 가능할지 확신할 수 없다. 모델을 생명의 존재론이라고 생각하는 실수를 저지르지 않는 한 말이다. 실제로, 우리는 생명에 대한 어떤 정의도 생명 그 자체와 관련이 있는지, 그리고 그것이 바로 그 임무에 의해서 반드시 실패할 수밖에 없는지에 대해 먼저 생각해 볼 필요가 있을 것이다(Breen et al. 2001, p. 13; Kirby 2008, p. 219에서 재인용).

커비는 버틀러의 이러한 반응을 "훈계"라고 평가한다. 인간이 아닌 존재가 글을 쓰거나 읽을 수 있다는 것 자체를 인정하지 않으며 문화적 기호를 통해서 자연의 실재를 포착하려는 인간의 노력이 언제나 실패일 수밖에 없음을 일갈하고 있기 때문이다. 사물과 해석의 경계가 모호해지는 것을 필연적인 실수라고 보는 쪽에 가깝다. 커비가 보기에 버틀러는 인간을 문화에서 벗어날 수 없는 존재로 만들고 있으며 이것이 곧 인간이 된다는 것을 자연적인 것이 아닌 것과 동일시하는 것이라고 본다. 그러나 인간은 왜 자연적인 것이 아닌가? 인간의 몸이란 "생각하는 물질"이 아닌가? 다르게 표현하면, 커비가 볼 때 버틀러의 답변은 과학에 대한 무지를 보여주기도 한다. 버틀러가 말한 대로 과학적 모델이 실재와 무관한 인간의 구성물이라면 지금까지 과학기술이 보여준 힘과 영향력이 어떻게 가능한 것일까? 컴퓨터는 어떻게 작동하며 전자공학은 어떻게 발전할 수 있을까? 인간의 행위성과 의도가 실재하는 자연을 변화시키고 이것이 인간과 자연, 인간과 세계가 연결됨을 보여주는 증거라면 그 연결이 어떻게 일방향적이기만 할 수 있을까? 커비는 언어의 중재를 순수하게 문화적인, 그러니까 어떠한 실체도 없는 기술로 이해하는 것은 '문화주의'이며 이 문화주의가 컴퓨터 모델, 피부의 바이오그램, 혈액 증거, 유전적 서명, 꽃가루 화학 그리고 곤충의 생활주기 등에서의 차이를 어떻게 설명할 수 있는지 묻는다. 버틀러에게서 커비는 '자연화'에 대한 두려움을 읽는다. 자연이 그런 두려움을 동반하는 것이라면 자연의 본질에 대한 우리의 개념을 제고해야 하지 않을까?

사실 커비의 제안은 우리의 직관을 거스른다. 자연이 스스로 쓰고 읽을 줄 안다니? 의인화에 불과하다고 생각할 수도 있다. 그러나 자연에서 불협화음의 대화를 들으려고 하고 우리가 문화라고 부르던 장에서 일어나는 모든 일들이 일어난다고 한다면 지금까지 알지 못한 것을 알게 되거나 보지 못한 것을 보게 될 수도 있지 않을까? 최소한 가능성은 존재한다. 아니 최소한 실패가 뻔한 기획이라고 단언할 수는 없지 않을까? 지금까지 재현에 밀려나 있던 기원에 대해서도 다른 질문을 던지게 될 수도 있다. 어쩌면 페미니즘이 여성과 자연의 융합을 반대할 필요가 없을지도 모른다. 반대로 자연이 스스로 쓰고 읽을 수는 없다고, 언어는 인간만의 능력이고 특권이라 믿는다면 아무 일도 일어나지 않는다. 어떤 쪽을 택할 것인가?

히스테리 환자의 스스로 쓰는 피부

몸의 쓰기, 쓰는 몸을 극단적으로 보여주는 사례는 히스테릭한 몸이다. 프랑스 철학자 조르주 디디-위베르만의 1987년 글에 등장하는 1870년대 파리 병원의 여성 히스테리 환자에 대한 기록을 보자. 히스테리 환자를 다른 정신질환 환자들과 구분하기 힘들었던 이유는 이 환자가 다른 환자들의 모든 증상을 완벽하게 흉내냈기 때문이었다. 그 모방의 수준이 너무 높아서 실재와 극화, 질병과 모방 사이의 차이를 감별하기가 매우 어려웠다고 한다. 당시 바르텔미라는 의사는 한 히스테리 환자의 피부가 천연두로 가득한 것을 관찰했다. 그는 히스테리 환자들이 치명적인 징후를 흉내 내고 오염과 질병의 피부를 위조해 내는 능력이 뛰어남을 잘 알고 있었다. 아마 다른 이가 봤다면 의사라고 해도 이 천연두가 가짜라는 사실을 구분해 내지 못했을 것이다. 바르텔미의 경우 그 환자가 이런 식으로 거짓 증상을 전시하는 것을 여러 번 목격했기 때문에 알 수 있었다. 이 때 이 환자의 몸은 마치 주변의 거울 같다. 다른 이의 몸에 나타나는 징후를 그녀 자신의 것으로 그대로 흡수하는 것이다. 어제 홍역에 걸린다면 오늘은 천연두, 그리고 다음 주에는 성홍열 … 이런 식으로 시간에 따라 바뀌기까지 한다. 이와 같은 히스테리의 발현은 19세기 말에 잘 알려져 있었고 프로이트에 따르면 히스테리는 "재현의 질병" 혹은 "더마그래피즘Dermagraphism"의 현상이라고 볼 수 있다. 당시 파리 병원에서는 의사들 앞에서 이러한 환자들이 정기적으로 자신의 징후학Symptomatology을 퍼포먼스처럼 보여주기까지 했다고 한다.

> 환자는 최면에 걸려 있다. 의사는 고무 탐침으로 환자의 팔뚝에 의사의 이름을 쓰고 다음과 같은 제안을 한다. "오늘 저녁, 오후 4시, 잠든 후에, 내가 당신의 팔에 그려놓은 선을 따라 피가 날 것이다." 정해진 시간에 환자는 그 제안대로 한다. 그의 피부에 글자들이 부조Bright Relief로 나타나고 몇 군데에서 핏방울이 보인다. 그 글자들은 세 달 이상 지워지지 않고 남아 있다(Didi-Huberman 1987, p. 69; Kirby 1997, p. 67에서 재인용).

이러한 기이한 표현성 덕분에 히스테리아 환자들에게는 여성-음화Femme-Cliché라는 별명이 붙여졌다. 이 환자들의 피부를 사진을 찍는 네거티브판에 비교한 명칭이다. 이런 식의 피부 기입의 그래픽 이미지는 음각 6밀리미터까지 올라왔고 색깔도 달랐다. 의사 샤르코는 이러한 피부를 의학적으로 관찰하는 것이 예술을 감상하는 것과 다를 바 없다고 생각했다. 의사들은 마치 자신들이 예술가나 저자라도 된 것처럼 환자들의 피부에 이름을 새겨 넣기도 했다. 여기에서 피부의 역할은 무엇인가? 피부는 정보와 구분된 매개체가 아니다. 히스테리 환자의 기입된 몸은 이 구분을 뒤집는다. 누가 이 텍스트를 쓴 것인가? 저자는 고무 탐침으로 이름을 쓴 의사인가 핏방울로 그 이름을 드러낸 피부인가? 어떻게 최면에 빠진 몸이 주체의 위치에 있을 수 있고 의사의 제안에 그대로 순종하는 수동성을 실행할 수 있는가? 어떻게 그러한 피부 세포의 부어오름이 정해진 시간에 일어날 수 있는가?

이러한 더마그래피즘은 몸과 마음, 주체와 객체의 이분법적 구분으로는 설명하기 힘들다. 주체란 자율적이지 않을뿐더러 객체와 분리 가능한 개념도 아니다. 주체와 객체라는 각각의 정체성은 모든 것을 아우르는 "쓰기"의 결과물로 만들어지기에 이분법적 구분에 기반한 온전함은 근원적인 차원에서 흔들린다. 데리다의 "쓰기" 개념은 전통적인 문학적 맥락에서의 쓰기와는 다르다. 그것은 영화조영법과 안무뿐만 아니라 그림, 음악, 조각, 운동, 군사, 정치, 그리고 사이버네틱스 프로그램까지 모든 분야를 포함하는 개념이다. 이는 더 잘 알려진 데리다의 차연Différance 개념과 연결된다. 쓰기란 시간과 공간의 차연을 절합하는 "세계의 세계 만들기"이며 이는 자연과 문화의 전통적인 구분의 선을 그으면서 동시에 넘어서는 것이다. 이렇게 보면 몸이라는 존재, 그 몸의 살아 있는 세포 안에서 일어나는 기초적인 작용 역시 쓰기이며 몸은 쓰면서 쓰이는 물질이 된다. 이런 물질의 관점에서 재현의 효과를 제한하거나 자격을 부여하는 역할이 부여되는 절대적인 외부 세계로서의 물질성은 유지될 수 없다. 앞선 히스테리 환자의 '스스로 쓰는 피부'에서 몸은 그 자체로 역사적이고 문화적 맥락으로서 존재한다. 좁은 의미에서의 쓰기는 재현으로서 부호로 표현되고 새겨지는 것만을 가리키기 때문에 필연적으로 시간적 지연을 전제한다. 그것은 기생하는 무언가이지 독창적이거나 근원적인 지위를 갖지 못하며 독창성은 오로지 저자에게만 부여된다. 커비가 제안하는, 데리다의 쓰기 개념은 물질성뿐만 아니라 재현의 의미까지 급진적으로 재개념화하는 것이다.

데카르트 이분법에 갇힌 해러웨이

커비의 신유물론적 사유는 해러웨이의 사이보그 메타포에 대한 비판에서 더욱 분명히 드러난다. 해러웨이의 사이보그는 괴물스럽고 비합법적인 정체성을 기반으로 한 새로운 정치적 주체로 제안되었다. 사이보그의 '괴물 같음'은 '본질적인' 것이 없음을 뜻한다.

> 사이보그는 원래의 통일성, 서구적 의미에서의 자연과의 정체화라는 단계를 건너뛴다. … 자연과 문화는 재작업된다; 한 쪽이 더 이상 다른 쪽에 의해 전용되거나 편입되는 자원이 될 수 없다. 양극성과 위계적 지배의 관계를 포함하여 부분으로부터 전체를 형성하는 관계는 사이보그 세계에서는 문제가 된다(Haraway 1991a, p. 151; Kirby 1997, p. 146에서 재인용).

위의 인용문에서 보듯이, 그리고 잘 알려져 있다시피 해러웨이가 제안하는 사이보그는 인간과 동물, 기계와 유기체, 자연과 문화, 여성과 남성 등 이분법적 범주를 뛰어넘는 존재처럼 보인다. 그러나 지금까지 많은 이가 알고 있었던 바와는 달리, 커비는 사이보그야말로 아이러니하게도 가장 최근 버전의 데카르트적 주체라고 말한다. "사이보그는 원래의 통일성의 단계를 건너뛴다"는 해러웨이의 주장은 사이보그의 독특하고 복잡한 혼종성이 정의되는 것이 "이전"의 통일, 오염 이전의 정체성이 갖는 순수성에 위배된다는 것을 망각한다. 해러웨이는 사이보그와 다른 존재 사이의 접면의 본성 혹은 이 둘 사이의 시간적, 공간적 위계화를 질문하지 않는다. 해러웨이의 사이보그는 해체와 재조립을 통해서 만들어지기 때문에 기본적으로 1+1의 계산이다. 두 존재가 선행하고 그 후에 서로 다른 정체성을 가진 두 존재가 결합하거나 섞인다. 따라서 사이보그는 키메라처럼 서로 다른 부분들이 한데 모여 있으나 그 부분들이 분리할 수 없을 정도로 난잡하지 않다. 커비는 "해러웨이에게 일찍이 사이보그는 없었다"(Kirby 1997, p. 147)라고 단언한다.

해러웨이가 자연의 탈자연화를 축복하고 자연/문화 대립이라는 정치적인 매듭을 풀고자 했음을 상기하면 커비의 비판이 의외이거나 과도하게 보일 수도 있다. 그러나 앞서 커비가 버틀러를 비판했던 지점을 상기하면 해러웨이에 대한 비판이 좀 더 설득력 있게 다가온다. 해러웨이의 말은 생물학에 깊은 의구심을 품은 반-본질주의자 페미니스트와 문화비평가에게 솔깃할 논의들을 담고 있기 때문이다.

> 생물학은 몸 그 자체가 아니라 담론이다. 당신이 나의 생물학이 이러이러하다고, 이를테면 나는 생물학적 여성이고 그렇기 때문에 나는 다음의 생리학적 구조를 가지고 있다고 말하면, 당신은 사물 그 자체에 대해서 말하고 있는 것처럼 들린다. 그러나 우리가 생물학은 로고스이고 문자 그대로 지식의 모음이라는 것을 기억하기로 전념한다면 속아서 담론을 위한 논쟁을 포기하지는 않을 것이다 (Haraway 1991b, p. 5; Kirby 1997, p. 147에서 재인용).

앞서 커비가 사례로 들었던 히스테리아 환자의 몸을 생각하며 앞의 인터뷰를 읽으면 해러웨이는 여느 포스트모더니스트와 다를 바 없이 보인다. 해러웨이에 따르면, 생물학은 재현이자 지식 주장이지 그 자체로 활성과 저항을 갖는 물질의 존재론이 아니다. 해러웨이는 생명의 실체로부터 행위성을 박탈하는 로고스 중심주의에서 벗어나지 못한다는 것이 커비의 분석이다.

해러웨이의 사이보그에 대한 이러한 비판은 포스트휴머니즘에 대한 비판으로 확장된다. 사이보그가 그러했듯이 비인간은 인간 이상의 무엇, 인간을 초월하는 것, 포스트휴먼으로 상상된다. 무언가 인간성을 끝내고 인간중심주의의 종말을 고하는 것으로 말이다. 그러나 커비는 이러한 식의 포스트휴머니즘은 단호히 거부한다. 인간을 탈중심화하고 초월할 것을 상정하는 것만으로 쉽게 해결될 문제가 아니기 때문이다. 이는 인터넷과 사이버 공간뿐만 아니라 최근 산업과 문화의 핵심으로 떠오른 메타버스와 같은 가상공간에도 시사하는 바가 크다. 이분법을 초월한, 새로운 공간이 주는 기대와 전망에 대해서 말이다. 커비는 기술에 이미 문화와 자연, 몸과 마음의 구분이 개념화되어 있다고 말한다. 메타버스에는 성별화된 육체가 존재하지 않는다고? 아니, 메타버스는 이미 성애화되고 성애화하는 기술이다. 반대로 디지털 기술이 결국 육체를 아우르게 될 것이라는 주장은 어떤가? 육체는 멍청하고 수동적인 용기나 재료가 아니다. 몸이 이미 정보의 장이며, 재현적 복잡성을 지닌 조직이다. 몸은 변형하고 재생하는 분배와 차이의 장이며, 무수한 간섭과 분할 그 자체이다. 살, 피, 그리고 뼈 이 모든 물질은 끊임없는 현현Incarnation을 통해서 스스로 읽고 다시 읽고 쓰고 다시 쓴다. 이런 살과 피와 뼈가 쓴 대본의 복잡한 언어를 디지털 기술이 온전히 구현할 수 있을까? 가상공간을 창조하는 기술에 단순히 반대하거나 찬성할 문제가 아니다. 단순한 찬성과 반대를 넘어, 몸과 실제 세계를 초월하거나 모방하려는 가상공간을 신유물론적으로 고민해야 할 필요가 있다.

물질과 페미니즘의 양립가능성에 대하여

커비에게 마지막 질문을 던져보자. 물질과 페미니즘은 양립 가능한가? 커비의 신유물론 페미니즘은 언어이론, 해체, 그리고 몸 페미니즘의 독특한 결합으로 탄생한다. 몸과 물질, 자연의 언어는 전통적인 '언어', 즉 인간의 언어와 어떻게 다를까? 생명의 활성을 읽기와 쓰기로 개념화한다면 인간에게 특권으로 부여되었던 행위성, 인지, 문해력, 기술발명 등을 어떻게 보아야 할까? 커비는 이러한 신유물론의 질문이 정치적인 것에 대한 질문과 급진적 재개념화를 요구한다고 본다. 이는 여성, 타자와 자연의 배치에 대한 페미니즘의 오랜 의구심과 일치하는 질문이기도 하다. 과거의 페미니즘 투쟁이 타자로 주변화된 것이 인간 이하이고 덜 지적인 존재로 여겨지는 것에 대한 문제제기와 저항이었다면, 신유물론은 타자=자연=몸=비인간으로 이어지는 긴 등식을 복잡하게 만드는 방식을 취한다. 커비는 여성과 같은 항에 배치되는 자연과 몸, 물질, 비인간 등이 언어와 문화를 갖지 못한 사실을 억압과 배제의 결과로서 문제 삼는 것이 아니라 그들 역시 인간과 같이 언어를 가졌음을, 지금까지 문화라고 불리던 것들을 재개념화해야 함을 역설하는 전략을 취한다. 몸은 우리의 말과 글을 기다리고 있지 않다. 몸은 이미 말하고 쓰고 읽고 듣고 있다.

커비의 '읽고 쓰고 말하는 몸'은 언뜻 전근대적 애니미즘이나 마술, 중세신학으로 돌아가자는 것처럼 들릴 수도 있다. 지금 우리가 가지고 있는 인간중심의 세계관에서는 그러한 역사적 사례만을 상 상하게 되는 것도 무리는 아니다. 그러나 커비가 제안하는 것은 단 연코 과거의 과학이나 과거의 앎의 방식으로의 회귀가 아니다. 그는 자연이 쓰는 텍스트를 읽고 소통하기 위해서 지금까지와는 다른 앎의 방식, 다른 과학, 다른 문화가 필요하다고 말한다. 우리에게는 몸과 물 질, 자연, 비인간의 말과 글을 이해할 수 있는 '다른 언어'가 필요하다.

인용 및 참고문헌 ···

Breen, M. S., et al., 2001. "There Is a Person Here': An Interview with Judith Butler," International Journal of Sexuality and Gender Studies 6(1-2), pp. 7-23.

Didi-Huberman, G., 1987. "The Figurative Incarnation of the Sentence: Notes on the 'Autographic' Skin," Journal – The Los Angeles Institute of Contemporary Art 47(5), pp. 66-70. trans. Caryn Davidson. French Original: 'L'incarnation figurale de la sentence(note sur la peau ,auto-graphique')". (1984) in: Scalène 2, pp. 143-169.

Haraway, D., 1991a. "A Cyborg Manifesto: Science, Technology, and Socialist-Feminism in the Late Twentieth Century," in Simians, Cyborgs, and Women: The Reinvention of Nature, New York: Routeldge.

____, 1991b. "Cyborgs at Large: Interview with Donna Haraway," in C. Penley and A. Ross(eds.), Technoculture, Minneapolis: U of Minnesota P.

Kirby, V. and Wilson E. A., 2011. "Feminist conversations with Vicki Kirby and Elizabeth A. Wilson," Feminist Theory 12(2), pp. 227-234.

Kirby, V., 1997. Telling Flesh: The Substance of the Corporeal, New York, London: Routledge.

____, 2006. Judith Butler: Live Theory, London: A&C Black.

____, 2008., "Natural Convers(at)ions : Or, What if Culture Was Really Nature All Along," in S. Alaimo, and S. Hekman(eds.), *Material Feminisms*, Indiana : Indiana UP.

____, 2013. *Quantum Anthropologies : Life at Large*, North Carolina : Duke UP.

____(ed.), 2017. *What if Culture was Nature all along?*, Edinburgh : Edinburgh UP.

6. 캐런 버라드의 『우주와 중간에서 만나기』: 관계와 얽힘으로 만들어지는 몸

박신현

행위적 실재론: 모든 현실적 삶은 만남이다

페미니즘 과학연구자 캐런 버라드Karen Barad[1]는 "모든 현실적 삶은 만남이다. 그리고 각 만남은 중요하다"라는 명쾌한 결론으로 그녀의 방대한 저서 『우주와 중간에서 만나기』(Meeting the Universe Halfway)를 마무리한다(Barad 2007, p. 353). 버라드는 이 책의 부제인 '양자물리학, 그리고 물질과 의미의 얽힘Quantum Physics and the Entanglement of Matter and Meaning'이 가리키듯이, 양자물리학의 중요 개념들을 발전시킨 과학기술 실천이론인 "행위적 실재론Agential Realism"을 자신의 주요한 인식론적 존재론적 윤리적 이론 틀로서 제안하면서, 세계가 물질과 의미의 얽힘과 관계성으로 생성된다고 얘기한다(Ibid., p. 32).

버라드는 현재 가장 영향력 있는 신유물론 학자 중 한 명이자 신유물론 페미니즘New Material Feminism을 대표하는 연구자이다. 2000년대 이후 페미니즘 이론 내에서 새로운 패러다임으로 부상한 신유

---

1   캐런 버라드(Karen Barad, 1956~)는 현재 캘리포니아대학교, 산타크루즈에서 페미니즘 연구, 철학, 그리고 의식의 역사 교수이다. 이론 물리학으로 스토니브룩대학교에서 박사학위를 받았다.

물론 페미니즘은, 지난 수십 년간 인문학을 지배하고 물질의 물질성을 소홀히 한 언어적 전회Linguistic Turn에 응답해 다시 물질의 물질성으로 돌아가려는 노력이다. 이 새로운 조류는 물질의 행위역능Agency을 더욱 존중하고, 자연과 문화, 물질과 담론의 상호연관 안에서 물질의 능동적 역할을 인정하고자 한다(Jagger 2015, p. 321). 많은 신유물론 페미니스트의 접근법이 버라드의 연구에 의존하고 있듯이 그녀의 이론은 이 새 물결의 중심에 자리한다(Alaimo 2008, p. 11). 버라드의 이론은 신유물론 페미니즘만의 독특한 장점들을 명확히 드러내준다고 평가받는다(Ibid., p. 12).

해를 거듭할수록 세계적으로 증가하는 『우주와 중간에서 만나기』의 피인용수가 입증하듯이, 행위적 실재론의 영향은 다양한 학문 영역에 걸쳐 계속 커지고 있다(Hollin et al 2017, p. 3). 행위적 실재론은 과학기술학 분야에서 뜨거운 반향을 불러일으키고 있을 뿐 아니라 다른 인문학과 사회과학 분야에서도 폭 넓게 활용되고 있으며 특히 과학-사회과학-인문학 학제적 융합연구에 크게 기여하고 있다(Ibid., pp. 2-4). 실로 버라드의 시대라고 할 만하다.

내부-작용Intra-Action이 행위적 실재론의 핵심 요소이다. 버라드의 신조어 "내부-작용"은 얽혀 있는 행위역능들의 상호적인 구성을 의미한다(Barad 2007, p. 33). 이는 구분된 개별 행위역능들이 상호작용보다 앞서 존재한다고 전제하는 '상호작용Interaction'과는 대조된다. 버라드는 개별 행위역능Distinct Agencies이 미리 존재하는 것이 아니라 내부-작용을 통해서 창발한다고 강조한다(Ibid., p. 33). 개별 행위역능들은 절대적이 아닌 관계적인 의미에서 개별적일 뿐이라는 것이다. 버라드에게 행위역능들은 그 상호적인 얽힘의 관계 안에서 구별될 뿐이지 개별요소들로서 존재하는 것이 아니다.

행위적 실재론은 어떻게 담론적인 실천Discursive Practices이 물질적인 현상Material Phenomena과 관련되는지 그 인과관계성을 밝혀주는 새로운 존재인식론이다(Ibid., pp. 43-45). 버라드는 담론적 실천이 물질세계와 관련되는 방식을 새롭게 이해하는 행위적 실재론이 존재인식론이기는 하지만 폭넓은 사회정치적 의의를 지닌다고 자부한다. 행위적 실재론의 의미는 과학의 책임감 있는 실천과 교육, 그리고 변화를 위한 정치적 가능성을 이해하기 위해 광범위한 중요성을 지닌다.

행위적 실재론은 기술과학적 실천을 포함한 모든 자연문화적인 Naturalcultural 실천에 대한 포스트휴머니즘 수행성이론이다. 버라드에게 포스트휴머니즘Posthumanism이란 자연-문화 이분법에 기초하지 않고 인간과 비인간의 구별을 당연하게 여기지 않으면서, 대신 이런 중대한 구분이 물질적으로, 담론적으로 생산되는 방식을 탐색하는 것을 의미한다. 버라드는 물질의 역동성을 고려하고 물질에게 세계의 생성에 대한 능동적인 참여자로서 그 정당한 몫을 허락하고자 한다(Ibid., p. 135). 그녀는 인간과 비인간, 자연과 문화의 경계가 능동적으로 형성되고 재형성되는 방식, 즉 그 경계-만들기 실천을 분석하고자 한다. 버라드는 몸의 고정된 구분선도 당연하게 여기지 않는다. 사회적인 것과 과학적인 것도 자연적으로 분리되지 않으며 함께 얽힌 채 계속 만들어지고 있는 중이라고 본다. 궁극적으로 버라드는 물질과 담론, 인간과 비인간, 자연과 문화 사이의 이분법과 주어진 범주들을 해체하고 현실이 얽힌 관계성들로 구성돼 있음을 조명하면서, 세계는 계속 역동적으로 재형성 중이고 우리는 그 일부로서 참여하고 있음을 상기시키고자 한다.

이를 위해 버라드는 과학 연구가 재현주의Representationalism로부터 수행성Performativity으로 이행해야만 한다고 제안한다. 재현주의는 한편에는 재현이 있고, 다른 한편에는 재현을 기다리는 존재론적으로 분리된 독립체들이 있다고 주장하지만, 수행적인 접근은 이러한 재현주의의 기본전제에 의문을 제기한다. 버라드가 제안하는 과학실천에 대한 수행적인 이해는 지식은 멀리 서서 재현하는 것이 아니라 "세계에 대한 직접적이며 물질적인 참여"로부터 나온다는 사실을 고려하는 것이다(Ibid., p. 49).

예를 들어, 주사 터널링 현미경STM을 사용해 원자들Atoms을 영상화하는 것을 생각해 보자. STM은 대상 표면을 터널링 전류를 사용해 스캔함으로써 작동한다. 이 때 독특한 양자역학 현상인 터널링Tunneling (투과)이 건널 수 없는 에너지 장벽들을 전자들Electrons이 통과할 수 있게 해준다고 한다. 이 경우, 장벽을 건널 수 있는 전자들의 능력은 현미경 끝부분과 측정 표본의 표면 원자들 사이의 거리에 달려 있어 끝부분이 표본 표면에 충분히 가까울 때 전자들이 장벽을 건너 흘러가 작은 전류를 형성한다는 것이다. 따라서 버라드는 STM을 "보는 것"에는 단지 시각이 아니라 여러 물리 원칙이 관여하기 때문에, 이 "보는 것"에는 상당한 연습이 필요하다고 강조한다(Ibid., p. 53). 그녀가 말하고 싶은 것은 STM에 의한 영상과 재현은 여기에 참여한 여러 실천의 응축 또는 흔적들이며, 실험은 그 자체가 복잡한 일련의 실천이라는 사실이다.

버라드는 실험하기와 이론화하기는 모두 물질적인 실천이며 세계에 대한 물질적인 참여라고 강조한다. 실험과 이론은 주체와 객체,

물질과 의미를 생산하는 구성적인 역할을 한다. 행위적 실재론에 따르면, 알기, 생각하기, 측정하기, 이론화하기, 그리고 관찰하기는 세계의 내부에서 그리고 세계의 일부로서 내부-작용하기의 물질적 실천들이다. 그러면서 버라드는 "회절Diffraction"이라는 물리적 현상에 영감을 받아 수행적인 접근방식을 위한 효과적 모델로서 "회절적인 방법론Diffractive Methodology"을 제안한다(Ibid., p. 88). 버라드는 "회절적인 방법론"은, 기성의 재현주의적인 "반영적 방법론Reflexive Methodologies"은 하지 못하는 방식으로, 생각과 물질의 얽힘을 존중한다고 설명한다(Ibid., p. 29).

국내 버라드 입문자들에게 널리 읽히고 있는 버라드의 2003년도 논문 「포스트휴머니즘 수행성」(Posthumanist Performativity)은 행위적 실재론을 간략히 잘 요약해주는 짧은 텍스트이다. 하지만 그녀의 행위적 실재론을 제대로 음미하려면 500페이지가 넘는 2007년도 주저 『우주와 중간에서 만나기』를 탐독할 필요가 있다. 본고는 각 장마다 인문학자들에게나 과학연구자들에게나 흥미로운 내용을 담고 있는 『우주와 중간에서 만나기』를 중심으로 버라드의 행위적 실재론을 소개하고자 한다.

보어, 푸코, 버틀러의 인간중심주의 넘어서기

버라드는 행위적 실재론이 페미니즘, 반인종주의, 후기-구조주의, 퀴어, 마르크시즘, 과학 연구를 수용하고, 닐스 보어Niels Bohr, 주디스 버틀러, 미셸 푸코, 도나 해러웨이, 비키 커비 등의 통찰을 기반으로 한다고 밝힌다(Barad 2003, p. 811). 이 중에서도 행위적 실재론의 가장 중요한 영감은 닐스 보어의 철학–물리학Philosophy-Physics이다. 보어는 1920년대 후반 이래 양자역학에 대한 정통 해석으로 자리 잡은 코펜하겐 해석의 주역 중 한 사람이다. 보어가 양자물리학 교훈 의 핵심으로 여기는 것은 "우리는 우리가 이해하려고 하는 그 자연 의 일부"라는 사실이다(Barad 2007, p. 67). 버라드는 보어가 과학지 식의 구성에서 측정 과정을 자연과 사회, 물질과 의미가 만나는 순간 으로 이해한 점에 주목한다.

보어는 양자이론의 인식론적 교훈을 강조하는 데 그쳤지만, 버라 드의 접근법은 보어의 견해를 이어받으면서도 보어의 설명에서 암 시적이었던 존재론적인 차원들을 명시적으로 드러내고자 한다. 행위 적 실재론은 보어의 철학–물리학을 영감으로 사용해 인식론적 쟁점 과 존재론적인 쟁점 모두를 다루는 틀이다. 버라드는 양자이론이 미 시세계뿐만 아니라 거시세계에도 광범위하게 적용된다고 믿는다.

버라드는 푸코가 전개한 담론–권력–지식Discourse-Power-knowledge 실천이론과 버틀러가 전개한 젠더 수행성Gender Performativity 이론을 또 다른 중요한 출발점으로 삼는다. 버라드는 후기구조주의의 통찰 과 버틀러의 몸 이론을 수용하면서도 푸코와 버틀러가 미치지 못한 지점을 드러내고 자신만의 차별화된 포스트휴머니즘 수행성 이론으 로 발전시킨다.

푸코는 담론–권력–지식 실천에 의해 주체가 구성된다고 본다. 그 는 몸의 물질성이 행사하는 움직임들을 통해 규율되며, 권력이 몸을 장악하는 것은 구체화된 신체행동의 반복을 통해서라고 주장한다. 버라드는 푸코가 담론적 실천을 "몸의 물질성"과 연결시키고 "물리적인 신체"를 인정한 점에 주목한다(Ibid., p. 63, p. 65).

하지만 버라드는 푸코가 담론적 실천의 물질적 성질에 대해 명확히 이론화하지 못했다고 비판한다. 특히 그녀는 푸코가 규율 권력을 정치적으로 해부하면서도 바로 그 신체의 물질성이 권력의 작동에서 "능동적인 역할"을 하는 것에 대한 설명을 제공하지 못함으로써 물질의 수동성을 암묵적으로 재기입한다고 지적한다(Ibid., p. 65). 버라드는 해러웨이가 정확하게 지적하듯이, 푸코의 생명정치 개념은 심각하게 시대에 뒤졌고 인간과 비인간의 경계들을 계속해서 다시 정하는 새로운 기술과학적 실천을 고려할 능력이 없다고 평가한다(Ibid., p. 65). 버라드는 권력의 작동을 제대로 이해하려면 물질성의 풍부성 안에서 권력의 본질을 이해하는 것이 중요하며 물질을 물질화에 있어 능동적인 요소가 아닌 단지 최종산물로 여기는 것은 물질로부터 그 능력의 충만함을 가로채는 것이라고 강조한다.

버라드는 버틀러의 『젠더 트러블』과 『의미를 체현하는 육체』를 참조하면서, 버틀러의 젠더 수행성 이론이 사회적 구성주의에 대한 대안적 탐색이라고 평가한다. 버틀러는 젠더 수행성이 젠더화된 주체를 구성한다고 설명한다. 버틀러는 젠더Gender란 개인의 본질적 특성, 어떤 핵심적 본질이 아니라, 그것을 통해 주체가 생성되는 "반복된 행위"이며, 젠더화하기Gendering는 규범의 반복을 통해서 작동하는 일시적인 과정이라고 주장한다(Ibid., p. 57). 버틀러는 정체성을 어떤 본질이 아닌 어떤 행위로 제시하고 주체는 오직 이런 젠더화 과정 안에서만 출현한다고 이해한다.

버라드는 버틀러가 몸의 물질성을 부인하지 않고 오히려 『의미를 체현하는 육체』에서 페미니즘이 물질 개념으로 되돌아가야 하며 물질을 물질화의 과정A Process of Materialization으로 새롭게 이해하자고 제안한 사실에 주목한다(Ibid., p. 150). 버라드는 버틀러가 물질은 문화의 기입을 수동적으로 기다리는 텅 빈 석판이나 표면이 아니라 계속 진행 중인 역사성이라는 점을 설명한다고 해석한다.

하지만 버라드는 버틀러도 담론적인 것과 물질적인 것의 관계를 상세히 설명하는 데에 성공하지 못했다고 지적한다. 특히 그녀는 버틀러의 이론이 결국 물질을 물질화의 과정에 참여하는 능동적인 행위자가 아니라 담론적 실천의 수동적 산물로서 재기입한다는 점을 비판한다(Ibid., p. 151). 또한 버라드는 버틀러의 이론이 인간 신체의 물질화에 대한 설명에 제한되기 때문에 버틀러 자신이 이의제기하려는 자연-문화 이분법을 다시 기입하게 된다고 논평한다.

이와 같이 버라드는 보어, 푸코와 버틀러의 이론은 모두 인간중심주의에 얽혀 있다고 지적한다(Ibid., p. 169). 푸코의 분석은 비인간 신체를 배제한 채 인간 신체의 생산에만 집중하고, 보어는 이미 존재하는 인간 관찰자를 당연하게 여기기 때문이다. 버라드는 이 이론들이 인간/비인간, 자연/문화, 사회/과학의 이분법을 상정하기 때문에 인간과 비인간을 우주의 필수적 부분들로서 서로를 구성하는 관계로 이해하는 데까지는 나아가지 못한다고 논평한다.

그러므로 버라드는 자신은 인간과 비인간, 모든 몸의 물질화를 설명할 수 있고 인간뿐만 아니라 비인간 형태의 행위역능에 대해서도 설명할 수 있는 포스트휴머니즘적인 수행성 이론을 전개한다고 소개한다. 그녀의 행위적 실재론은 인간과 비인간의 구분된 범주의 기정사실성에 의문을 제기하고, 이 변별적인 경계가 실천을 통해서 안정화되고 불안정화되는 것을 탐구하는 이론이기 때문이다.

행위적 실재론의 주요 개념들

현상 / 내부-작용 / 행위적 절단 / 행위역능

행위적 실재론은 분리Separatedness를 세계가 존재하는 방식의 본질적 특성으로 여기지 않으며, 대신 차이Difference를 중요하게 여긴다(Ibid., p. 136). 보어의 철학-물리학은 주체와 객체, 관찰자와 관찰 대상 사이에 본질적 구분이 있다는 데카르트적 믿음과 뉴턴 물리학에 이의를 제기하면서 사물들이 본질적으로 확정된 경계나 속성을 지니지 않는다는 인식론을 전개했다. 버라드는 보어의 인식론적 통찰 안에 함축된 중대한 존재론적 차원을 탐색하면서 이러한 "관계적 존재론Relational Ontology"이 인간과 비인간을 모두 포함하는 물질적인 몸에 대한 자신의 포스트휴머니즘 수행성 이론의 기초라고 밝힌다(Ibid., p. 139).

행위적 실재론에서 존재의 기본 단위는 본질적 경계와 속성을 지닌 독립된 사물이 아니라 현상Phenomena이다. 현상은 세계의 역동적인 재형성, 얽힘과 관계성을 뜻한다. 현상은 "기본적인 관계"이며, 가장 작은 물질 단위라는 점에서 "관계적 원자"라고 할 수 있다(Ibid., p. 139, p. 151). 현상들이 현실을 구성한다. 현상은 내부-작용하는 요소들의 존재론적인 분리불가분성, 즉 얽힘이다. 현상은 영원히 다시 감싸이고, 다시 형성되는 중이다. 버라드는 전통적인 인과관계성을 수정하고 대신 내부-작용 개념을 제안한다. 이미 존재하는 독립 개체를 전제하는 "상호작용"과 대조되도록 "상호Inter" 대신에 "내부Intra"를 붙이는 "내부-작용" 개념은 심오한 개념적 전환을 나타낸다(Ibid., p. 139). 버라드는 세계가 내부-작용의 역동적 과정이며 우주가 내부-작용으로서 생성 중이라고 본다.

버라드는 현상의 구성요소들의 경계와 속성이 결정되는 것은 특정한 내부-작용을 통해서이며, "행위적 절단Agential Cut"이 본래 비결정성Indeterminacy을 지닌 현상 내부에서 결단을 행한다고 설명한다(Ibid., pp. 139-140). 구체적인 내부-작용들을 통해서만 행위적 분리가능성이 시행된다는 것이다. 이는 객관성의 가능성을 위한 조건이 된다. 하지만 여기서 행위적 분리 가능성은 절대적인 외부성 또는 절대적인 내부성의 기하학이 아니라 역동적이고 계속 변화하는 위상 배치라고 할 수 있다. 따라서 행위적 절단으로 외부와 내부가 절대적으로 분리되는 것이 아니라 '현상-내부의-관계 항'이 출현하고 '현상-내부의-외부성'이 시행된다고 표현할 수 있다. 실험실에서 행하는 측정은 이러한 인과관계적인 내부-작용의 예이다.

행위적 실재론에서 기본 의미 단위는 언어가 아니라 "물질적-담론적 실천Material-Discursive Practices"이며, 이 실천들을 통해서 존재적 의미적 경계들이 구성된다(Ibid., p. 141). 버라드에 따르면 사물들은 미리 존재하지 않으며, 행위적으로 시행되어 비로소 현상 내부에서 확정적으로 경계를 이루고 속성이 생기게 되는 것이다. 특정한 행위적 내부-작용 바깥에서는 언어도 사물도 비결정적이다.

버라드는 행위적 실재론에서 행위역능은 누군가 또는 무엇이 소유한 어떤 것이 아니며, 주체 또는 객체의 속성으로서 표시될 수 없는 것임을 분명히 한다. 그녀에게 행위역능은 그 내부-작용 중인 "하기Doing" 또는 "되기Being"이며 특정한 실천들에 따른 거듭된 변화의 시행Enactment이다(Ibid., p. 178). 물질을 행위자적인 요소로 보는 행위적 실재론에서 행위역능은 인간의 의도성 또는 주체성과 일치하지 않는다. 이는 단순히 행위역능이 인간뿐만 아니라 비인간에게도 부여되거나 행위역능이 비인간과 인간 형태 모두에 분배될 수 있다는 것이 아니다. 이는 인간, 비인간, 사이보그, 그리고 다른 형태의 물질성이 거듭 재형성되기 위한 가능성을 뜻한다.

물질 / 물질적-담론적 실천 / 기구

행위적 실재론에서 물질은 고정된 물체를 가리키지 않는다. 물질은 그 내부-작용하는 생성 중에 있는 실질이며, 사물이 아니라 "행위, 행위역능의 응결"이다(Ibid., p. 151). 물질은 독립적으로 존재하는 사물들의 내재적, 고정된 속성이 아니라 그 진행 중인 물질화 속에 있는 "현상"을 가리킨다(Ibid.). 물질에는 행위역능이 있고 물질성은 진행 중인 물질화 과정 안에서 능동적인 행위자이다. 물질은 세계의 진행되는 재구성에 참여한다는 의미에서 생성능력이 있다. 따라서 물질은 생산되고 생산하며, 발생되고 발생시킨다.

버라드는 담론적 실천과 물질적 현상은 서로 외재적 관계에 있지 않으며, 물질적인 것The Material과 담론적인 것The Discursive은 내부-작용의 역동성 안에서 상호적으로 연관된다고 강조한다(Ibid., p. 152). 담론적 실천은 언제나 이미 물질적이고 물질성은 담론적이라는 것이다. 물질적인 것과 담론적인 것은 상호적 수반관계이며 물질과 의미는 서로 유기적으로 연관된다. 버라드는 담론적 실천이 세계의 특정한 물질적 재형성이며, 이를 통해 경계, 속성, 그리고 의미가 변별적으로 시행된다는 사실을 우리가 깨닫기 원한다. 다른 물질적-담론적 실천은 세계의 다른 물질 구조를, 다른 차이를 생산하기 때문이다(Ibid., p. 184). 버라드는 담론적 실천이 내부-작용의 역동성 안에서 끝없는 "경계-만들기 실천"이라고 하면서, 만약 담론적 실천이 존재적 의미적으로 경계-만들기 실천이라면 인간과 비인간을 변별적으로 구성하는 실천도 이미 존재하는 인간 개념에 의존할 수 없다고 설명한다.

행위적 실재론에서 기구Apparatuses는 단순한 관찰 도구가 아니라 물질이 되는 "경계-그리기 실천", 세계의 특정한 물질적 재형성이다 (Ibid., p. 140). 버라드는 고정된 실험실 장비인 기구로부터 이를 통해 사회와 과학, 자연과 문화 사이의 구분 자체가 구성되는 물질적-담론적 실천인 기구에 대한 이해로 전환하자고 제안한다. 이미 보어는 실험에서 기구가 고전물리학이 인식하는 것보다 훨씬 더 능동적이고 친밀한 역할을 하며 기구가 현상을 생산하고 그 생산된 현상의 일부를 이룬다는 결론을 내렸다. 버라드는 이를 더욱 중요한 공식들로 진전시킨다(Ibid., p. 146). ① 기구는 특정한 물질적-담론적 실천이다. ② 기구는 중요한 차이들을 생산한다. 기구는 물질과 의미를 형성하는 경계-만들기 실천이다. ③ 기구는 세계의 물질적 형성/역동적인 재형성하기이다. ④ 기구는 그 자체가 현상이다. ⑤ 기구는 내재적 경계를 지니지 않고 제한 없이 개방된 실천이다. ⑥ 기구는 세계 속에 위치하는 것이 아니라 공간성과 시간성, 그리고 역동성을 재구성하는 세계의 물질적 형성이다.

이와 같이 버라드는 사회와 과학, 인간과 비인간, 자연과 문화 사이에 본질적 구분을 전제하지 않고, 기구가 그 경계를 구성하는 실천이라고 본다. 객체와 주체가 생산되는 것도 담론적 실천인 기구를 통해서라고 한다. 기구가 현상 내부에서 독립체들의 확정된 경계와 속성을 생산하는 행위적 절단을 시행한다. 행위적 실재론에서 신체는 기구를 통해 내부-작용적으로 물질화된다.

여기서 인간 주체는 기구의 외부적 관찰자도, 기구의 작동에 개입하는 독립된 주체도, 그렇다고 기술의 산출물도 아니며, 인간 자체가 세계의 진행되는 재구성의 일부이다. 생산된 현상은 단순히 인간적 의지나 의도성의 결과, 또는 문화, 언어, 권력의 작동 효과라고 말해질 수는 없다. 분명히 인간 주체가 해야 할 역할, 즉 구성적인 역할을 갖기는 하지만 그 역할의 본질에 대해서는 포스트휴머니즘적인 이해가 필요하다. 따라서 버라드는 기구는 단순히 인간과 비인간의 집합체가 아니라 인간과 비인간의 특정한 내부-작용들을 포함한 개방된 실천이라고 설명한다(Ibid., p. 171).

인간 신체와 인간 주체, 그리고 신체 경계

행위적 실재론에서 신체는 본질적 경계와 속성을 지닌 사물이 아니라 담론적-물질적 현상이다. 인간의 몸뿐만 아니라 모든 몸은, 세계의 반복적인 내부-작용, 즉 그 수행성을 통해서 물질화한다. 인간 신체는, 다른 모든 몸처럼, 내부-작용의 개방된 역동성을 통해 특정한 경계와 속성을 획득하는 현상이다(Ibid., p. 172). 인간 신체는 본질적으로 비인간의 몸과 다르지 않으며, 인간과 비인간의 변별적 경계도 담론적-물질적 실천들에 의해서 그어질 뿐이다. 버라드는 인간과 비인간 사이의 경계를 고정시키지 않으며, 인간도 끝없이 생성 중에 있는 세계의 일부로서 물질적-담론적으로 창발한다고 설명한다. 신체는 단순히 세계 안에 위치하거나 특정한 환경 안에 놓이는 것이 아니다. "환경"과 "신체"는 내부-작용하면서 "함께-구성된다" (Ibid., p. 170).

이와 같이 버라드에 따르면 인간 신체도 인간 주체도 이전부터 존재하는 것이 아니다. 인간은 완전히 형성된, 미리 존재하는 주체가 아니라 자신이 참여하는 물질적-담론적 실천을 통해 내부-작용하며 함께 구성되는 주체로서 등장한다(Ibid., p. 168). 자연문화적 실천에 참여하기 이전에 확정적으로 경계 그어지고 속성을 지닌 인간 주체는 존재하지 않는다. 주체는 특정한 내부-작용을 통해 변별적으로 구성되며, 구성된 주체는 인간과 비인간, 자아와 타자 같은 당연하기 여겨지는 경계들을 횡단한다.

거미불가사리의 신체 경계-만들기

2001년 9월 4일 「뉴욕 타임스」는 '눈 없는 생명체가 온몸이 눈들인 것으로 밝혀졌다'라는 제목의 기사를 실었다. 이 기사는 며칠 전 과학 저널 「네이처」에 게재된 논문을 요약한 것이다. 여기에는 불가사리의 동족인, 거미불가사리Brittlestar로 불리는 뇌도 없고 눈도 없는 생명체가 그 전체 골격이 하나의 커다란 눈으로도 기능하기 때문에 포식자로부터 도망칠 수 있다는 놀라운 발견이 담겨 있다. 이 오피오코마 웬드티Ophiocoma Wendtii라는 거미불가사리 종은 시각계로도 기능하는 골격계를 지니고 있기 때문에 눈의 도움 없이도 그 주위환경을 보고 위해로부터 도망칠 수 있다고 한다. 버라드는 육체화Embodiment의 전통적 개념에 이의를 제기하고 사물이 아닌 수행성으로서의 몸을 강조하기 위해 이 흥미로운 생명체를 사례로 든다. 거미불가사리들은 눈을 가진 것이 아니라 그들이 바로 눈이다. 거미불가사리의 시각 시스템은 온몸에 구현돼 있기 때문에 존재 자체가 살아 있고 숨 쉬며 변형하는 시각 기구이자 광학 시스템인 셈이다.

버라드는 특히 물질의 역동성이 이 거미불가사리의 존재 방식에 본질적이며, 그 신체 경계의 계속되는 재형성은 이 생명체의 물질적-담론적 실천의 산물이라는 사실에 주목한다. 거미불가사리는 주변 환경의 빛에 반응하여 색을 변화시킬 수 있을 뿐만 아니라 포식자에게 잡힐 위험에 있을 때는 위험에 빠진 신체 부분을 끊어 버리고 그 부분을 나중에 재생할 수 있다. 거미불가사리는 끊임없이 그 기하학과 위상 배치를 바꾸며 그 신체 경계를 계속 재형성하는 중이다. 버라드는 이 생명체의 신체 구조가 물질적 행위자이듯이 몸의 물질성은 문화의 각인을 기다리는 수동적인 표면이 아니라 능동적이고 생산적인 행위자의 역할을 수행한다고 설명한다.

나아가 그녀는 거미불가사리가 함께 내부-작용하고 있는 환경으로부터 자신을 차별화하고 세계를 파악해 포식자를 분별하게 해주는 이 경계-그리기 실천이 담론적이면서 동시에 물질적으로 시행된다는 점에서 거미불가사리에게 알기와 존재하기, 인식과 물질성은 서로 얽혀 있는 수행이라고 강조한다. 버라드는 환경의 조각들을 자신의 내부에 감싸기도 하고, 자신의 부분들을 환경 속으로 쫓아내기도 하는 이 존재를 통해 "육체는 세계 안에 자리한 것이 아니라 세계의 일부이다"라고 얘기한다(Ibid., p. 376). 세계는 역동적인 내부-작용을 통해 끝없이 재형성 중이며 신체도 그 가운데에서 만들어지고 다시 만들어진다. 따라서 버라드는 육체화는 세계 안에 특정하게 위치하는 문제가 아니라 그 역동적 구체화 속에서 "세계의 일부가 되는 것"의 문제라고 새롭게 정의한다(Ibid., p. 377).

무엇보다 버라드는 이 거미불가사리가 "아는 것, 존재하는 것, 행동하는 것의 분리 불가능성"에 대한 살아 있는 증거라는 점에 주목한다(Ibid., p. 380). 이 생명체의 생존은 관계적 본성을 지닌 현실을 분별해서 신체 경계를 변별시키는 능력에 달려 있다. 거미불가사리는 계속 변화하는 대양 환경과 내부-작용하면서 변별적인 자극에 반응하며 신체를 재작업해 왔다. 여기서 버라드는 이 생명체에게 아는 것이 아는 것으로서 끝나는 게 아니라 역동적인 세계 형성에 대한 "직접적인 물질적 참여"가 되듯이, 우리에게 "아는 것Knowing"과 "존재하는 것Being"은 얽혀 있는 물질적 실천이며 "아는 것"은 곧 세계의 구체적 물질적 형성에 참여하는 것이라고 강조한다(Ibid., p. 379). 우리가 무엇을 보고 알고 이해하는 것은 인식론적이고 담론적인 문제에 그치지 않으며 그것이 곧 존재론적이고 물질적인 실천이 된다는 뜻이다.

"아는 것"은 무엇이 물질화하고 무엇이 물질화에서 제외될지에 대한 "변별적인 책임성"과 "변별적인 민감성"을 요청한다(Ibid., p. 380). 마치 거미불가사리가 뇌가 없어 데카르트적인 사유의 주체는 아니지만 물질화의 구체적 실천을 통해 환경에 응답함으로써 포식자를 알아차리고 포획에서 벗어날 수 있듯이, 세계가 어떻게 물질화되는가는 주변에 대한 우리의 변별적인 민감성이 어떻게 시행되느냐에 달려 있다는 것이다. 우리의 다른 물질적 내부-작용은 세계의 다른 물질화를 생산하기 때문에 우리의 담론적-물질적 실천들이 매우 중요하다는 뜻이다.

버라드는 거미불가사리의 사례에서 한 가지 더 재미있는 질문을 던진다. 버라드는 "어떤 단일한 유기체로 설명되려면 신체 부분들의 인접성이 요구될까? 우리는 신체 경계를 정의하기 위해 시각적 도해를 신뢰할 수 있을까?"라고 묻고는, 연속성에 반드시 물리적 인접성이 요구되지는 않는다고 답한다(Ibid., p. 377). 그녀는 얽혀 있는 상태에 있으면서 공간적으로 분리된 입자들은, 사실은 분리된 정체성을 갖지 않고 "동일한 현상들의 일부"이기 때문이라고 설명한다(Ibid.). 이와 같이 버라드가 제안하는 새로운 육체 개념은 우리가 신체 경계에 대해서도 새롭게 사유할 수 있도록 해준다.

신체 경계의 본질적 비결정성

당신이 커피 잔을 손에 들고 있을 때 당신의 신체는 어디에서 끝나는가? 이를 논의하기 위해 먼저 버라드는 몸에 대한 개체주의적인 관념, 그리고 당연하게 주어진 것으로 여겨지는 신체 경계에 대해 물리학자들이 내놓은 여러 이의제기 중 몇 가지를 소개한다.

보어는 주체와 객체 사이 경계에 대한 질문을 다루면서 두 가지 방법을 고려할 수 있다고 설명한다. 어떤 사람이 어두운 방에서 막대기와 유용하게 상호작용하고 있을 때, 만약 그가 막대를 손에 꽉 쥔 채 자기 길을 찾는다면 그 막대는 "주체"의 일부로서 이해되는 것이 적절하고, 반면에 그가 막대를 느슨하게 들고 그 특징을 감각한다면 그 막대는 관찰의 "객체"라는 것이다(Ibid., p. 154). 즉 보어는 막대가 느슨하게 잡혀 있을 때는 촉감이 객체처럼 느껴지지만, 그것이 꽉 잡혔을 때는, 우리는 막대가 이질적인 몸이라는 감각을 상실한다고 설명한다. 이에 대해 버라드는 보어가 신체 경계는 본질적으로 애매하며, 특정한 실천을 통해 결정된다고 보고 있다고 해석한다. 주체와 객체 사이의 선이 고정된 것은 아니지만, 특정한 실천에 의해 물질적으로 구체화되고 결정된다는 의미이다.

버라드는 언뜻 보기에, 인간은 그 피부에서 끝나고 커피 잔은 그 바깥 표면에서 끝나는 것처럼 몸의 외부 경계가 명백해 보일지 모르지만, 사실 이런 시각적 단서들은 오해를 일으킨다고 지적한다. 그녀는 외견상 자명해 보이는 신체 경계의 본질이 사실은 "문화적으로 역사적으로 특정한 신체적 수행의 반복"의 결과라고 분석하면서, 신체 경계의 본질적이고 자명한 성질에 의문을 제기한 노벨상 수상자인 물리학자 리처드 파인만의 다음과 같은 설명을 인용한다(Ibid., pp. 155-156).

> 무엇이 윤곽인가? 윤곽은 단지 빛과 어둠 사이, 또는 한 색과 다른 색 사이의 가장자리 차이이다. 그것은 확고한 어떤 것이 아니다. 믿거나 말거나, 모든 사물은 그 주위에 어떤 선을 지니지 않는다. 그런 선은 없다. 그것은 오직 어떤 선이 있다는 우리 자신의 심리적인 구성 안에만 있다(Feynman 1964, *The Feynman Lectures on Physics*, Vol.1, I :36- II).

따라서 커피 잔과 손 사이의 접점에서, 손에 속하는 x개의 원자들이 있고 커피 잔에 속하는 y개의 원자들이 있는 것이 아니며, 시각적으로도 분명한 가장자리는 없다는 것이다. 우리가 어떤 가장자리를 자세히 보면, 우리가 보는 것은 빛과 어둠 사이의 선명한 경계가 아니라 오히려 일련의 빛과 어둠의 띠들, 즉 회절 패턴이기 때문이다. 이와 같이 버라드는 가장자리 또는 경계는 존재론적으로나 시각적으로 결정적이지 않다고 물리학이 우리에게 말해준다고 주장한다

(Barad 2007, p. 156).

　버라드가 주장하고자 하는 것은 신체 경계의 생산은 어떻게 신체가 세상 안에 자리 잡고 위치하는가라는 쟁점을 넘어 어떻게 신체가 "세계와 함께 또는 세계의 일부로서" 구성되는가의 문제이므로, 인간과 비인간의 변별적인 경계들이 함께 구성되는 방식은 윤리적인 문제라는 것이다(Ibid., p. 160). 그녀는 신체의 물질성과 물질의 본질인 얽힘을 강조한다. 그리고 윤리란 이러한 물질적 얽힘의 재구성 안에서 각 내부-작용이 물질화되는 방식의 문제라고 한다. 다른 내부-작용은 다른 경계를 생산하므로, 인간과 인간, 인간과 비인간 사이에 경계가 만들어질 때 우리에게는 윤리적인 요청과 책임이 따른다는 뜻이다.

　이와 같이 버라드는 본질적인 경계는 없다고 주장한다. 그녀에 따르면 사물은 확정된 경계와 속성을 지니지 않으며, 그 경계와 속성은 오직 특정한 현상의 내부에서 그리고 그 일부로서 결정된다. "안쪽" 경계처럼, "바깥" 경계는 결정적이지 않으며, 심지어 무엇이 "안쪽"인가 그리고 무엇이 "바깥"인가도 본질적으로 비결정적이다(Ibid., p. 161).

현상으로서의 건강한 몸과 장애 있는 몸

　이러한 견해는 우리가 '건강한 몸'과 '장애가 있는 몸'에 대해서도 새로운 방식으로 사유하게 해준다. 버라드는 장애인에게 전동 휠체어가 신체 보조물일 뿐만 아니라 몸의 필수적인 일부라고 하는 리사 디드릭Lisa Diedrich의 설명을 인용한다. 디드릭은 낸시 메어스라는 여성이 사용하는 전동 휠체어는 그녀 몸의 확장일 뿐만 아니라 몸의 일부로 통합됐기 때문에, 이 휠체어가 고장이 날 때, 그것은 단순히 몸이 사용하는 도구가 아닌 바로 메어스 자신의 고장일 수 있다고 평한다(Ibid., p. 157). 디드릭은 이런 문제는 장애가 있는 사람들의 일상적 삶뿐만 아니라 신체가 건강한 사람들에게도 중요하다고 강조한다. 하지만 버라드는, 신체가 건강한 사람들은 이런 문제들에 대해 성찰하지 않으며 "정상적"인 육체의 이미지를 염두에 두고 건설된 세계 속에서 몸의 본질에 대한 전제들을 당연하게 여기는 사치를 누리기 때문에 장애인 차별이 발생한다고 지적한다(Ibid., p. 158). 그런데 어떤 기구가 주목을 받게 되는 것은 그것이 기능을 멈췄을 때이듯이, 그러한 전제들이 수면 위로 떠오르는 것은, 바로 몸이 기능하지 못할 때, 즉 몸이 고장 날 때라고 언급한다.

따라서 버라드는 "신체 건강함Able-Bodiedness"은 존재의 자연적인 상태가 아니라 "건강한-몸Able-Bodies"을 "장애가 있는 몸Disabled"으로부터 구별하는 경계-만들기 실천을 통해 함께-구성되는 육체화의 특정한 형태라고 정의 내린다(Ibid., p. 158). 그녀는 개별적 객체/주체가 아닌 현상으로서 건강상 신체의 물질성에 집중하면서 건강한 사람과 장애인은 구성적으로 얽혀 있다고 말한다. 즉 신체 건강한-사람이 된다는 것은 그것이 배제하는 것, 즉 장애가 있는 사람들도 포함하는 현상의 일부로서 살아가는 것을 의미한다고 본다. 그러면서 버라드는 "신체 건강한 사람들The Able-Bodied"이 자신들의 존재를 "장애인들The Disabled"에 의존하고 있다는 사실을 인정한다면, 우리의 육체화 자체가 본질적으로 다른 사람들과 얽혀 있다는 사실을 깨닫는다면 다른 사람에 대한 우리의 책임을 부인할 수 없을 것이라고 설득한다(Ibid.).

그녀는 이런 육체화의 본성을 환기시키기 위해 물리학자 스티븐 호킹이 캘리포니아대학교 산타크루즈에서 강연할 때 그와 만났던 경험에 대한 샌디 스톤Sandy Stone의 묘사를 예로 든다. 대강당에서 호킹은 보트랙스Votrax로 불리는 인공 연설 장비를 통해 소통하고 있었다. 호킹은 언제나 그렇듯이, 노트북 컴퓨터의 조이스틱 위에 놓인 그의 손가락들을 제외하고는 전혀 움직이지 않는 채 휠체어에 앉아 있었고, 그의 옆에는 보트랙스의 작은 확성기로 연결된 마이크 시스템이 있었다. 이때 스톤은 "호킹은 자기 몸 가장자리에서 호킹이기를 멈추질 않는다. … 호킹의 중요한 부분이 그의 무릎 위에 있는 상자 속으로 확장되고" 있다고 느끼면서, "호킹은 정확히 어디에 있는가? … 그는 어디에서 멈추는가? 그의 가장자리는 어디인가?"라고 묻는다(Ibid., p. 159).

그리고 버라드는 이 질문을 통해 「사이보그 선언」에서 "왜 우리 몸은 피부에서 끝나야만 할까?"라고 물으며 "만들어지고 있는 신체이지, 만들어진 신체가 아니다."라고 강조했던 해러웨이의 주장을 다시금 상기한다(Ibid.).

행위적 실재론의 윤리-존재-인식-론: 윤리, 아는 것, 그리고 존재하는 것의 뒤얽힘

시간성과 공간성은 내부-작용으로 생산된 현상

보어와 열띤 논쟁을 벌이던 알베르트 아인슈타인이 양자이론을 반박하기 위해 보리스 포돌스키Boris Podolsky, 그리고 네이선 로젠

Nathan Rosen과 함께 1935년에 발표한 EPR 논문은 오히려 이 세상 한 곳에서 일어난 사건은 이 세상 어디에서도 즉시 현재적일 수 있다는 양자역학의 원리를 증명하게 됐다. EPR 실험은, 예를 들어, 연구실에서 행한 A에 대한 측정이 대서양 저 너머에 있는 B의 상태에도 즉시 영향을 줄 수 있음을 드러낸다. 양자역학에서는 공간적으로 분리된 상태들이 "즉시 서로 소통하고 정보를 교환할 수" 있는 것으로 확인된다(Ibid., p. 173). 물리학자들은 EPR 논문은 이러한 점에서 양자역학이 외견상 특별상대성이론을 위반하는 데 대한 아인슈타인의 불쾌감을 표현한다고 말한다. 하지만 버라드는 이 EPR 논쟁에 대해 한걸음 더욱 진전된 해석을 내놓는다.

그녀는 사실 아인슈타인의 염려는 더욱 근본적인 쟁점, 즉 공간적 분리가능성에 대한 그의 믿음을 위반한 것에 있다고 지적한다. 아인슈타인에게 관찰자와 관찰 대상의 공간적 분리는 그 존재론적 분리가능성을 보장하여 객관성의 가능성을 위한 조건을 확보하기 때문이다. 그런데 버라드는, 보어는 이와 동일한 믿음 자체를 공유하지 않았기 때문에 아인슈타인의 염려가 문제될 것이 없었다고 강조한다. 보어에게 공간적으로 분리된 시스템들 사이의 즉시 소통은 이 이른바 분리된 상태들이 실제론 전혀 분리되지 않은, 오히려 한 현상의 부분들이라는 사실에 의해 설명된다는 것이다(Ibid., p. 174). 요컨대, 버라드는 '즉시 소통가능성'은 현상 내부에서 상호작용하는 요소들이 공간적으로도, 존재론적으로도 분리불가능하다는 사실로부터 나온다고 해석함으로써 공간적 분리불가능성과 존재론적 분리불가능성을 강조한다.

그리고 버라드는 공간적 분리가능성 대신 행위적 분리가능성과 행위적 절단이 객관성을 위한 조건이 된다고 논술한다. 행위적 실재론은 공간적으로 존재론적으로 고정된 경계를 전제하지 않고, 대신에 현상 내부에서 시행된 행위적 절단, 즉 현상들-내부의-외부성이 존재론적인 비결정성을 해결한다고 설명한다.

또 다른 중요한 쟁점은 행위적 실재론에서는 공간성과 시간성도 역동적으로 재구성되는 현상이라는 것이다. 행위적 실재론에서는 공간성과 시간성도 반복적인 내부-작용의 역동성을 통해 생산되고 거듭해서 재구성된다(Ibid., p. 179) 그 비결정성은 결코 최종적으로 해결되지 않는다. 행위적 실재론에서 쟁점은, 아인슈타인이 말하듯이 단지 시간과 공간이 절대적이지 않고 상대적이라는 것이 아니라 내부-작용 그 자체가 공간과 시간을 만든다는 것이다.

시간성은 세계의 반복적 내부-작용을 통해 구성된다(Ibid., p. 180). 시간성은 생산되는 것이며, 물질의 역동성이 이러한 시간성의 생산에 연관된다. 공간성도 내부-작용적으로 생산된다. 공간은 이미 존재하는 점들의 집합, 즉 물질이 담기는 그릇이 아니다. 물질은 세계 안에 위치하는 것이 아니라, 그 물질성으로 세계가 되는 것이다. 내부-작용이 특정한 경계를 시행하면 구성적 배제가 경계를 재구성한다. 경계가 재형성되면서, 내부와 외부가 재작업된다. 따라서 공간성은 "경계의 물질적 재형성의 계속 진행되는 과정," 즉 "공간적 관계들의 반복적인 재구조화"라고 정의할 수 있다(Ibid.).

이와 같이 버라드는 공간, 시간, 그리고 물질이 반복적 내부-작용의 역동성을 통해서 상호적으로 구성되며, 시공간 다양체Spacetime Manifold는 물질적-담론적 실천이 물질화되는 방식으로 거듭해서 재형성된다고 주장한다. 시공간 위상 배치들은 계속 변화하고 재형성되는 중이다. 세계는 물질화의 열려 있는 과정이며 시간성과 공간성은 이런 과정의 역사성 안에서 창발한다. 이는 행위적 실재론의 개방적인 역사관을 뜻한다. 버라드는 과거는 결코 뒤에 남겨진 채 최종적으로 완성되지 않으며, 물질적 재형성에 개방된 채로 남아 있다고 강조한다(Ibid., p. 181). 공간과 시간도 현상인데, 이러한 현상을 구성하는 내부-작용하는 실천들의 반복적 본성으로 인해, 과거와 미래는 서로를 통해 거듭 재형성되고 감싸인다는 것이다. 버라드는 현상은 다른 공간과 시간을 가로질러 확장하는 물질적 얽힘이기 때문에 "과거도 미래도 결코 닫혀 있지 않다"고 주장한다(Ibid., p. 383).

행위적 실재론에서 세계는 변별적인 물질화 속에 있는 내부-작용이며, 내부-작용은 언제나 특정한 배제를 수반한다. 이러한 배제가 결정론의 가능성을 저지하여 열린 미래의 조건을 제공한다(Ibid., p. 177). 내부-작용은 공간시간물질Spacetimematter을 재형성할 뿐만 아니라 변화를 위한 가능성들도 재형성한다. 내부-작용은 가능한 것과 불가능한 것을 반복적으로 재구성한다. 따라서 가능성은 그 실현 속에서 좁혀지지 않으며 지금은 배제됐지만 새로운 가능성이 열린다. 내부-작용의 활기에는 생명력이 넘치며 행위역능은 결코 고갈되지도 끝나지도 않는다. 따라서 버라드는 미래는 언제나 급진적으로 열려 있고, "이런 개방적 의미의 미래상"은 내부-작용의 본질에 내재한다고 주장한다(Ibid., p. 178).

윤리-존재-인식-론

매 순간은 세계의 생성을 위한 여러 가능성으로 살아 있으며, 책임과 책무의 문제들은 각 가능성과 함께 나타난다. 따라서 버라드는 윤리성이 세계의 기본구조의 일부이며 응답하고 책임져야 하는 윤리적 요청이 존재의 일부를 이룬다고 강조한다. 내부-작용을 위한 특정한 가능성들은 매 순간 존재하며, 이 변화하는 가능성들은 세계의 생성 안에서 책임감 있게 내부-작용해야 할 윤리적 의무를 수반한다 (Ibid.). 즉 무엇이 물질화하고 무엇이 물질화로부터 배제되는지 논쟁하고 재작업해야 할 윤리적 의무이다. 버라드는 우리의 내부-작용은 결국은 우리가 아는 것을 시행하여 세계의 변별적 물질화에 기여하므로 우리에게는 "알기의 윤리"가 요구된다고 강조한다(Ibid.). 우리는 우주의 물질적 생성의 행위자적 일부이기 때문에, 우리가 시행에 참여하는 절단들에 대해 책임을 져야만 한다는 것이다.

우리는 세계의 외부적 관찰자가 아니고, 단순히 세계의 특정한 장소에 자리한 것도 아니며, 계속 진행되는 내부-작용 중인 세계의 일부라는 점을 명심해야만 한다. 인간 자체가 세계의 계속 진행되는 재형성의 일부를 이루기 때문에 "알기"의 실천과 "되기"의 실천은 분리될 수 없으며, 상호적으로 연관된다(Ibid., p. 185). 따라서 버라드는 우리에게 필요한 것은 "윤리-존재-인식-론Ethico-onto-Epistem-ology", 즉 "윤리, 아는 것, 그리고 존재하는 것의 뒤얽힘"에 대한 이해라고 논술한다(Ibid.).

윤리-존재-인식-론적 질문들은 인간이 벌어지도록 돕는 얽힘, 그리고 인간이 기꺼이 맡아야 할 의무에 대한 책임과 책무와 관련된다. 윤리는 새로운 형성, 새로운 주체성, 새로운 가능성을 포함해 우리가 그 일부를 이루는 얽혀 있는 물질화에 대해 고려하는 것이며, 우리가 짜는 "얽혀 있는 망들Entangled Webs"에서 우리의 부분에 대해 책임지는 것이다(Ibid., p. 384). 따라서 우리의 가장 작은 절단조차 중요하다. 예를 들어, 특정한 과학기술 실천은 세계의 다른 얽힘을 만드는 윤리적 문제이다.

버라드에게 윤리는 자아의 외부에 있는 타자들에게 응답하는 것을 넘어선다. 그녀는 "그들"과 "우리"는 "우리"가 일어나도록 돕는 바로 그 절단들을 통해서 함께 구성되고 얽혀 있기 때문에 "타자들"은 "우리들"로부터 결코 매우 멀리 있지 않다고 설명한다(Ibid., p. 179). 모든 몸은 세계의 반복적인 내부-작용, 즉 그 수행성을 통해서 물질이 되는데, 물질성의 본성 자체가 얽힘이다. 따라서 버라드는 물질 그 자체가 언제나 이미 "타자"에게 개방돼 있거나 타자와 얽혀 있으므로, 타자는 우리 자신의 피부뿐만 아니라 자신의 뼈, 자신의 배, 자신의 심장, 자신의 세포핵, 자신의 과거와 미래 안에 있다고 주장한다(Ibid., p. 393). 이것은 전자들Electrons에게도, 거미불가사리들과 인간들에게도 진실이라고 한다. 버라드는 기억Memory과 기억하기Remember-ing는 마음에 기초한 능력이 아니라 신체의 생성 안에 깊이 배어 있는 "표시된 역사성"이며, 우리는 우리와 얽혀 있는 타자들에 대해 "언제나 이미" 책임이 있다고 강조한다(Ibid.). 이와 같이 행위적 실재론에서 윤리는 외재적 타자에 대한 응답이 아니라 우리가 그 일부를 이루는 생성의 활발한 관계성에 대해 책임지는 것이다.

행위적 실재론에서 책임은 "자아와 타자, 여기와 저기, 지금과 그때의 얽힘"에 대한 계속 진행되는 응답을 동반한다(Ibid., p. 394). 그리고 "얽힘"은, 시공간적으로 멀리 떨어진 듯 보이는 것도 "피부 밑에 자리한 심장으로부터 고동치는 듯한 지금 여기의 맥박만큼" 또는 그보다 더 가까울 수 있다는 사실을 우리로 하여금 마주하게 한다(Ibid.). 행위적 실재론에서 과거는 결코 최종적으로 완결되지 않았으며, 시야에서 멀어졌다고 반드시 접촉하지 않는 것은 아니다. 그러면서 버라드는 책임은 우리들 혼자만의 것은 아니지만, "우리들만의 것일 경우보다 우리의 책임은 더욱 클 것"이라고 표현한다(Ibid.).

우리는 우주의 일부이며, 내부도 없고 외부도 없다. 버라드는 심지어 한순간도 홀로 존재하지 않으며, 매 순간 세계와 생성을 위한 그 가능성들이 새로 만들어지기 때문에 우리가 윤리로부터 벗어날 길은 없다고 강조한다. 버라드는 세계의 일부로서 책임감 있게 내부-작용하는 것은, 세계의 활기에 본질적인 "얽힌 현상들을 고려하는 것," 그리고 우리의 번영을 도울 만한 "가능성들에 응답하는 것"을 의미한다고 설명한다(Ibid., p. 396). 그러면서 그녀는 책의 제목에 담긴 의미를 집약하듯이, "매 순간을 만나는 것, 생성의 가능성들에 민감한 것은 윤리적인 부름이다. … 우리는 우주와 중간에서 만나(Meet the Universe Halfway) 세계의 변별적 생성에서 우리가 행하는 역할에 대해 책임을 져야 할 필요가 있다"(Ibid.)라는 말로 이 책을 마무리한다. '우주와 중간에서 만나는 것'은 행위역능을 지닌 모든 것들이 내부-작용을 통해 우주의 생성에 기여하므로 인간은 독선적인 태도를 버리고 '우주와 타협하고 우주와 의견을 조율하면서' 자신이 맡은 역할에 대해 책임지는 겸손한 자세를 지녀야 한다는 의미일 것이다. 인간은 얽혀 있는 관계성들과 가능성들을 고려하면서 민감하게 응답하는 방식으로 책임을 져야 하므로 책임을 독점할 때보다 오히려 더욱 큰 책임을 진다고 할 수 있다.

회절적인 방법론으로 전환하기

버라드는 세상 어디에서나 볼 수 있는 물리적 현상인 회절의 아름다움과 깊이에 사로잡힌다고 고백한다. 회절은 파동들Waves의 만남이 만들어내는 간섭Interference 현상을 의미한다. 회절은 파동이 겹칠 때 서로 결합하고 어떤 장애물과 만날 때 휘어짐과 퍼짐이 일어나는 현상이다. 돌 두 개를 고요한 연못 속에 떨어뜨리면, 각 돌이 야기한 물 속 교란들이 바깥으로 전파되고 서로 겹치는 모습, 또는 파도가 방파제의 틈을 뚫고 나아갈 때 파동의 형태들이 휘어지며 퍼져나가는 모습 등이 친근한 예일 것이다. 회절은 수면파, 음파, 광파 등 어떤 종류의 파동과도 발생한다. 그래서 버라드는 일상 속에서 우리가 회절 현상을 관찰할 수 있는 기회들이 얼마나 많은지 상세히 설명해 준다. 콤팩트디스크 표면 위에서 관찰되는 무지개 효과, 비누 거품 위의 색채 소용돌이 또는 물웅덩이 위 기름막은 회절 현상이다. 공작 깃털, 잠자리, 나방, 나비의 날개들 위의 무지갯빛 역시 회절 효과이다.

고전물리학에 따르면 오직 파동만 회절 패턴을 생산하고 입자는 그렇지 않다. 하지만 양자물리학은 어떤 상황에서는 물질도 회절 패턴을 생산한다는 사실을 입증했다. 물질은 어떤 상황에서는 입자 행동을 나타내고, 다른 상황에서는 파동 행동을 나타내는데 물리학자들은 이것을 양자이론의 파동-입자 이중성역설이라고 한다. 버라드는 이러한 양자역학이 오직 작은 사물들에만 적용되는 이론이 아니라 모든 규모에서 적용되는 자연에 대한 정확한 이론이라고 보면서 회절에 대해 양자물리학적 이해의 논의를 전개한다. 버라드는 현실이 내부–작용하는 다양한 행위역능들의 얽힘으로 구성된다고 전제한다. 얽힘은 만물이 관계적인 과정과 관계성을 통해서 존재하게 됨을 의미한다. 얽힌 관계성들은 공간과 시간 속에서 근접해 보이지 않는 개체들 사이도 연결해 준다. 회절은 이런 "얽힘의 현실"을 조명해 주는 현상이다(Ibid., p. 73).

해러웨이는 그 동안 페미니즘 담론 내에서 많은 비판을 받아온 은유인 '반영Reflection'을 대체하기 위해 지식 생산에 대한 은유와 방법론으로서 '회절' 현상을 원용하기 시작했다. 둘 다 광학적 현상이지만 반영은 반사하기Mirroring와 동일성, 대상을 충실히 복사한 정확한 재현을 제공하는 것인 데 반해, 회절은 차이의 패턴들에 주목한다. 반영성은 객체와 주체가 멀리 떨어져 있는 상태를 유지하고 재현의 실천이 탐구되는 객체에 어떤 영향도 끼치지 않는다는 재현주의에 기초한다. 반영은 반복적인 모방Mimesis일 뿐이다. 고전적 형이상학과 뉴턴 물리학에 근거한 재현주의는 관찰자와 관찰 대상이 절대적으로 분리된 이분법을 취하지만 20세기 양자물리학은 관찰자가 관찰의 맥락으로부터 떼어질 수 없이 관찰 대상의 필수적 일부로서 참여한다는 사실을 밝힌다. 따라서 해러웨이와 버라드 같은 페미니스트 과학 연구자들은, 반영은 이 세계를 탐구하고 묘사하기에 불충분한 낡은 은유라고 보고 이에 대한 대안으로서 회절을 제시한다. 해러웨이는 "차이들의 진행 과정"인 회절은 "삶의 방식들"에 관한 것이라고 설명한다(Ibid., p. 29). 회절은 차이들의 역사와 궤적, 즉 차이들의 현재뿐 아니라 형성돼 온 양상과 과정을 묘사한다.

버라드에게 회절은 단순한 은유를 넘어서서 중요한 인식론적 · 존재론적 의미를 지닌다. 그녀는 회절 패턴을 "변화를 가져오는 차이의 패턴들"로서, "세상을 만들어 내는 근본적인 구성요소들"로서 이해한다(Ibid., p. 72). 버라드는 양자이론을 원용해 회절 개념을 더욱 발전시켜 회절적인 방법론을 제시하면서 우리의 생각을 반영에서 회절로 전환하자고 촉구한다. 반영은 독립된 개체들 사이의 상응관계와 유사성을 찾기 위해 구축된다. 반영은 원본과 일치하는 복사를, 사물을 반영하는 언어를 믿는다. 버라드의 목표는 이러한 기성의 반영적 방법론에 대한 광범위한 의존을 붕괴시키는 것이다. 따라서 반영과 대조적으로 회절적인 방법론은 존재의 얽힌 관계성에 주목하고 얽힌 상태의 내부로부터 생성되는 세부적인 차이들에 주의를 기울인다. 버라드는 우리에게 "외부로부터" 세상을 숙고하는 재현주의의 친숙한 습관과 유혹으로부터 벗어나 "그 내부에서 그리고 그 일부로서" 세상을 이해하는 회절적인 방식으로 옮겨 가자고 제안한다(Ibid., p. 88).

버라드는 "세부 내용에 주의를 기울이는 것"이 회절적인 방법론의 중대한 요소라고 밝힌다(Ibid., p. 92). 회절은 '사소한 차이들'을 존중하는 방법론이다. 인터뷰에서 버라드는 회절적인 방법론은 그 섬세한 세부 내용들 속에서 물질화된 차이들을 "주의 깊고 꼼꼼하게 독해하는 것"이며, 얽힘의 윤리가 이러한 분석에 내재한다고 깨닫는 것이라고 답변한다(Barad 2012a, p. 50). 그녀는 '회절적인 읽기'는 존중심 많고, 상세하며, 윤리적인 참여라고 정의한다. 회절 패턴은 경계의 비결정적인 본질을 조명하고, 물질화하는 차이들의 얽혀 있는 본성과 경계의 거듭된 재형성을 의미한다. 회절은 경계의 결정성과 영구성이 지닌 한계를 표시한다(Barad 2007, p. 381). 따라서 회절은 주체와 객체, 자연과 문화, 인간과 비인간, 인식론과 존재론 사이의 본질적 분리 가능성에 대해 이의제기하는 개념이다. 버라드의 회절적 방법론은 우리가 "지식을 만드는 일"은 단순히 사실을 만드는 것이 아니라 세계의 일부로서 물질적으로 참여해 "세상을 만드는 일"이라는 것을 이해하고 고려해야 한다고 암시한다(Ibid., p. 91).

관계적 존재의 응답-능력

행위적 실재론의 윤리와 책임에 대한 버라드의 사유는 에마뉘엘 레비나스와 자크 데리다, 두 프랑스 철학자에게 많이 기대고 있다. 버라드는 주체성을 타자에 대한 책임의 관계로 이해하는 레비나스의 윤리학과 더불어 데리다의 '다가올-정의Justice-to-Come' 개념을 원용해 관계적인 자아가 원형적으로 지닐 수밖에 없는 윤리적인 책임성을 논한다. 버라드는 2010년 논문 「양자 얽힘과 계승의 유령론적 관계들」(Quantum Entanglements and Hauntological Relations of Inheritance)에서 물질의 본성 자체가 타자에 대한 노출을 수반하기 때문에 책임은 주체가 선택하는 의무가 아니라 의식의 의도성보다 앞서는 육체화된 관계라고 강조한다(Barad 2010, p. 265). 그녀는 "존재한다는 것은 계승한다는 것을 의미한다. … 우리의 지금 존재는 무엇보다 계승이다"라는 데리다의 말을 『마르크스의 유령들』로부터 인용하면서 이미 죽거나 아직 태어나지 않은 사람들에 대한 우리의 빚을 현재의 우리 존재로부터 끊어낼 수 없다고 논술한다(Ibid., p. 266).

버라드는 2012년 인터뷰에서도 자신의 작업이 정의와 윤리의 문제에 기초하고 있으며, 이는 고정되거나 우리가 이미 안다고 믿는 정의가 아니라 "데리다의 다가올-정의 개념"과 같은 것이라고 밝힌다

(Barad 2012a, p. 67). 그러면서 그녀는 "거기에 없는 사람들에 대한, 더 이상 없거나 아직 현존하지 않는 사람들의 정의에 대한 존중과 책임이 없다면" 정의는 가능하지 않을 것이라는 데리다의 『아포리아』(Aporias)의 한 구절을 인용한다(Ibid., p. 68). 우리의 몸의 형성과 재형성이 이미 타자들과 얽혀 있다면, 책임은 살아서 현존하는 것들을 넘어서서 사유된다는 의미이다. 버라드는 이 인터뷰에서 비인간의 생명력과 표현력에 대해 구체적인 표현을 들려준다. 그녀는 행위역능은 응답-능력Response-Ability, 상호 응답의 가능성에 대한 것이라고 하면서, 느끼고, 욕망하고, 경험하는 것은 인간 의식만의 고유한 특성이 아니며, 물질도 느끼고, 대화하고, 고통받고, 욕망하고, 갈망하고, 기억한다고 주장한다(Ibid., p. 55, p. 59).

버라드는 2012년 논문 「만짐에 대하여: 그러므로 나인 비인간」 (On Touching—The Inhuman That Therefore I Am.)에서는 "만짐"과 "감각하기"는 응답의 문제이며, 우리들 각자는 타인과 "접촉하는" 존재로서, 즉 타인에 대해 책임지는 존재로서 구성된다고 강조한다(Barad 2012b, p. 7). 여기서 우리가 만지고 우리에 의해 만져질 수 있는 타자는 인간뿐만 아니라 비인간까지 포함한다. 버라드는 책임과 정의를 생각한다면 우리 몸을 지나치고 우리 몸을 통해 살아온 비인간의 존재에 직면해야만 한다고 한다(Ibid., p. 10). 타자의 무한성에 대한 우리의 책임은 인간뿐만 아니라 비인간에게도 확장되며, 우리는 이 낯선 이에게 연민을 갖고 응답할 수 있어야 한다는 것이다.

버라드는 2014년 논문 「회절을 회절시키기. 함께-따로 끊기」 (Diffracting Diffraction. Cutting Together-Apart)에서 양자 얽힘은 다

른 의미의 책임성, 다른 의미의 응답-능력을 요청한다고 강조한다
(Barad 2014, p. 178). 그녀는 산타크루즈의 바닷가를 산책하며 자
신이 회절과 얽힘에 대한 사유로 거듭 되돌아가게 된다고 고백하면
서 얽힘의 윤리를 낭만적으로 묘사한다. 버라드는 "지금-여기"에 다수
가, 무한함이 응축돼 있으며, "모래 한 알, 흙 한 줌"도 시공간을 가로질
러 회절되고 얽혀 있으니 우리를 관통하는 이러한 시공간물질의 두터
운 얽힘에 응답하고 책임질 수 있어야 한다고 제안한다(Ibid., p. 184).

인용 및 참고문헌 ···

Alaimo, S. and Hekman S., 2008. "Introduction: Emerging Models of Materiality in Feminist Theory," in S. Alaimo and S. Hekman(eds.), *Material Feminisms*, Bloomington: Indiana UP.

Barad, K., 2003. "Posthumanist Performativity: Toward an Understanding of How Matter Comes to Matter," *Signs* 28(3), pp. 801-831.

＿＿, 2007. *Meeting the Universe Halfway: Quantum Physics and the Entanglement of Matter and Meaning*, Durham, NC: Duke UP.

＿＿, 2010. "Quantum Entanglements and Hauntological Relations of Inheritance: Dis/continuities, SpaceTime Enfoldings, and Justice-to-Come," *Derrida Today* 3(2), pp. 240–268.

＿＿, 2012a. "Interview with Karen Barad," in R. Dolphijn and I. Tuin(eds.), *New Materialism: Interviews and Cartographies,* Ann Arbor: Open Humanities Press, pp. 48-70.

＿＿, 2012b. "On Touching—The Inhuman That Therefore I Am," *Differences* 23(3), pp. 206-223.

＿＿, 2014. "Diffracting Diffraction: Cutting Together-Apart," *Parallax* 20(3), pp.

168-187.

Hollin, G., et al., 2017. "(Dis)entangling Barad : Materialisms and ethics," *Social Studies of Science* 47(6), pp. 918-941.

Jagger, G., 2015. "The New Materialism and Sexual Difference," *Signs* 40(2), pp. 321-342.

7. 신유물론, 해러웨이, 퇴비주의*

주기화

우리는 인간이 아니라 퇴비다

도나 해러웨이Donna Haraway는 2014년 캐리 울프Cary Wolfe와의 인터뷰에서, 크리터들Critters[1]과 우리가 위험에 처한, "여기"는 어디이고, "우리"는 누구인지 묻는다(Haraway 2016a, p. 217). 그의 대답은 이렇다. "우리가 사는 곳은 인간성Humanities이 아닌 부식토성Humusities을 띠며"(Haraway 2016b, p. 97), "우리에게는 인간성 Human-ities 대신, 부식토성Humus-ities이 있다(Franklin 2017, p. 51). "우리는 부식토Humus이지, 호모Homo나 인간Human이 아니다, 우리는 퇴비Compost이지, 포스트휴먼Posthuman이 아니다"(Haraway 2016b, p. 55). 그는 인류세와 자본세로 손상된 지구에서 크리터들,

---

* 이 글은 2022년 2월 『비교문화연구』 제65집에 게재된 필자의 「신유물론, 해러웨이, 퇴비주의」를 이 책의 목적에 맞게 수정·보완한 것임을 밝힙니다.

1 크리터들이란 "미국에서 온갖 종류의 성가신 동물을 가리키는 일상적인 관용어"로 해러웨이는 이 말의 의미를 확장해서 "미생물, 식물, 동물, 인간과 비인간, 그리고 때로는 기계까지 잡다한 것들을 포함한다"(Haraway 2016b, p. 169).

다종Multispecies이 함께 잘살고 잘 죽기 위해서는 인간인 우리가 퇴비가 되어야 한다고 주장한다. 이것은 크리스틴 싱클레어Christine Sinclair와 새라 헤이즈Sarah Hayes의 말처럼 "놀랍고 당혹스러운 대체Substitution"라고 할 수 있다(Sinclair and Hayes 2019, p. 124). 농담일까? 해러웨이는 "농담"이지만 농담 이상이라고 말한다(Franklin 2017, p. 51). "철학적으로 그리고 물질적으로, 나는 퇴비주의자Compostist이지 포스트휴머니스트Posthumanist가 아니다"(Haraway 2016b, p. 97)라는 그의 반복적 선언은 농담 이상으로 진지하다.

해러웨이는 『사이보그 선언』에서 『반려종 선언』에 이르기까지 자연과 문화 이분법을 넘어서는 새로운 관계 맺기 방식을 사이보그Cyborg와 반려종Companion Species이라는 은유로 제시해왔고, 이제 퇴비라는 은유를 통해 쑬루세Chthulucene에서의 다종 퇴비 공동체Multispecies Compost Community'를 강조하는 방향으로 나아가고 있다. 그에 따르면 인간은 원래 땅속에서 온갖 크리터들과 함께 서로를 오염시키고 감염시키면서 뒤얽혀 서로를 만드는 존재, 퇴비다. 인간은 원래 예외적인 인간, 신에 가까운 근대적 인간이 아니다. 해러웨이는 휴먼의 잔향이 남아 있는 기존의 포스트휴머니즘을 인간 예외주의와 "추상적 미래주의Abstract Futurism"로 비판하면서(Ibid., p. 4), 포스트휴머니즘과 결별하는 새로운 "윤리-존재-인식-론Ethico-onto-epistem-ology"(Barad 2007, p. 185)을 제안한다. 필자는 인간은 퇴비라는 그의 선언과 새로운 윤리-존재-인식-론을 '퇴비 선언The Compost Manifesto'과 '퇴비주의Compostism'로 부를 것을 제안하는 바이다. 퇴비주의는 우리가 원래 퇴비임을 인식하고 "살 만한, 번성하는 세계"를 위해, 타자들과 "함께-되기Becoming-With"라는 여러 겹의 기이한 실천을 가차 없이 시도하라고 촉구한다(Haraway 2016b, p. 168), 인간의 자격과 역량에 대해 새롭게 이야기하는 퇴비주의는 오늘날 냉소와 공포를 넘어, '트러블과 함께하는Staying with the Trouble' 활기찬 관점을 제공한다는 점에서 기존의 담론들과 차별화된다.

이 글은 해러웨이의 '퇴비 선언'이 어떤 맥락에서 나왔고, 세계를 이해하는 관점을 어떻게 바꾸었는지, 그리고 왜 지금 이것이 필요한지 살펴보려 한다. 이를 위해 첫째, 르네 데카르트의 이원론을 해체하는 해러웨이의 '자연문화Naturecultures' 개념을 신유물론 페미니즘New Material Feminism 맥락에서 살펴본다. 둘째, 인간은 퇴비라는 해러웨이의 윤리-존재-인식-론을 생태진화발생생물학Ecological Evolutionary Developmental Biology, EcoEvoDevo 차원에서 과학적·직관적으로 이해하기 위해, 린 마굴리스Lynn Margulis의 공생발생Symbiogenesis 이론, 마이크로바이옴Microbiome 개념, 비키 헌Vicki Hearne의 동물권 인식을 차용하여, 장내 미생물과 인간의 공동생성적Sympoietic 반려관계를 살펴볼 것이다. 셋째, 기존의 포스트휴머니즘을 인간 예외주의와 추상적 미래주의로 비판하면서, 포스트휴머니즘과 결별하는 그의 새로운 윤리-존재-인식-론을 '퇴비주의'로 부를 것을 제안한다.

신유물론과 페미니즘

근대로 접어드는 문턱이자 신이 사라진 시대인 17세기에 인간을 정의하는 데 있어 "유럽은 갈림길에 직면했다. 그들에게는 두 가지 선택지인 데카르트의 길과 바뤼흐 스피노자의 길"(히켈 2021, p. 352)이 있었다. 일신교적이고 기계론적인 사고에서 출발한 데카르트는 인간은 두 개의 실체인 마음(영혼)과 물질로 구분된다고 보았다. 마음은 특별하며 신의 영역이고, 몸은 비활성이고 기계적인 물질, 자연의 영역이다. 마음을 가진 인간은 이성이 있어서 생각할 수 있지만, 나머지 세계는 생각하지 못하므로 마음껏 착취해도 된다고 여겼다. 스피노자는 데카르트와 정반대로 생각했다. 그는 우주가 하나의 궁극적 원인으로부터 출현했으므로 신과 영혼, 인간과 자연이 다른 종류처럼 보일지 모르지만 하나의 실체에 의해 지배되는 다른 측면들이라고 주장했다(Ibid., p. 351). 그의 일원론적 우주Monistic-Universe 개념은 모든 것이 물질이자 마음이자 신이라고 본다. 이것은 초월적인 신을 부정하고 인간의 자연 지배를 어렵게 만드는 것이었다. 데카르트의 이원론은 과학적, 경험적 증거에 기반하지 않았지만 "교회의 권력을 키우고, 노동과 자연에 대한 자본주의적 착취를 정당화했으며, 식민주의에 도덕적 면죄부를 부여했기 때문에" 지배층에서 대중화되었다(Ibid., p. 349). 결국 "교회와 자본의 든든한 뒷배 덕분에 데카르트의 관점이 승리를 거두었고" 이는 지배층에 정당성을 부여했다(Ibid., p. 352).

데카르트를 포함한 서양 철학자들은 정신과 몸을 구분하고 항상 정신에 우위를 두었지만, 사실 삶에서 몸과 정신의 층위들은 식별이 거의 불가능하다. 오늘날 과학자들은 정신과 물질, 인간과 비인간Nonhuman 존재들 사이에 근본적 구별과 차이가 없음을 확인했다. 인간과 동물은 동일한 생물로부터 진화했고, 우주는 동일한 양자물리학의 지배를 받는다. 기계론적 과학에 입각했던 데카르트의 이원론이 현대 과학에 의해 무너지고, 이제 스피노자는 현대 유럽 철학과 과학사에서 최고의 사상가로 찬양받고 있다(Ibid., p. 353). 스피노자 등의 일원론적 우주관을 토대로 하는 현대 학계의 흐름이 바로 신유물론이다. 과학이 변하면서 존재론적 패러다임이 일원론적인 신유물론으로 바뀌었지만, 여전히 우리는 데카르트의 이원론적 문화, 즉 지하로 내몰렸지만 죽지 않고 살아 있는 근대성 속에 살고 있다. 그 결과가 인류세의 기후변화이고, 코로나19 팬데믹이다. 이원론 대신 일원론 사상이 지지되었더라면 세상은 다를 수도 있었다.

세계를 이분하여 서로를 배타적 관계로 보는 이원론의 역사와 철학은 특권적인 소수 지배계급을 정당화하기 위해 만들어지고 학습된 것이다. 이원론적인 근대적 인간은 한낱 이데올로기이자 신화에 불과하다. 해러웨이의 말처럼 "우리는 살Flesh 속에서 이데올로기만으로는 다 설명할 수 없는 방식으로 서로 함께 살아간다"(Haraway 2016a, p. 109). 인간에 의해 야기된 여섯 번째 대멸종의 시기에 다른 방식으로 보기, 다른 이야기를 해야 한다. 해러웨이는 이데올로기보다 훨씬 더 큰 "이야기들Stories"에 우리의 희망이 있다고 본다(Ibid., p. 109).

해러웨이는 "서구 전통에서는 특정 이원론들이 유지되어 왔다. 이 이원론 모두는 여성, 유색인, 자연, 노동자, 동물―간단히 말해 자아를 비추는 거울 노릇을 하라고 구성된 타자―로 이루어진 모든 이를 지배하는 논리 및 실천 체계를 제공해왔다"고 요약한다(Ibid., p. 59). 이 골치 아픈, 끔찍할 정도로 내구성이 입증된 이항대립적인 이원론 때문에 실로 오랫동안 여성의 몸은 자연과 연관되었고, 페미니스트들은 물질에 대한 공포, 자연이라는 유령에 사로잡혀 있었다.

20세기 초 시몬 드 보부아르는 '여성은 태어나는 것이 아니라 만들어진다'라며 여성과 자연의 고리를 어떻게든 끊어내려 했지만 사회학적 성Gender을 강조할수록 오히려 이원론을 강화할 뿐만 아니라, 물질적인 몸을 무시하고 소거하는 꼴이 돼버렸다.

그러나 몸 없이는 여성도 페미니즘도 세계도 존재할 수 없다. 이원론에 발목이 잡히지 않으면서도 몸에 대한 새로운 시각을 확보할 수 있는 토대, 몸의 물질성을 복원하고 새롭게 담론화할 수 있는 방법론이 필요했다. 스테이시 앨러이모Stacy Alaimo와 수전 헤크먼Susan Hekman은 "그 자체로도 활동적이고 때로 저항적인 힘인 몸의 물질성에 대해 우리가 말할 방식이 필요하다"라고 보았다(Alaimo and Hekman 2008, p. 4). 페미니스트들은 이제 생물학적 결정론과 성/젠더 이분법에서 빠져나오기 위해, 오히려 물질과 몸을 강조하고 재정의하면서 그것의 행위 능력에 주목한다. 이들은 새롭게 등장한 닐스 보어의 양자역학적 인식틀과 사이버네틱스 이론, 그리고 기존의 스피노자와 앨프리드 N. 화이트헤드 등이 주장한 정신-물질 일원론을 페미니즘적으로, 탈인간중심적으로 읽어내면서 이항대립적 구도에서 빠져나와 유물론적 전회, 신유물론을 선도하고 있다. 현재 신유물론은 인류세를 위한 이론으로서 "여러 방면에서 최고조에 도달하고 있으며"(Dolphijn and Tuin 2012, p. 16) 그 최전선에 페미니즘 사상가이자, 생물학자, 과학학자, 문화비평가인 해러웨이가 있다. "우리 시대에 스피노자의 프로젝트를 수행하는" 그의 연구는 페미니스트들에게 영감을 주면서 신유물론 구석구석에 스며 있다(Negri and Hardt 2000, p. 91).

해러웨이의 자연문화 : 사이보그와 반려종

신유물론은 데카르트적 이원론을 해체하기 위해, 해러웨이가 "자연문화Naturecultures"라고 부른 것에 초점을 맞춘다(Haraway 2016a, p. 94). 더 정확히는 이원론의 대립항들에서 무시되어 왔던 물질에 특별한 관심을 둔다. 해러웨이는 평생을 데카르트의 이원론과 대결했고, 그 대결을 위한 핵심 개념이 '자연문화'이다. 그는 문화와 분리된 자연이 없음을 나타내기 위해 두 단어를 붙여 '자연문화'라고 부른다. 자연문화란 자연과 문화로 대표되는 이항대립적 항들의 연속성, 분리불가능을 나타낸다. 사이보그, 반려종, 퇴비, 코로나 팬데믹, 기후변화, 인간 등 세상 모든 것들은 자연과 문화의 합작품, 자연문화적 현상들이다.

해러웨이의 사이보그는 유기체와 기계, 물질과 비물질, 인간과 동물의 경계가 와해되며 출현하는 자연문화의 대표적인 이미지로, "이원론의 미로에서 탈출하는 길을 제안한다"(Ibid., p. 67). 테크노사이언스에 의심의 눈초리를 보냈던 당시의 페미니스트들과는 달리, 그는 "기계는 우리이고, 우리의 과정들, 체현의 한 측면"이라고 보았다(Ibid., p. 65). 해러웨이는 유전자변형생물체GMO 기술에도 원칙적으로 반대하지 않는다. '이익을 쥐어 짜내는 자본이 장악한 GMO 기술'에만 반대할 뿐이다. 이 때문에 『트러블과 함께하기』에서는 각종 멸종위기 종들의 유전자를 접합한 인간-동물 공생자Symbiont를 미래의 지구인으로 상상한다. 이처럼 그는 하나의 실재를 지배와 가능성이라는 두 관점에서 동시에 볼 것을 요청한다. 그것이 정치 투쟁이기 때문이다. 우리는 무조건 기술을 옹호만 해서는 안 되겠지만, 무조건 기술에 공포감만 느껴서도 안 될 것이다. 특히 "기술공포증은 새로운 기술을 만드는 데 쏟은 인간의 에너지, 지능, 상상력의 엄청난 투자를 부정한다는 점에서" 부적절하다(브라이도티 2020, p. 280).

해러웨이의 반려종 또한 자연/문화 이분법에 문제를 제기하는 이미지이다. 그는 자신의 반려견 미즈 카옌 페퍼Ms. Cayenne Pepper와의 밀접한 신체적 관계를 통해 개가 자신의 세포를 몽땅 "식민화하고" 있어서, DNA 검사를 해보면 둘 사이에 "감염"이 이루어졌음이 밝혀질 거라면서 이는 공생발생의 분명한 사례라고 말한다(Haraway 2016a, p. 93). 마굴리스에 따르면 공생발생이란, "장기간 지속적으로 공생관계가 확립됨으로써 새로운 조직, 기관, 생물, 더 나아가 종이 생성되는 것"을 말한다(Margulis 1998, p. 8). 해러웨이의 개 이야기는 인간과 개의 연결된 관계가 서로의 살 속에 체현된, "자연문화의 공생발생적 세포 조직"을 잘 보여줄 뿐만 아니라, 그들의 공진화Coevolution 역사에서 무시되었던 개의 능동적인 행위 능력을 강조한다(Haraway 2016a, p. 108).

반려Companion라는 말은 식탁에 둘러앉아 함께 빵을 나눈다Cum-panis는 라틴어에서 비롯됐다. 식구, 반려, "소중한 타자들Significant others"의 관계는 좋을 때도 있고 나쁠 때도 있다(Ibid., p. 134). 반려 인간과의 소통은 반려 동물과의 소통보다 더 불통일 때가 많다. 반려와의 관계는 달콤한 천국이기도 하지만 지옥이기도 하다. 그렇지만 서로에게 꼭 필요한 존재다. 반려들은 좋을 때나 나쁠 때나, 죽음이 그들을 갈라놓을 때까지 "가족"이며, 이 가족은 상속된 역사라는 "괴물의 뱃속에서 자라났고, 변형되기 위해서는 그 안에서 살아야 한다"(Ibid., p. 108). 반려종은 생물학적 분류군인 '종Species' 범주를 거부하면서, 인간과 동식물은 물론 기계 사이의 종을 가로지르는 반려 관계를 단위로 한다. 반려종에게 분석의 최소 단위는 유전자가 아니라 "관계"다(Ibid., p. 111). 반려종은 홀로 되는 것이 아니다. "하나의 반려종을 만들려면 적어도 두 개의 종이 있어야 한다. … 공구성적 Co-Constitutive 관계를 이루는 어느 쪽도 관계보다 먼저 존재하지 않으며, 이런 관계는 단번에 맺어질 수도 없다"(Ibid., p. 103).

해러웨이의 '퇴비주의'

공동생성, 테라폴리스

해러웨이는 반려종의 공구성적 관계를 나타내기 위해, "공동생성 Sympoiesis"이라는 새로운 용어를 만든다(Haraway 2016b, p. 33).[2] 움베르토 마투라나Humberto Maturana와 바렐라Francisco Varela가 제안한 '자기생산Autopoiesis'에서 '자율Auto'을 '함께Sym'로 바꾼 '공동생성'

2　Sympoeisis는 '함께 생산하다,' '함께 제작하다'는 뜻으로 사람에 따라 '공동생성'(홍성욱 2021, p. 9), '공동제작'(김애령 2020, p. 20), '공생발생'(김은주 2020, p. 365), '공-산'共-産(최유미 2020, p. 7) 등으로 번역하는데, '공-산'은 마르크스의 이분법적 정치학을 상기시키고, '공생발생'은 마굴리스의 공생발생과 혼동되며, '공동제작'은 생물학적 뉘앙스를 살리지 못하므로, '공동생성'으로 번역하고자 한다. 1998년 뎀스터M. Beth Dempster가 "자기-규정적인 공간적 혹은 시간적 경계가 없는 집합적 산출 시스템을 칭하기 위해" 해러웨이보다 먼저 제안한 용어이기도 하다(Haraway 2016b, p. 33).

을 제안하여, 반려종들의 상호구성적이고 상호유도적인 방식의 함께 만들기, 공진화를 강조한다. 그는 "공동생성은 단순한 낱말이다. '함께 만들기Making-With'라는 뜻이다. 어떤 것도 자기 자신을 스스로 만들지는 못한다. … 지구 생명체들은 결코 혼자가 아니다. 이것이 공동생성의 근본적인 함의다. … 이것은 함께-세계 만들기Worlding-With를 위해 쓰이는 말이다"라고 설명한다(Ibid., p. 58).

반려종들의 공동생성은 패턴을 만들어서 주고받는 "실뜨기String Figures" 게임을 닮았다(Ibid., p. 10). 실뜨기 게임의 플레이어들인 "크리터들은 테라폴리스Terrapolis라고 불리는 N-차원의 틈새 공간에 산다"(Ibid., p. 11). 죽을 운명의 크리터들은 하늘보다는 진흙의 존재자들로서 "수많은 장소와 시간, 수많은 물질과 의미의 무한 연쇄에 얽혀 있다"(Ibid., p. 1). 이들이 얽혀 있는 공간이 테라폴리스다. 테라폴리스는 땅, 지구를 의미하는 테라Terra와 정치체를 의미하는 폴리스Polis를 합성한 말로, 크리터들은 이 테라폴리스에서 모두 등등한 권리를 지닌 시민으로서, 죽고 사는 뒤얽힌 문제를 풀기 위해 협상하고 배신하고 연대하고 싸우는 정치적인 플레이어들이다. 매듭을 만들고 푸는 크리터들의 정치 지대인 테라폴리스는 의외의 반려종을 위한 공간으로, 그들은 근대인들이 그어 놓은 이분법의 경계를 알지 못한다. 인간과 비인간, 포식자와 먹이, 주인과 노예가 어느 날 느닷없이 둘도 없는 반려가 된다.

테라폴리스는 크리터들이 언제나 너무나 많이 연결된 그물망, 중적분 방정식이다. 삶은 크리터들이 함께 풀어야 할 숙제라는 의미다. 플레이어들은 가능한 답을 찾기 위해, 즉 연결망 속에서 잘살고 잘 죽기 위해, 어떻게든 서로에 대한 "응답-능력Response-Ability"을 키워야 한다(Ibid., p. 2). 응답하지 않거나, 성의 없이 기계적으로 응답하면 실뜨기 게임은 끝나고, 직물은 풀어져서 너도 죽고 나도 죽는다. 크리터들은 지금 인간 때문에 풀려가는 직물 위에서 모두가 위태롭다. 고정된 실체가 아닌 과정으로서의 테라폴리스에서 문제와 응답, 실뜨기 매듭의 풀기와 엮기는 계속 갱신되어야 한다. 그래서 크리터들은 테라폴리스에서 테라포밍Terraforming이라는 예술에 종사한다.

테라폴리스는 "호모Homo로서의 인간Human, 즉 더없이 우화적이고 발기하고 위축하는, 남근 숭배적 동일자의 자아상," "하이데거와 그의 추종자들이 이론화한 실존주의적이고 유대 없는 고독한 인간"을 위한 "고향Home World"이 아니다(Ibid., p. 11). 이들은 트러블과 함께하기 위한 고향, 테라폴리스를 만들 역량이 없다. 그렇다면 어떤 종류Kind의 인간이, 트러블과 함께하기 위한 고향인 테라폴리스의 시민이자 친척Kin이 될 자격이 있단 말인가?

인간 말고 퇴비가 자격이 있다

해러웨이에 따르면, 'Human'은 게르만 조어와 고대 영어에서 온 'Guman'에서 왔는데, 'Guman'은 땅의 일꾼이자 땅속의 일꾼을 의미한다(Ibid.). 'Guman'과 'Human'은 땅과 크리터로 오염된 종류의 일꾼을 의미한다. 이 단어는 이후, 부식토Humus, 인간Humaine, 신들에 반대하는 땅의 존재들Earthly Beings로 다양하게 파생되었다. 해러웨이는 이러한 어원으로부터 땅속의 크리터, 부식토라는 의미를 끌어내어, "우리는 부식토이지, 호모나 인간Anthropos이 아니다, 우리는 퇴비이지, 포스트휴먼이 아니다"라고 선언한다(Ibid., p. 55).

최유미에 따르면 원래 "퇴비는 농작물을 키우기 위해 만드는 거름으로 박테리아들이 죽은 유기체를 먹고 만든 배설물이다. 죽은 유기체가 박테리아의 먹이가 되고, 박테리아의 배설물은 토양을 비옥하게 만들어서 농작물을 키우는 식으로 퇴비는 삶과 죽음의 계속성을 만들어낸다"(해러웨이 2020, p. 13). 인간은 원래 땅속에서 온갖 크리터들과 함께 서로를 오염시키고 감염시키면서 뒤얽혀 발효하면서 서로를 만드는 존재들, 퇴비다. 인간은 원래 호모로서의 예외적인 인간, 근대적 인간이 아니다. 테라폴리스는 원래의 의미인 '땅 속의 일꾼', 부식토로 변형될 인간만을 위한 고향이지, 포스트휴먼을 꿈꾸는 인간을 위한 고향이 아니다. 그래서 우리가 인류세의 트러블과 함께하기 위해서는, 포스트휴먼이 아니라 부식토, 퇴비임을 깨닫고, 크리터들 사이에서 일어나는 "신진대사 변형"에 과감히 뛰어들어야 게임할 자격이 있다(Haraway 2016b, p. 102). "테라폴리스는 반려종, … 포스트휴먼이 아니라 퇴비를 위한 것이다"(Ibid., p. 11). 테라폴리스는 퇴비 더미이고, 인간은 퇴비이자 크리터로서 다른 크리터들과 퇴비를 만든다. 퇴비는 함께 식탁에서 먹고 먹히는 식사 동료인 반려종들의 공생적 얽힘, 공동생성을 보여주는 구체적 형상이다. 그는 프랭클린과의 2016년 인터뷰에서, 퇴비 은유는 우리를 쉽게 다종 속으로, 부식토 속으로, 지구에 관한 것들, 지구를 위한 것들 속으로 데려가기 위한 전략이자, "범주들을 너무 진지하게 여기는 것에 대해 거부하는" 것이라고 말한다(Franklin 2017, p. 50).

퇴비는 땅속에Chthonic 사는 것들, 서로 얽히고, 진행 중이고, 생성적이고, 파괴적인 지구의 존재들과 거의 동의어다. 퇴비는 땅과 깊이 관련된 관용어로서 다종의 삶과 죽음, 먹고 먹히기, 상호의존적인 뒤얽힘, 공생, 자연문화를 구체적으로 보여준다. 해러웨이는 우리가 지구에 살면서 온갖 크리터들과 함께 생성중인 퇴비임을 자각하라고 촉구한다. 그에 따르면 우리에게는 인간성 대신, 부식토성이 있다(Ibid., p. 51). 부식토성이란 인간을 포함한 모든 크리터가 공동생성적 얽힘 속에서, "생태-진화-발생의 현실적인 세계 만들기Worlding와 해체하기 속에서 서로 함께 되고, 구성하고, 분해하는" 성질을 뜻한다(Haraway 2016, p. 97). 부식토성을 가진 우리는 모두 퇴비다. 해러웨이는 "우리가 호모인 인간을 잘라내고 갈가리 찢어버릴 수 있다면 부식토로서의 인간은 잠재력이 있다고 본다"(Haraway 2016b, p. 32). 그는 위태로운 이 시대를 인간이라는 단어로 명명하는 것은 너무나 주제넘고, 편협하므로 땅속의 많은 친척을 아우르는 단어인 'Chthonic'을 사용하여 인류세와 자본세 대신 쑬루세라고 새롭게 명명한다. "쑬루세는 공-지하적인Symchthonic 것들, 공생발생적이고 공동생성적인 지상의 것들의 시공간이다"(Ibid., p. 71). 해러웨이가 볼 때 인류세와 자본세는 "주된 행위자를 자본주의와 인간이라는 너무나 큰 이야기들 속의 너무나 큰 플레이어들에만 국한하기" 때문에(Ibid., p. 55), 냉소주의와 패배주의에 가담하기 쉽다. 그는 "쑬루세에서 강력한 연대를 통한 함께 살기와 함께 죽기는 인간과 자본의 명령에 대한 치열한 대응일 수 있다고 본다"(Ibid., p. 2).

우리는 퇴비다

인간은 퇴비라는 해러웨이의 윤리-존재-인식-론을 생태진화발생생물학으로 이해하기 위해, 그가 영감을 받은 공생발생 이론과 마이크로바이옴 개념을 차용하여, 인간과 공생 미생물의 공동생성적 관계를 경유해보자. 린 마굴리스는 "진화적 변화를 유발하는, 장기적인 안정적 공생을" 공생발생이라고 부른다(Magulis and Sagan 2000, p. 33). 공생Symbiosis이란 상이한 생물들이 함께 사는 것이다. 해러웨이에 따르면, 이종異種 개체들 사이에서 일어나는 지속적인 신체적 결합은 그것이 무엇이든 즉, "한쪽에 이롭든 양쪽에 이롭든, 혹은 그 이상이든 이롭지 않든 관계없이" 모두 '공생'이다(Haraway 2016b, p. 218). "공생은 "상호 이익이 되는"이라는 말과 동의어가 아니다"(Ibid., p. 60). 공생은 종 진화의 엔진이라고 할 수 있으며, 인간도 이로부터 생성·진화해왔다. 인간의 계보를 끝까지 거슬러 올라가면 세균, 미생물이 나온다. 마굴리스는 "인간은 신의 창조물이 아니라 매 순간 반응하는 미생물들이 수십 억 년에 걸쳐 상호작용한 산물이다"라고 말한다(Margulis 1998, p. 5).

해러웨이에게 "퇴비 더미는 다양한 젠더와 다양한 종류의 크리터들이 발효하는 마이크로바이옴이다"(Haraway 2016b, p. 25).[3] 우리가 인식하기도 인정하기도 쉽지 않지만, 사실 우리 몸은 마이크로바이옴에게 완전히 점령되어 있다(Yong 2016, p. 2). 우리의 피부, 내장, 세포, 게놈은 온통 미생물투성이이다. 우리 몸에는 약 100조 개의 미생물이 인간과 공존한다. 몸에서 인체 세포가 차지하는 비율은 10퍼센트에 불과하다. 이 공생 미생물들이 없다면 인간은 독립된 단위로 생존이 불가능할 뿐만 아니라 지금과 같은 모습으로 진화하지도 못했을 것이다. 왜냐하면 이 미생물 대부분은 유전자 발현을 조절

---

3 마이크로바이옴은 미생물분류군을 의미하는 마이크로바이오타Microbiota와 게놈Genome의 합성어로, 우리 몸속에 살고 있는 미생물과 이들의 유전정보 전체, 미생물군유전체, 미생물군집을 의미한다.

하거나 염증 발생에 관여하는 물질을 분비하여 우리 몸의 대사, 영양, 면역, 신경 등을 조절하기 때문이다.

우리는 브뤼노 라투르의 말처럼 인간과 비인간이 상호의존적으로 구성된 하이브리드Hybrids, "집합체Collective"라고 할 수 있다(Latour 1993, p. 4). 비인간 타자와 구분되는 독립적이고 순수한 '나 자신' 같은 것은 환상이다. 인간의 순수성에는 신학적 혐의가 있다. 개체였던 적이 없었던 우리는 개체를 다시 정의하고 비인간과 인간의 불가분성, 비인간의 주요한 행위 능력을 인식해야 한다. 그럼에도 불구하고, "인간은 산호초에서든 인간의 소화관에서든, 미생물과 인간의 공생관계를 파괴함으로써, 지난 수백만 년 동안 함께해 온 종들을 강제로 떼어놓고 있다"(Yong 2016, p. 141). 인간 인식과 실재 사이의 거리는 비극적으로 멀다. 해러웨이는 "경계가 있는 개체주의Bounded Individualism"는 더 이상 사유의 수단으로는 쓸모없게 되어 버렸다고 말하면서, 대신 퇴비 은유를 가져온다(Haraway 2016b, p. 5).

일종의 생태계인 대장大腸의 마이크로바이옴은 전적으로 우리에게 의존해서 살아간다. 그들은 우리가 소화하지 못해서 남은 음식물을 주로 먹고산다. 우리가 먹는 음식물은 그래서 중요하다. 하지만 정작 우리에게 중요한 것은 이들이 뭘 먹는지가 아니라 무엇을 배설하느냐이다. 마이크로바이옴은 천 가지가 넘는 다양한 물질을 만드는데, 이것이 대장 벽을 통해 우리 혈관으로 들어가고, 이후 이 고속도로를 타고 간, 뇌 등 어떤 장기에도 쉽게 다다를 수 있다(천종식, 2018). 그리하여 우리의 건강과 질병, 성생활과 진화까지 좌우한다. 예를 들어 우리의 배설물, 즉 "먹이"는 마이크로바이옴에 영향을 주고, 그들의 배설물은 우리의 "체취"에 영향을 주고, 체취는 성적 매력에 영향을 주어, 파리에서부터 인간까지 공생 미생물은 "성생활"과 생식, 유전적 종분화에 중요하다(Yong 2016, p. 161).

팀 스펙터Tim Spector는 "우리가 음식을 먹을 때 단순히 인체에 영양을 공급하는 것이 아니라, 우리 장 안에 살고 있는 수조 마리의 미생물들에게 먹이를 주는 것"이라고 말하는데(김병희 2021), 우리가 그들에게 먹이를 주는 이유는 그들의 배설물을 받아먹기 위해서다. 우리의 배설물은 장내 미생물의 먹이가 되고, 그들의 배설물은 우리 몸을 만든다. 미생물들, 박테리아들이 먹고 만든 배설물로 만들어진 우리 몸은 말 그대로 퇴비다. "퇴비 속에서, 우리는 식탁에 함께한다"(Franklin 2017, p. 51). 퇴비는 다종의 삶과 죽음이 상호의존적, 연속적으로 뒤얽힌 구체적인 형상이다. 이것은 "자신의-꼬리를-삼키는-뱀" 우로보로스Ouroboros를 닮았는데, 입과 똥구멍이 연결되어 배설물을 먹는 이 뱀은 헬레니즘적인 전일적 완성이 아니라 물질적 순환 과정을 나타낸다(Haraway 2016a, p. 280).

균본주의

미생물과 인간의 공생적 얽힘인 마이크로바이옴, 즉 퇴비 속에서 이들 공-지하적인 반려들은 서로의 몸을 함께 만들면서 거듭 출현한다. 이들은 종을 넘어서는, 환원 불가능한 차이를 넘어 이루어지는 "소통"의 결과물이다(Ibid., p. 140). 인간의 언어와는 다른 매개로 진행되는 대화에서 미생물들이 우리에게 무슨 이야기를 하고 있으며, 무엇을 바라는지, 지속적인 관심을 가지고 주의 깊게 살펴야 한다. 서로의 신호를 잘 이해해야 하고 마음을 잘 읽어야 한다(Ibid., p. 178). 미생물들과 우리의 이러한 밀월관계의 산물, 퇴비가 우리의 몸이다. 그래서 해러웨이에게 "퇴비 만들기는 끝내주는Composting is So Hot!", 에코섹슈얼Ecosexual 러브스토리다(Haraway 2016b, p. 32, p. 175). 이 밀월관계가 뜨겁지 않아 냉랭하거나 서로 오해하여 불화하면 질병 위험이 높아져 모두의 생명이 위태로워진다.

예를 들어, 장내 미생물의 중요한 활동 중 하나는 우리의 면역계를 훈련시키는 것이다. 면역계가 나쁜 균들을 식별하고, 면역물질인 사이토카인Cytokine을 분비하고, 이 물질을 과다하게 분비하지 않도록 훈련시킨다. 훈련이 잘못되면, 퇴치 대상인 항원을 넘어 인체를 공격하는 '자가면역질환'이 발생한다. 미생물들이 우리의 면역 시스템을 잘 가르치고 훈련시키는 것이 중요하며, 그렇게 하도록 우리가 설득하는 것이 중요하다. 소중한 파트너이자 반려관계인 미생물들과 우리 사이에서, 서로가 익숙해지고 가르치고 설득하는 부단한 훈련은 필수적이다. 해러웨이가 『반려종 선언』을 "면역계를 형상화하면서 시작하는" 이유이다(Haraway 2016a, p. 272).

해러웨이는 반려종으로 관계 맺는 훈련의 중요성을 강조하기 위해 헌의 인식을 경유하는데, "헌은 인간뿐 아니라 개 역시 종에 특유한 방식으로 상황을 도덕적으로 이해하거나 성취를 진지하게 열망하는 능력을 타고난 존재라고 본다"(Ibid., p. 182). 신유물론에 따르면 이러한 개의 능력은 모든 크리터, 세포, 분자에까지 동일하지는 않지만 연속적으로 확대·적용할 수 있다. 필자는 인간이 퇴비임을 직관적으로 이해하기 위해 헌의 이해를, 장내 미생물과 인간의 반려관계에 적용해 보고자 한다. 장내 미생물과 인간이 지난하고 부단한 훈련 과정을 통해 깊은 신뢰가 쌓이면, 원활한 소통과 배설물들의 순환 속에서 온전하고 건강한 퇴비 더미가 된다. 반려관계인 이들은 훈련이라는 관계의 재구성 작업을 통해 서로의 내면에 있는 "소질"을 끄집어내고 이러한 "성취"를 통해 함께 "만족"과 "행복", 즉 웰빙을 얻는다. 이러한 만족과 행복은, 미생물과 인간이 자신들의 아리스토텔레스적 "탁월함을 열망하기", 그 "탁월함에 도달하기 위해 기회를 잡기"와 관련된다(Haraway 2015a, p. 143, p. 180).

장내 미생물, 퇴비 속의 크리터들이 탁월함을 열망하고 시도한다는 생각은 너무 과한 것일까? 우리가 신유물론적 사유에 익숙지 않아서 그렇지, 제인 베넷 같은 생기적 신유물론자들은 틀림없이 왜 미생물들이 탁월함을 열망하고 시도할 수 없다고 쉽게 판단하는지 알고 싶어 할 것이다. 퇴비를 만드는 지렁이들이 "특정 상황과 그 가능성에 맞춰 자신들의 기술을 조정한다"(Bennett 2010, p. 96)고 주장한 다윈 또한 필자의 생각이 과하다고는 생각하지 않을 것이다. 다윈은 45년 동안 지렁이를 탐구하여, 이들이 의식적인 행동과 지적능력을 갖추고 토지를 경작하면서 세계 역사에서 매우 중요한 역할을 해왔음을 밝혔다. 해러웨이의 퇴비 선언의 핵심은 지구 행성을 손상시키는 우리가 이 크리터들을 본받아야 한다는 것이다.

헌은 토머스 제퍼슨의, 경계가 뚜렷하게 분리된 개인들의 자산과 행복에 관한 권리 이해를 비판하면서, 그 "권리"의 기원은 "헌신적인 관계Committed Relationship에 있다"고 보고(Haraway 2016a, p. 144), 이것을 인간과 개의 관계에도 적용한다. 헌의 주장을 반려종의 관계로 확장하면, 미생물과 인간도 '관계'를 통해 서로에 대한 권리를 구축한다고 볼 수 있다. 동물권, 비인간들의 권리는 이미 있어서 찾아내는 것이 아니라 관계에 의해 만들어진다. 이 권리는 서로를 "점유"해서 훈련시키고 개조할 권리다. "반려종이란 가차 없이 함께 되기

Becoming-With이다"(Haraway 2016b, p. 13). '함께 되기' 위해 상대에게 "존중", "주의", "반응"을 요구할 수 있는 권리다(Haraway 2016a, p. 144). 장내 미생물은 특정 인간의 몸을 점유하고, 면역계를 훈련시키면서 그 인간에 대한 권리를 확보한다. 미생물들이 인간(의 면역 시스템)을 훈련시켜 복종시키기란 벅찬 일이다. 그 반대도 마찬가지다. 그러나 이 훈련이 성공적으로 이루어져 관계가 안정되면 "우리는 저마다 독특한 마이크로바이옴을 갖게 되고"(Yong 2016, p. 16), 이것은 목소리, 지문, 홍채처럼 생체인증 수단 중 하나로 쓰인다. 미생물들의 인간에 대한 고유하고 확실한 권리 주장이, 우리를 보증하는 셈이다. 내가 마이크로바이옴 하나를 가지고 있다면, 나의 마이크로바이옴은 인간을 하나 가지고 있는 셈이다. 필자의 이러한 이해는 해러웨이와 헌의 견본주의犬本主義, Caninism를 릴레이해 실뜨기한 균본주의菌本主義, Microbiomism라고 할 수 있다.

나그네 크리터의 기예

우리 몸에서 발견되는 미생물은, 잠깐 들렀다 몸 밖으로 나가는 '나그네'와 계속 몸속에서 살아가는 '주민'으로 대별할 수 있다(천종식, 2018). 나그네든 몸(땅)에 뿌리박은 것들Earthbound이든 이들은 잠시 한 식탁에 둘러앉아 함께 빵을 나누는 한 종류Kind로 묶인 친척Kin일 뿐, 조만간 다른 몸(땅)을 찾아 떠날 나그네들Wayfarers, 여행자들Voyagers이다. 해러웨이의 표현에 따르면, 언제나 떠나고 다시 돌아오는 "방탕한 딸Prodigal Daughter은 계속 나그네로 남는다"(Haraway 2016b, p. 178). 우리 몸은 나그네들인 인간과 미생물들의 일시적인 집합체라고 할 수 있다. 우리가 먹는 음식물이 바뀌거나, 섹스 파트너가 바뀌거나, 방문하거나 머무르는 장소가 달라지거나, 복용하는 유산균과 항생제에 따라 우리의 마이크로바이옴 멤버들은 교체되거나 떠나거나 죽거나 머무른다.

이들이 생각 없이 수동적으로 기계적으로 여행한다고 생각하면 오산이다. 마굴리스와 도리언 세이건Dorian Sagan은 의식을 측정할 수 없다고 해서 동물을 의식이 부재한 "본능적인 기계"라고 단정할 근거는 없다고 본다(Margulis and Sagan 2000, p. 150). 그들은 "가장 단순한 의미에서 의식은 외부 세계를 인식하는 것으로," "자기생산적인 모든 세포 역시 의식이 있다"고 본다(Ibid.). 모든 크리터는 살아 있기 위해 자신의 주변 환경에 끊임없이 감각하고 활발하게 반응, 응답한다. 캐런 버라드 역시 "느낌, 욕망, 경험은 인간 의식만의 고유한 특성이 아니"며, "물질도 느끼고, 대화하고, 고통받고, 욕망하고, 갈망하고, 기억한다"고 주장한다(Dolphijn and Tuin 2012, p. 59).

그래서 나그네 미생물뿐만 아니라 기꺼이 퇴비가 되려는 인간에게도 "모험, 호기심, 새로운 종류의 풍요와 기술에 대한 욕망" 그리고 "떠나려는 오래된 습관"은 매우 중요하다(Haraway 2016b, p. 147). 해러웨이는 "기회주의적인 사회적 종들은 많이 돌아다니는 경향이 있다. 속박당하지 않은 인간들은 언제나 특별한 생태사회적 기회주의자이고, 여행자이고, 길을 만드는 자였다"라고 말한다(Ibid., p. 148). 그가 말하는 기회주의자는 자신의 이익을 위해 기회가 있을 때만 앞으로 나서는 사람이 아니라, 자신의 상황을 나아지게 하려고 기회를 이용하는 사람을 의미한다. 세속적 번성을 위해 기회를 잘 만들고, 이용하는 크리터들은 그래서 순진무구하지 않다. 유능한 나그네 크리터들의 덕목은 의외의 반려종들을 조우할 퇴비 더미에 가차 없이 뛰어들어, 그들과 '함께 되기' 위해 "닥치고 훈련Shut Up and Train"하는 것이다(Ibid., p. 102). 해러웨이가 볼 때 이것이 손상된 행성에서 살아가는 우리에게 필요한 "기예Arts"다(Ibid., p. 87).

이상에서 살펴본 것처럼, 퇴비 더미 속에는 인간과 미생물을 포함하여 음식물 쓰레기, 동물의 똥, 플라스틱, 기계 등 온갖 크리터들이 얽혀 사이보그적 '세계 만들기'를 하고 있다. 「사이보그 선언」이 이 사이보그적 세계 만들기에서 '기술적 존재들Techno Entities'을 도드라지게 전경화했다면, 「반려종 선언」은 '동물'을 전경화했고(Franklin 2017, p. 55), 이제 해러웨이는 '퇴비 선언'을 통해 공-지하적인 크리터들의 '퇴비'를 전경화하면서, 다종의 스토리텔링을 더 포괄적으로 작업 중이다. 필자는 퇴비 은유를 통해 제시하는 그의 새로운 윤리-존재-인식-론을 퇴비주의로 부를 것을 제안하는 바이다.

포스트휴머니즘을 넘어 퇴비주의로

해러웨이는 기존의 이론과 담론들의 퇴비 더미를 섞고 뒤집어 담론 판을 재구성한다. 기존의 포스트휴머니즘을 분석해 ① 인간 예외주의적이고 추상적인 미래주의와, ② '퇴비 만들기Composting'를 지향하는 미래주의로 구분한다.[4] ①에는 기존의 트랜스휴머니스트, 생태근대주의자, 그리고 일부 비판적 포스트휴머니스트들을 포함되

---

4 미래주의는 20세기 초 이탈리아와 러시아에서 등장한 아방가르드 사조다.

는데,[5] 이 일부 비판적 포스트휴머니스트들은 현 상태의 변화를 위해 매우 열심히 일하면서도 신랄한 냉소, ‘게임 오버’식 태도를 보인다. ②는 인구과잉 같은 트러블의 심각성을 인정하면서도, 퇴비 더미에 뛰어들어 부활과 희망의 미래를 이야기하는, ‘트러블과 함께하는’ 미래주의, 퇴비주의라고 할 수 있다. 둘 다 미래를 이야기하지만 성격이 판이하다. 그래서 해러웨이는 ①을 “미래주의”로 ②를 “트러블과 함께하기Staying with the Trouble”라고 부른다(Haraway 2016b, p. 4). 즉, 기존의 포스트휴머니즘을 해체하여 미래주의와 퇴비주의라는 두 가지 갈림길을 제시한다. 그에 따르면, 비판적 포스트휴머니즘일지라도 ①의 성격이면 미래주의이고 ②의 태도를 보이면 퇴비주의이다.

두 번째 부류인 해러웨이의 퇴비주의에 대해서는 앞 장에서 설명했으니, 이제 첫 번째 부류 즉, 해러웨이가 ‘인간 예외주의적이고 추상적인 미래주의’라고 비판하는 포스트휴머니즘에 대해 살펴보자.

포스트휴머니즘 비판 #1: 인간 예외주의적 미래주의

해러웨이에게 ‘포스트휴먼Post-Human’은 “향상된 우주 인류,” 인간의 최종적 궤적을 위해서 지구를 떠나는 종류의 인간을 의미하기 때

---

5 참고로 “포스트휴머니즘 논의는 크게 두 가지로 나뉘는데 트랜스휴머니즘이 인간과 비인간의 관계를 인간중심적으로 보면서 근대 휴머니즘의 연장선 위에 있다면, 비판적 포스트휴머니즘은 비인간을 인간과 동등한 행위자로 호명하여, 세계를 인간–비인간들의 네트워크로 상정한다”(주기화 2019, p. 211).

문에 터무니없는 용어이다(Franklin 2017, p. 50). 그런데 포스트휴머니즘에 대해서는 좀 유보적이었다. 왜냐하면 포스트휴머니즘 표지 아래에서 휴머니즘에 비판적인 아주 중요한 일들이 많이 일어났고, 친구들이 그 아래에서 창조적인 사유를 내놓고 있고, 자신이 포스트휴머니즘에 연루되어 있지만, 정작 자신은 "포스트휴머니즘이라는 용어를 좋아한 적이 없기" 때문이다(Haraway 2016a, p. 261). 왜일까?

사실 포스트휴머니즘과 포스트모더니즘에서 알 수 있듯이 접두사 'Post'는 아직 휴머니즘과 모더니즘에 대해 할 이야기가 있다는 신호여서, 비판적 포스트휴머니즘일지라도 '휴먼'의 잔향이 남아 있다. 또한 포스트휴머니즘은 트랜스휴머니즘의 종착점이라는 오해 또한 늘 달고 다닌다(Sinclair and Hayes 2019, p. 124). 즉 포스트휴머니즘은 휴먼의 잔향이 남아 있거나 가득한, 인간 예외적인 용어다. "어떤 이야기들이 이야기들을 이야기하는지가 중요하다"(Haraway 2016b, p. 66). "다른 이야기를 하기 위해 어떤 이야기로부터 출발하느냐는 중요한 문제다"(최유미 2020, p. 299). 해러웨이는 '휴먼'을 가지고는 다른 새로운 이야기를 이야기하고 싶어 하지 않는다. 휴먼에 발목이 잡히지 않으면서, 다종의 "부활Resurgence"(Haraway 2016b, p. 1)을 실천할 인류의 새로운 삶 형태에 대해 이야기할 수 있는 토대, 누더기가 된 생명력으로도 부활과 희망의 꿈을 키울 수 있는 토대, 트러블과 함께하면서도 세계의 부활을 갈망할 수 있는 토대가 필요했다.

그런데 파트너인 러스턴 호그네스Rusten Hogness와 집에서 아침식사를 하다가 그의 농담 같은 제안 덕분에(Ibid., p. 299), 인간은 포스트휴먼이 아니라 퇴비라는 은유와, "포스트휴머니스트가 아니라 퇴비Not Posthumanist But Compost"라는 슬로건을 얻을 수 있었다 (Haraway 2016a, p. 262). 식탁에 둘러앉아 함께 빵을 나누는 반려 관계, 퇴비 속에서, 새로운 개념이 창발했다고 볼 수 있다. 해러웨이 는 이제 '휴먼' 대신 '퇴비'를 가지고 이야기하고 싶어 한다. 인간은 원래 퇴비이기 때문이다. 인간을 퇴비에 은유한 것은 단순한 은유가 아니다. "육체적 인지 실천Corporeal Cognitive Practice을 실제로 실행시 키는 것이다"(Ibid., p. 277). 은유는 한 사물을 다른 사물의 관점에서 이해하고 경험하는 것으로, 실재를 인식하는 관점이나 방식을 말한 다. 은유는 단지 수사가 아니라 인간의 이해와 추론에서 중심적인 역 할을 하며, 경험의 세계와 추상적 아이디어를 연결하는 단서다. 추상 적 개념은 대체로 은유적이어서, 철학도 과학도 은유를 피할 수 없 다. 은유는 모호하지만, 인간 상상력의 원천이자 새로운 의미 창출의 토대다(김진호·김상미 2014, pp. 147-148). 해러웨이의 퇴비 은유 는 새로운 인식을 시작할 수 있게 하는 단서다.

퇴비는 땅속에Chthonic 사는 것들, 서로 얽히고, 진행 중이고, 생성 적이고, 파괴적인 지구의 존재들과 거의 동의어이다.[6] 퇴비는 땅과 관련된 관용어로서 생명의 연속성, 다종의 삶과 죽음, 먹고 먹히기, 상호의존적인 뒤얽힘, 공생, 자연문화의 구체적인 형상이다. 퇴비 은 유는 모든 크리터가 수평적으로, 기호론적으로, 계보 상으로 공통의 '육신'을 공유하고 있음을 직관적으로 알게 하여(Haraway 2016b,

---

6   해러웨이에 따르면 고대 그리스어에서 파생된 "Chthonic"이라는 말은 '땅의 of the Earth'에 해당하는 크토니오스Khthonios와 '땅Earth'에 해당하는 크톤 Khthôn에서 나왔다(Haraway 2016b, p. 173).

p. 178), 우리를 쉽게 다종 속으로 데려가기 위한 전략이다. 인간은 원래 땅속에서 온갖 크리터와 함께 살면서 서로를 오염시키고 감염시키면서 뒤얽혀 발효하면서 서로를 만드는 존재들이다. 손상된 행성에서 트러블과 함께하기 위해서는 우리가 퇴비임을 자각하고, "크리터들 사이에서 일어나는 신진대사 변형"(Ibid., p. 102)에 과감히 뛰어들어야, 고향인 테라폴리스에서 크리터들과 게임할 자격이 있다. 퇴비인 우리는 다종의 공동생성적 집합체, "어셈블리지 Assemblage"이다(Guattari and Deleuze 1987, p. 4). 우리는 개체를 다시 정의하고 비인간과 인간의 불가분성, 비인간의 주요한 행위능력을 인식해야 한다. 스콧 길버트Scott Gilbert 등의 말처럼 "우리는 개체였던 적이 없었다"(Gilbert, Sapp and Tauber 2012, p. 325). 해러웨이는 휴먼의 잔향이 가득한 포스트휴머니즘을 인간 예외주의로 비판하면서, 포스트휴머니즘과는 결별하는 새로운 '윤리-존재-인식-론,' 퇴비주의를 제안하다.

포스트휴머니즘 비판 #2: 추상적 미래주의

포스트휴머니즘을 부인하면서 이를 대체하고자 하는 해러웨이의 퇴비 선언은, 근대적 휴머니즘에 맞서 대안 담론을 모색하는 비판적 포스트휴머니스트들을 적잖이 당혹스럽게 만든다. 그가 거부하는 것은 트랜스휴머니즘일까? 아니면 비판적 포스트휴머니즘을 포함한 포스트휴머니즘 전체일까?

해러웨이는 『트러블과 함께하기』 서문에서 "이 책은 미래주의를 멀리하면서, 트러블과 함께하기가 더 중요할 뿐만 아니라 더 활기차다고 주장한다'라고 말한다(Haraway 2016b, p. 4). '트러블과 함께하기'는 이 책의 제목이자, 책에서 줄곧 이야기하는 '퇴비 만들기를 지향하는 미래주의,' 퇴비주의라고 할 수 있다. 퇴비주의는, 우리는 모두 근대적 인간이 아니라 원래 퇴비이므로, 퇴비 더미에 뛰어들어 공-지하적인 것들과, 유망하거나 위험한 전염성 있는 트러블을 만들면서 그곳에 살라는 것이다. 해러웨이에 따르면, 그 외의 것들은 모두 미래주의로서 우리가 멀리 피해야 하는 것들이다.

그는 인류세와 자본세가 불러일으킨 공포에 대한 두 가지 반응을 '미래주의'라고 부르며 강하게 비판한다. 첫 번째 반응은, 기술적 해법(혹은 기술 묵시록)에 대한 생태근대주의자들과 트랜스휴머니스트들의 우스꽝스러운 믿음이고, 두 번째 반응은 현 상태의 변화를 위해 "매우 열심히 일하면서도 신랄한 냉소를 보내는 사람들"의 "게임 오버"식 태도다. 해러웨이가 볼 때, 더 문제적인 후자는 "다양한 종류의 미래주의"에 의해 촉진되는 "일부 비판적 문화이론가나 정치적 진보주의자들"이다. 왜냐하면 이들은 한편으로는 '게임 오버'식 태도로 사람들을 좌절에 빠뜨리면서도, 다른 한편으로는 "지치지 않는 열정과 기술로 다종을 번성시키기 위해 실질적으로 일하고 놀이하는, 기이한 결합의 모습"을 보이기 때문이다. 이들에게 중요한 일의 기준은 관계와 과정이 아니라, 성과와 문제 해결이다. 이를 위해 생각하고 읽고 연구하고 토론하고 돌보는 이들은, 이따금 너무 많이 알고 너무 심각해서Heavy 문제적이다(Ibid., pp. 3-4).

그는 이 문제적 부류를 "추상적인" 미래주의라고 부르면서, 이 추상적 미래주의의 "숭고한 절망의 정서와 숭고한 무관심의 정치학에

굴복하는 것"과, 인구과잉 같은 트러블의 심각성을 인정하는 것과는 아주 미세한 차이가 있다고 분석한다(Ibid., p. 4). 이러한 분석은 미세한 차이들을 보이면서 불분명하게 섞여 있는 비판적 포스트휴머니즘들에 대한 것이라고 볼 수 있다. '추상적인 미래주의'는 대안적인 더 좋은 결과와 효과들을 생각하느라 몸이 무거워 당장 긴급한 요청들에 머뭇거리는, 그리고 세계의 부활을 믿지 않으면서 종말이 정말로 가까이 왔다고 결론 내릴 만큼 자신이 많은 것을 알고 있다고 생각하는, 일부 비판적 포스트휴머니스트들을 가리킨다(Ibid., pp. 3-4). 그는, 비판적 포스트휴머니스트일지라도 절망의 정서와 무관심의 정치학에 굴복하는 것은 추상적인 미래주의이며, 트러블과 함께하기 위해 뜨거운 퇴비 더미 속으로 가차 없이 뛰어들어 비인간들과 협력하는 활기 넘치는 퇴비주의만이 중요하다고 분명하게 선을 긋는다.

해러웨이는 2019년 스티브 폴슨Steve Paulson과의 라디오 인터뷰에서,[7] "미래주의가 우리를 좌절시키고 있다"면서, "우리의 일은 서로 함께 돌보고 두터운 시대를 사는 것"이라며, 자신의 퇴비주의를 대중들에게 적극적으로 알렸다(Paulson 2019). 그는 휴먼의 잔향을 간직하는 포스트휴머니즘을 인간 예외주의와 추상적인 미래주의로 비판하면서, 손상된 삶과 땅을 재건하는 데 있어서 퇴비주의가 더 중요하고, 활기가 넘치고, 잠재력이 있다고 본다.

그가 미래주의에 대해 정확히 정의하거나 설명하지 않으면서, 미래주의 대 퇴비주의 전략을 펼치기 때문에, 사실 그 의미를 정확히

---

7   이 인터뷰는 위스콘신 공영 라디오Wisconsin Public Radio의 "To the Best of Our Knowledge" 프로그램에서 2019년 12월 6일 진행되었다.

파악하기는 어렵다. 그러나 그의 발언들을 통해 짐작건대, 미래주의 는 퇴비주의보다 너무 많이 알고, 그래서 너무 무겁고 심각하다. 더 추상적이고 덜 활기차다. 미래주의의 관심은 주로 아직 일어나지 않 은 결말에 있다(Sinclaire and Hayes 2019, p. 123). 미래주의는 퇴비 주의보다 더 예상 가능하고, 서로가 덜 필요하며, 덜 얽혀 있고, 덜 현실적이다. 미래주의는 "가차 없이 실패하기에 대한 개방성Openness to Relentless Failing"(Haraway 2016a, p. 227)이 퇴비주의보다 약해서, 즉각적이고 급진적인 집단행동을 만들 때 머뭇거리게 만든다. 퇴 비주의는 어원적으로, 그리고 생태진화발생생물학적으로 인간 예 외주의와 포스트휴머니즘에 "예방접종되어" 면역력을 갖추고 있다 (Haraway 2016b, p. 11).

퇴비주의가 기존의 대안 담론들과 특히 차별화되는 지점은, 다종 의 함께 만들고, 함께 되는 성공적인 '삶'을 이야기함과 동시에 '죽 음, 유한성, 필멸성' 그리고 "비난받을 만한 실패"(Franklin 2017, p. 51)의 문제를 포함하는데도, 전혀 우울하거나 절망적이거나 비극적 인 방식이 아니라는 점이다. 퇴비는 "실수란 실수는 죄다 해도" 괜찮 은 장소다(Haraway 2016a, p. 163). 퇴비주의는 손상된 지구 행성 의 파괴와 빈곤에 맞서, 치유와 재건을 시도할 때 서투르거나, 잘못 하거나, 실패하는 것은 다반사여서 괜찮다고 말한다. 해러웨이는 손 상된 지구 행성의 시스템적 긴급성을 다룰 때 두려움과 망설임은 온 당치 않다고 본다. 왜냐하면 공-지하적인 것들은 구성하고 분해할 때, 위험하거나 유망한 실천들에서 "머뭇거리는" 일이 없기 때문이 다(Haraway 2016b, p. 102). 퇴비주의가 가지는 이러한 '가차 없이 실패하기에 대한 개방성'은 우리가 되풀이되는 역사의 근원적 트라

우마에 직면해서도 냉소주의와 패배주의를 넘어, 트러블과 함께하는 데 있어, 활기찬 부활과 희망의 관점을 제공한다. 퇴비주의가 가지는 "영속농업"(Ibid., p. 24)의 힘, "테라에서 솟아오르는"(Haraway 2016a, p. 294) 힘이라고 할 수 있다.

해러웨이가 '퇴비주의'라는 용어를 사용한 적도 없으며,[8] 퇴비 은유가 가지는 모호함 때문에, '퇴비주의' 표지 아래 모여 이야기하는 것이 무리일 수도 있다. 하지만 긴급성의 시대에 그의 통찰을 잘 이해하여 우리의 삶 형태를 바꾸기 위해서는 그의 독특한 사상에 대한 연속적인 실뜨기들이 릴레이될 필요가 있다. '퇴비주의'라는 실뜨기 방에 모여 수많은 촉수를 뻗어 더 많은 물질-담론을 끌어들여 실뜨기해보자는 것이다. 포스트휴머니즘에 연루되어 있음을 항상 불편해했던 그가, 이제 포스트휴머니즘을 넘어 퇴비주의를 펼치고 있고, 이에 영감을 받은 후속 연구들이 속속 등장하고 있으므로, 그의 선언과 사상을 '퇴비 선언,' '퇴비주의'라고 명명하더라도 무리는 아닐 것이다. 포스트휴머니즘과 퇴비주의의 차이 혹은 관계, 미래주의와 퇴비주의의 차이 혹은 관계, 퇴비주의에 대한 논의들이 더 많이 필요하다. 필자의 퇴비주의 명명 시도는, 범주를 거부하는 해러웨이에게 비난받을 만한 실패일 수도 있다. 하지만, 그가 만든 생각·사랑·분노·배려의 퇴비 더미가 더 뜨거워지기를 바라면서 조심스레 던져본다.

---

8 '퇴비주의'라는 용어는 몇몇 사람이 한두 번 사용했을 뿐이고, 해러웨이의 새로운 윤리-존재-인식-론을 '퇴비주의'로 정식으로 명명하고 논한 경우는 아직 없다. '퇴비주의' 용어를 사용한 글로는 다음을 참조하라. (Heise 2018, p. 97), (Halstead 2019, p. 31), (Timeto 2021, p. 326).

세상은 여전히 바뀔 수 있다

이상에서 필자는 해러웨이의 사상을 신유물론 관점에서 살펴보았다. 그의 퇴비 은유가 함의하는 바를 과학적·직관적으로 이해하기 위해 공생발생, 마이크로바이옴, 헌의 동물권 이해를 차용하여, 장내 미생물과 인간의 반려관계에 적용해보았고, 인간은 퇴비라는 선언 및 윤리-존재-인식-론을 '퇴비 선언'과 '퇴비주의'로 부를 것을 제안하였다.

해러웨이는 회의주의와 패배주의에 맞서, 세상은 "여전히 바뀔 수 있다"고 말한다(Paulson, 2019). 가이아가 어떻게 작동할지 제어할 순 없겠지만, 우리가 퇴비임을 자각하여 반려종들의 긴급한 호소에 응답하면서 두터운 현재를 가차 없이 살다보면 몇 가지는 고칠 수 있다고 본다(Ibid.). 그가 "계속 시작만 있고 결말은 나지 않는"(Haraway 2016b, p. 29) 우로보로스식 퇴비 만들기 이야기를 하고 또 하면서 "야단법석을 떠는"(Ibid., p. 216) 이유는, 강력한 찰나의 순간에 아무런 조건 없이, 가차 없이 서로 협력하면서 대안적인 길을 개척하는 '다종 퇴비 공동체'들이 세계를 만들어왔으며, 지금도 조용히 간신히 세계를 만들고 있음을 상기시키기 위함이다. 그의 퇴비주의는 냉소·절망·공포에 맞서 역사가 변할 수 있다는 희망을 포기하지 말라고 촉구한다.

우리는 갈림길에 직면했다. 미래주의의 길과 퇴비주의의 길. 해러웨이는 이 험난한 시대에, "향후 언제까지나 순종할 돌아온 탕자, 법적 상속인을 위해 준비된 잔치로 향하는 포장도로보다"(Ibid., p. 179) 계속 나그네로 남을 방탕한 딸을 위한 오솔길, 퇴비주의의 길,

스피노자의 오솔길이 훨씬 더 장래성이 있다고 본다. 어떤 길을 선택할지, 생각하자! 17세기 계몽주의 시대의 잘못된 선택을 반복하지 않으려면.

인용 및 참고문헌 ⋯⋯⋯⋯⋯⋯⋯⋯⋯⋯⋯⋯⋯⋯⋯⋯⋯⋯⋯⋯⋯⋯⋯⋯⋯⋯⋯

김병희, 2021. 「건강, 유전보다 장내 미생물군 영향이 더 크다?」, 『The Science Times』, 2021.01.14. https://www.sciencetimes.co.kr/news/건강-유전보다-장내-미생물군-영향이-더-크다/.

김애령, 2020. 「'다른 세계화'의 가능성: 해러웨이의 『반려종 선언』 읽기」, 『코기토』 92, pp. 7-35.

김은주, 2020. 「인간중심주의를 넘어 반려종으로 존재하기를 생각하다: 최유미 『해러웨이, 공-산의 사유』」, 『안과밖: 영미문학연구』 49, pp. 362-371. 서울: 도서출판b.

김진호 · 김상미, 2014. 「예비초등교사의 수학교과서에 대한 은유 분석」, 『수학교육』 53(1), pp. 147-162.

브라이도티, 로지, 2020. 『변신: 되기의 유물론을 향해』, 김은주 옮김, 서울: 꿈꾼문고.

주기화, 2019. 「신유물론적 관점에서 본 토드 헤인즈의 「세이프」」, 『현대영미드라마』 32(1), pp. 207-233.

천종식, 2018. 「'마이크로바이옴'이란?」. https://brunch.co.kr/@jongsikchun/1.

최유미, 2020. 『해러웨이, 공-산의 사유』, 서울: 도서출판b.

해러웨이, 도나, 2020. 『트러블과 함께하기: 자식이 아니라 친척을 만들자』, 최유미 옮김, 서울: 마농지.

홍성욱, 2021. 「포스트휴먼 테크놀로지」, 『인문학연구』 35, 인천대학교 인문학연구소, pp. 3-35.

히켈, 제이슨, 2021. 『적을수록 풍요롭다: 지구를 구하는 탈성장』, 김현우 · 민정희 옮김, 파주: 창비.

Alaimo, S. and Hekman S., 2008. "Introduction: Emerging Models of Materiality in Feminist Theory," in S. Alaimo and S. Hekman(eds.), *Material Feminisms,* Bloomington: Indiana UP.

Barad, K., 2007. *Meeting the Universe Halfway: Quantum Physics and the Entanglement of Matter and Meaning,* Durham, NC: Duke UP.

Bennett, J., 2010. *Vibrant Matter: A Political Ecology of Things,* Durham, NC: Duke UP.

Dolphijn, R. and Tuin I., 2012. *New Materialism: Interviews and Cartographies,* Ann Arbor: Open Humanities Press.

Franklin, S., 2017. "Staying with the Manifesto: An Interview with Donna Haraway," *Theory, Culture & Society* 34(4), pp. 49-63.

Gilbert, S. F., Sapp J., and Tauber, A. I., 2012. "A Symbiotic View of Life: We Have Never Been Individuals," *The Quarterly Review of Biology* 87(4), pp. 325-341.

Guattari, F. and Deleuze G., 1987. *A Thousand Plateaus: Capitalism and Schizophrenia,* Minneapolis: U of Minnesota P.

Halstead, J., 2019, *Another End of the World is Possible*, London: Lulu.com.

Haraway, D. J., 2016a. *Manifestly Haraway,* Minneapolis: U of Minnesota P.

＿＿, 2016b. *Staying with the Trouble: Making Kin in the Chthulucene,* Durham, NC: Duke UP.

Heise, Ursula K., 2018, "Stories for a Multispecies Future,"*Dialogues in Human Geography* 8(1), pp. 96–99.

Latour, B., 1993. *We Have Never Been Modern,* C. Porter(trans.), Cambridge, MA: Harvard UP.

Margulis, L., 1998. *Symbiotic Planet: A New Look at Evolution,* New York: Basic Books.

Margulis, L. and Sagan, D., 2000. *What is life?,* Berkeley: U of California P.

＿＿, 2002. *Acquiring Genomes: A Theory of the Origins of Species,* New York: Basic Books.

Negri, A. and Hardt, M., 2000. *Empire,* Cambridge, MA: Harvard UP.

Paulson, S., 2019. "Making Kin: An Interview with Donna Haraway," *Los Angeles Review of Books(LARB).* https://www.lareviewofbooks.org/article/makingkin-an-interview-with-donna-haraway/.

Sinclair, C. and Hayes, S., 2019. "Between the Post and the Com-Post: Examining the Postdigital 'Work' of a Prefix," *Postdigital Science and Education* 1(1), pp. 119-131.

Timeto, F., 2021. "Becoming-with in a Compost Society—Haraway beyond Posthumanism," *International Journal of Sociology and Social Policy* 41(3/4), pp. 315-330.

Yong, E., 2016. *I Contain Multitudes: The Microbes within Us and a Grander View of Life,* New York: Ecco.

8. 수행적 신유물론이란 무엇인가?

박준영

수행성과 반재현주의

'수행적 신유물론Performative New Materialism'은 2019년경에 신유물론에 속하는 일군의 학자들이 기존의 구유물론과 신유물론을 비판하면서 등장했다. 이들은 자신들의 입장을 꽤나 긴 한 편의 논문을 통해 선언적으로 드러냈는데, 「신유물론이란 무엇인가?」(What is New Materialism?, 2019)가 그것이다. 이 논문 이후 저자들은 각자 또는 함께 연구를 계속해 가고 있는 중이다. 가장 왕성한 저술 활동을 벌이고 있는 토마스 네일Thomas Nail은 거의 1년에 한 권 꼴로 책을 출판하고 있으며, 가장 최근에는 자신의 신유물론에 기반하여 생태철학을 전개하는 책을 냈다(Nail 2021). 다른 두 사람, 크리스토퍼 갬블과 조수아 하난은 캐런 버라드에 관한 편저를 내고, 서문을 썼다(Gamble and Hanan 2021).

이들이 주장하는 수행적 신유물론에서 '수행적' 또는 '수행성Performativity'이라는 말은 완전히 새로운 것은 아니다. 이 개념의 역사를 거슬러 올라가면 영국 철학자인 존 오스틴의 '화행론Pragmatics'이 등장한다. 화행론은 전통적인 문법 위주의 언어학에서 벗어나 일상적 언어의 행위적 측면에 관심을 기울이는 분과다. 특히 말하기와 행하기 그리고 그로부터 나오는 효과와 생산물이 연구 대상이다. 여기서 말하기는 행하기를 함축하는 것으로서 어떤 결과물을 예상하는 것으로 취급된다. 대표적으로 '약속하기'가 있다. 약속의 언표는 그 안에 그 약속을 지킨다는 행하기를 함축한다. 마찬가지로 정치적 슬로건(예컨대 페미니즘의 대표적인 슬로건인 '금지된 것을 욕망하라!')도 어떤 집단적 행위를 강렬하게 표현하는 화행적 언표라고 할 수 있다. 따라서 역사적으로 볼 때 수행성의 일차적 의미는 말하기와 행하기의 결합이라고 할 수 있다.

오스틴 이후 수행성에 관심을 가진 철학자는 자크 데리다이다. 데리다의 공헌은 오스틴으로부터 온 언어학적 의미의 수행성을 철학적인 방식으로 개정했다는 점이다. 여기서 수행성은 언표 주체의 중심성을 넘어서는 방식으로 정식화된다. 다시 말해 말하기가 말하는 주체의 의지나 중심성에 좌우되지 않는다는 것이다. 언표 자체가 이런 식으로 주체 너머까지 실행되는 방식을 데리다는 '반복적 인용성 Iterative Citationality'이라고 부른다. 이에 따르면 어떤 언표가 화행적 효과를 발휘하게 되는 것은 그것이 여러 번 인용되기 때문이다. 그렇지 않다면 그 수행적 화행은 행하기로 나아가지 않는다. 이것은 텍스트들이 상호교착하면서 교조적 담론을 생산하는 종교적 화행의 경우 상당히 뚜렷하게 드러난다.

이러한 데리다의 수행성 개념을 이어 받은 것은 주디스 버틀러다. 버틀러는 페미니즘 이론가로서 데리다의 '인용성'을 권력론으로 확장한다. 즉 인용성은 '권력을 생산하는 힘'이라는 것이다. 즉 어떤 언표의 경우 그것이 반복적으로 인용되어 행하기에 영향을 미칠 때 신체화된다는 것이다. 이것은 사회적으로 구성되는 젠더Gender가 신체적인 성Sex의 생산에 어떤 영향을 미치는지에 대한 연구의 토대가 된다. 그의『의미를 체현하는 육체』는 이러한 수행성 개념이 적극 적용된 저작이다.

하지만 버틀러의 이 '젠더 수행성 이론Theory of Gender Performativity' 은 어떤 문화이론에도 가져다 쓸 수 있는 만능키처럼 돼 버린 경향 이 있다. 이런 식으로 철학 개념이 범속한 지경에 이르면 그 본의와 다르게 쓰이는 경우가 많아지는데, 수행성 개념이 그러하다. 특히 이 개념이 버틀러가 그토록 벗어나고자 애쓴 남성-인간중심 담론 에 의해 오염될 때, 개념의 발명적 역능은 완전히 사라지게 된다. 흔 한 혼동은 수행을 '공연Performance'의 의미로 쓸 때 발생한다. 이렇 게 되면 그 공연의 주체는 당연히 인간이어야 하기 때문이다. 하지 만 "수행적 활동에 개입되는 것은 인간만이 아니다"(Barad 2007, p. 49). 여기에는 사물과 동물, 미생물과 유전자에 이르는 모든 존재자 가 제 나름의 역할을 한다. 다시 말해 수행성은 존재론적 의미를 가 져야 한다.

이런 측면에서 수행성은 그와 같은 공연이라는 의미의 기저에 놓 인 존재론적 전제를 의문에 붙인다고 할 수 있다. 그것은 바로 '재현 주의Representationalism'다. 고전적인 입장에서 재현주의는 대상이 가 진 외형과 특성들이 지성이라는 인간적 활동에 의해 충실하게 반영 된다는 뜻이다. 그러므로 재현주의에서 대상, 즉 객체 또는 물질은 지성의 재현 작용을 얌전히 기다리는 수동적 존재자에 불과하다. 수 행성은 이 가정을 뒤집는다. 즉 "수행적 이해는 앎의 과정이 거리를 두고, 재현하는 것으로부터 나오는 것이 아니라, 세계와의 직접적인 물질적 연루로부터 나온다는 사실"을 중시한다(Ibid., p. 49). 이렇게 함으로써 수행성은 기존의 철학 개념들과 과학적 실천의 전제들을 수정한다. 그렇다고 해서 수행성이 재현주의 전체를 부정하는 것은 아니다. 수행적 접근법은 이러한 재현물들이 실제 생산된다는 것을 인정하지만, 그것이 가진 부정적 역능을 거부한다. 특히 신유물론 전체에서 문제시되는 '이분법'은 재현주의로부터 나오는 끈질긴 부정성이다.[1] 어떤 대립 항이 제시되기 위해서는 그것이 뚜렷하게 재현되어야 하기 때문이다.[2] 요컨대 철학적 의미에서 수행성이란 앎과 존재하는 것이 상호간의 얽힘을 통해 어떤 것을 생산하는 과정이라고 할 수 있다.

그렇다면 이제 수행적 신유물론이라는 개념의 두 번째 측면인 '유물론' 또는 '신유물론'이 어떤 의미인지 구유물론과의 비교를 통해 알아보자.

---

1 버라드는 이 계보학을 포스트휴먼적인 수행적 사고에 적용한다. 즉, 여기서 수행적 사고가 가진 가치는 "그 기초적인 요소에서 자연-문화 이분법이 굳어지는 것을 회피한다는 점이다. 이렇게 함으로써 어떻게 이러한 결정적인 구분들이 물질적으로 그리고 담론적으로 생산되는지에 대한 계보학적 분석을 작동시킨다"(Barad 2007, p. 32).

2 '재현'이라는 말이 가진 표상적 성격을 여기서 강조할 필요가 있다. '표상'도 영어로는 재현과 똑같이 'Representation'이다. 우리말로 이 두 가지를 구분하면 재현이 가진 표상적 성격을 더 잘 알 수 있다. 즉 재현은 대상을 지성 안에서 다시 표상하는 것으로, 그 표상의 이미지가 뚜렷하게 되는 데 있어서 '대립'의 메커니즘이 중요한 역할을 한다. 그렇기 때문에 이분법은 바로 이 표상으로서의 재현에 의존하는 것이다.

구유물론에 대한 입장

수행적 신유물론의 입장에서 고대와 근대의 유물론이 가진 맹점은 앞서 말한 '수행성'에 방점이 놓인다. 즉 구유물론은 "인간이 근원적으로 물질의 바깥에서 어떤 객관적인 우월한 위치를 점하고, 이때 우리가 (그리고 오직 우리만이) 물질의 진정한 본성 또는 본질에 접근할 수 있다는 비-수행적이며, 내밀한 관념론적Crypto-Idealist 가정"(Gamble, Hanan and Nail 2019, p. 113)을 품고 있다고 간주해야 한다는 것이다. 물론 이러한 비판에는 다른 신유물론과 공유하는 지점으로서 '물질의 수동성 비판'이라는 관점도 함축되어 있다.

그렇다면 수행적 신유물론에서 '신New'이란 존재론과 인식론에서의 상호교차를 통해 비인간중심주의적인 실재론을 포용한다는 것을 의미할 것이다. 다시 말해 내 앞에 있는 저 사물들이 그저 얌전히 놓여 있는 수동적 객체가 아니라 나와 상호작용하면서 얽혀 있는 능동적 실재임을 인정하는 것이다. 여기서 끝까지 견지해야 하는 입장은 이 얽힘 가운데 물질의 능동성을 강조하면서도, 그리고 인간의 물질성을 긍정하면서도, 동시에 인간을 물질적 실재에 관한 예외적이고 객관적인 관찰자로 위치 지우는 오래된 습성을 버려야 한다는 점이다. 인간중심주의보다 더 끈질긴 사유 구도는 사실상 이런 인간예외주의Human Exceptionalism이다.

근대 유물론은 물질을 여전히 기계론적인 대상이자, 인간의 지배 대상으로 본다는 점에서 문제가 되지만, 보다 심각한 것은 인간을 예외적 존재로 상정하는 사유 구도이다. 이 사유 구도는 결국에는 신학적 세계관을 재소환하는 결과를 초래한다. 근대 유물론이 등장하는 16세기경에 인간은 물질의 형이상학적 실재에 접근하는 것이 허용된 예외적인 주체로 등장한다. 이러한 특별한 위치에서 철학자들과 과학자들은 물질의 운동을 설명하는 데 있어서 '힘'의 중요성을 역설하는데 이것은 '생명'과도 통한다. 이때 '힘'은 하나의 기계를 움직이는 어떤 살아 있는 '활력'(생명)으로 간주된다. 즉 "근대 기계론의 관점에서 자연은 점차 그 신체가 시계 부속 장치처럼 맞물려 돌아가는 각각의 '원자들' 또는 '적백혈구들'의 복합체로 기술되었다. 하지만 거기에는 언제나 그 시계 장치를 휩싸고 돌고 부속품들을 관통하면서 움직임을 전달하는 누군가(신) 또는 무언가(힘)가 있었다"(Ibid., p. 115).

예컨대 16세기 철학자인 프랜시스 베이컨은 14세기 장 뷔리당과 6세기에 필로포누스Philoponus에 의해 제기된 신성한 추진력Impetus이라는 공식과 동일한 것을 따른다. 신의 창조 시간을 제외한다면 이제 자연은 이러한 힘 안에서 작동하게 된다. "자연의 법칙은 이제 세계가 끝나기까지 불가침적으로 남아 통치하는 바, 신이 처음 그의 노고를 내려놓고 창조를 그만둘 때 비로소 힘 안에서 시작되었다"(Bacon 1857-74, p. 50). 그리고 베이컨은 "신에 의해 이식된 힘"이 "다양한 사물"을 구성한다고 말한다(Ibid., p. 346). 이 신에 의해 최초로 전달된 추진력에 따라 자연에 속한 모든 것이 생산된다. 수행적 신유물론자들은 이런 식의 '힘 = 생명'이라는 공식을 가진 유물론을 '생기적 신유물론'이라고 부르면서 비판한다. 인간을 같은 물질로 보면서도, 예외적으로 간주하며, 그 결과 신학적 세계관으로 퇴행하기 때문이다.

다음으로 수행적 신유물론자들은 이마누엘 칸트에 이르러 발생한 이른바 '인식론적 전회'[3]가 유물론에게는 엄청난 불행이었다고 말한다. 그들은 이를 "실패의 유물론Failed Materialism의 뿌리"(Gamble, Hanan and Nail 2019, p. 117)라고 비판한다. 칸트에게 지성은 물자체라는 예지계의 대상을 완전히 이해할 수 없는 무능력한 것이다. 데카르트주의자와 뉴턴주의자가 물질과 운동체계를 파악하기 위한 노력에 수학과 물리적 실재 사이의 일대일 대응을 전제한다면, 칸트는 그와 같은 인식을 인간 이성의 표면적으로 보편적인 구조의 한계 안으로 제한한다. 따라서 근대 과학의 가장 위대한 성취인 르네 데카르트와 아이작 뉴턴을 따라 전개된 물질에 대한 기계론적 관점을 고려하는 동안, 마찬가지로 칸트는 그러한 지식이 그가 '초월론적 주체'라고 불렀던 것 너머의 어떤 실재에 조응한다는 잘못된 믿음을 가지고 있었다. 인간의 지식과 궁극적 대상, 즉 물질 간의 불연속성을 획정함으로써 실재에 넘을 수 없는 장벽을 쌓은 것이다. 인식론적 전회는 칸트의 업적이자 유물론의 악몽이 되었다.

따라서 수행적 신유물론은 이전 유물론들이 간과하거나 암묵적으로 인정했던 인간예외주의를 철저히 거부하면서, 생기적 유물론과 칸트식의 실패의 유물론도 거부한다. 이를 통해 수행적 신유물론은 물질과 의식, 자연과 인간, 객체와 주체 간의 이분법을 횡단하면서 물질에 대한 새로운 관점을 확립하고자 한다.

---

3   칸트의 인식론적 전회란 칸트에 이르러 존재론의 '존재'가 아니라 인간지성의 인식 과정이 더 중요해진 사태를 말한다. 여기서 물질적 대상은 인간지성의 포획 대상일 뿐 그 어떤 능동적 역량도 발휘하지 못하게 된다.

현대 철학과의 관계: 들뢰즈-과타리의 유산

구유물론과의 구별 정립에 일정 정도 성공했다 할지라도 수행적 신유물론이 교전해야 할 철학사적 인물들은 아직 남아 있다. 특히 현대 철학과 과학 내의 유물론적 전통 안에서 수행적 신유물론이 어떤 부분을 받아들이고, 또 어떤 부분을 받아들이지 않는지에 대한 계보학적 추적은 그리 용이하지 않다. 상대적으로 긍정적 수용의 대상들은 분명해 보인다. 즉 수행적 신유물론은 현대 과학, 특히 현대 물리학의 양자장론의 철학적 응용을 전폭적으로 수용한다. 또한 과학에 기반한 생태론도 마찬가지다. 철학 분야에서 이들은 버라드의 행위실재론Agential Realism을 중시한다. 그러나 이들이 비판적 관점을 유지하는 현대철학자들의 경우 다소 모호한 구석이 있어 보인다. 대표적인 철학자들로 들뢰즈-과타리가 있다.

신유물론의 최초 장면에 질 들뢰즈와 펠릭스 과타리가 있다는 것은 분명하다. 최초의 신유물론자라고 평가될 수 있는 마누엘 데란다가 1996년에 발표한 「도덕의 지질학-신유물론적 해석」[4]은 들뢰즈-과타리의 『천 개의 고원』 3장 「기원전 1만년: 도덕의 지질학」에 대한 신유물론적 해석이다. 데란다는 '지층화Stratification', '이중 분절Double Articulation', '기관 없는 신체Body without Organs, BwO'와 같은 들뢰즈-과타리의 개념을 유지하면서 신유물론이 가지는 새로운 사유 구도를 전개한다. 이후 데란다는 「새로운 물질성」(New

---

4 이 논문에서 최초로 '신유물론'이라는 개념이 본격적으로 논의 대상이 된다.

Materiality)이라는 짧은 논문에서 신유물론의 물질성을 인과성을 생산하는 '감응Affect'과 '특이성Singularity'으로 정리한다. 들뢰즈-과타리에 대한 이런 해석은 데란다의 들뢰즈 해석인 '잠재성의 철학'에서 기인하는 것이다. 이에 따르면 잠재적 차원은 일종의 위상학적 공간으로서 시간과 공간 자체가 발생해 나오는 영역이고 물질적인 것들의 형태 발생도 이 영역에서 비롯된다. 잠재성으로부터 강도적 차원을 거쳐 현행화하는 개체 발생의 과정이 바로 그것이다.

신유물론의 또 다른 스승인 로지 브라이도티의 경우에도 들뢰즈-과타리의 영향은 뚜렷하다. 그녀는 이안 뷰캐넌과 클레어 콜브룩이 편집한 『들뢰즈와 페미니즘 이론』(Deleuze and Feminist Theory)에 「기형학들」(Teratologies)이라는 특이한 논문을 게재하면서 '신유물론'을 호명해 낸다. 이 논문에서 브라이도티는 21세기 문화적 지형 안에서 끊임없이 등장하는 괴물적 존재들을 연구 대상에 올려놓고 "푸코 이후 인간 주체성의 체현된 구조를 재사유"(Braidotti 2000, p. 158)하자고 제안한다. 브라이도티에 따르면 이러한 주체성에 대한 재사유의 시도에서 들뢰즈의 철학은 아주 적합하다. 들뢰즈는 주체를 '신체적'으로 이해한다. 이것은 완연히 유물론적인 주체론으로서 정신과정(관념)을 신체(운동, 속도)와 분리하지 않는다. 이러한 신체적 주체론은 스피노자적인 것으로 정신과 신체의 평행론에 기반한다. 들뢰즈에게 특유한 것은 이러한 신체가 단순히 생물학적인 효과도 아니고, 어떤 충만한 본질의 유출도 아니라는 점이다. 이 신체는 "'개체'로 알려진 단일한 배열 내부에서 (공간적으로) 응결하고 (시간적으로) 결합하는 힘들 또는 정념들의 배치"이며, "강도적이고 역동적인 실체"(Ibid., p. 159)다. 역동적이기 때문에 이 신체에서는 항구적인 변형이 발생하는데, 이때 주체는 힘들과 영향력을 받아들이고 그것들과 조우하는 능력에 의해 우월함을 인정받는다. 이것이 '되기'(생성)로서의 주체, 이른바 '유목적 주체'다. 이 주체는 내재적 장(우리 세계) 안에서 상호적으로 감응하고, 감응되며, 상이한 주파거리를 내달리고, 맥동치며, 각기 다른 온도를 가진다.

그런데 수행적 신유물론자들을 비롯하여 최근의 신유물론자들은 이러한 영향사를 인정하는 데 인색한 편이다. 이들이 보기에 들뢰즈와 과타리는 더 이상 유물론적으로 충분하지 않다. 특히 들뢰즈 철학의 핵심이자 탁월한 성취라고 여겨져 왔던 '잠재성Virtuality' 개념은 새로운 신유물론자들에게는 기묘한 세계로 여겨지는 것 같다. 신유물론의 경우 잠재성보다 현행성Actuality이 우선적이기 때문에, 최초의 스승은 이제 자신의 이론을 제자들의 미심쩍은 시선으로부터 구출해야 하는 처지에 놓인 셈이다(Berressem 2021, p. 498).

어떤 경우에 이 잠재성 개념은 들뢰즈의 『차이와 반복』 이후에 "포기된다Kleinherenbrink"고까지 말해진다. 이것은 신유물론적 입장에서 물질의 현행적 표면 외에 어떤 본질주의적인 실체로서의 잠재성을 고려하는 것이 매우 껄끄럽기 때문이다. 그것은 일종의 형이상학적인 깊이로서, 신유물론의 존재론 하에서는 불필요한 이론적 과잉이다. 그렇게 때문에 이 개념은 이후 『의미의 논리』에서 '표면' 개념으로 대체된다. 여기서 잠재성은 어떤 '영역'이 아니라 '면'으로서 개체적인 것들의 관계성을 규정하는 초과분 또는 그런 관계들이 새로운 관계로 발산되는 또 다른 표면상의 지대인 셈이다(Ibid., p. 36). 비록 이러한 비판이 주로 『안티 오이디푸스』에서 전개되는 다른 논의에 의탁한 논증이긴 하지만, "잠재성이 어떤 '고전적인 높이와 원리적인 깊이'를 가진 대상으로 간주되는 한, 들뢰즈와 과타리에게는 폐기된다"(Ibid., p. 179)는 주장은 일리가 있어 보인다. 그런데 중요하게도 이러한 비판적 관점은 데란다의 신유물론 철학과 로지 브라이도티의 유목적 주체가 근거하고 있는 그 지반 자체를 무너뜨릴 소지가 충분하다.

특히 수행적 신유물론의 경우 들뢰즈-과타리의 신유물론이 생기적 신유물론의 그 악명 높은 '생명-실체'의 대유행에 책임이 있다고 본다. 이런 생명의 실체화는 들뢰즈가 주로 의뢰하는 두 명의 근대 철학자인 바뤼흐 스피노자와 고트프리트 라이프니츠의 존재론에 근거한다. 당시의 기계적 존재론과는 반대로 이들은 '힘'과 '생명'을 자연의 근본 동력으로 파악하였다. 게다가 이것은 물질에 내재한다. 이 경우 물질일원론적인 유물론을 견지하기 위해서는 이 근본 동력으로부터 완전히 분리되지 않는 물질의 표현형이 요구되는데, 그것이 '개체'다. 게다가 라이프니츠의 경우 시공간 자체를 당시의 뉴턴적 세계관에서 요구하는 방식대로 처리하지 않았다. 소위 '스파티움 Spatium' (Vermeiren 2021, p. 325)은 이 새로운 시공간의 이름으로서 '잠재성'의 영역에 상응한다. 만약 이러한 내적 원리로서의 시공간이 물리학을 형이상학적으로 완성한다면, 이 시공간을 채우는 힘과 생명은 말 그대로 '실체'로서 기능하게 된다. 이것은 신유물론이 아니라 다소 심하게 말해 '신관념론'(Grosz 2017, p. 13)[5]의 혐의를 가지

---

5 여기서 그로스Grosz는 그녀 자신이 들뢰즈의 영향을 인정함에도 불구하고, "소위 신유물론의 발흥에 대해 말하자면, 그것은 아마도 동시에 신관념론을 필연적으로 불러온다고 말할 수 있다"고 쓴다. 왜냐하면 "들뢰즈의 스피노자 독해가 '신관념론'에 책임이 있기 때문이다."

게 되는 것이기도 하다.

다른 방면에서 수행적 신유물론자들은 들뢰즈의 생기론적 측면이 또 다른 이분법을 작동시킬 여지가 크다고 본다. 그들은 삶/죽음, 능동성/수동성의 이분법 안에서 "지배적인 측면만을 존재론화하기로 선택"(Gamble, Hanan and Nail 2019, p. 120)했다는 것이다. 이것은 개념적으로는 이분법적 대당들의 얽힘을 사유할 수 없게 만들고, 정치적으로는 비인간과 비생명에 대한 착취와 약탈을 정당화하게 된다. 이런 식의 존재론은 물질의 수행성을 극심하게 방해하게 된다. 여기에는 관계성보다 앞서는 생명력이 존재하며, 일원론이 이분법의 산실이 되는 역설이 발생하게 되는 것이다. 또한 이는 앞 절에서 살펴본 대로, 수행적 신유물론의 반재현주의가 생명의 재현주의가 되는 것을 막지 못하게 만들 것이다. 힘이나 생명이 물질적 관계를 앞설 때 버라드적 의미의 '간-행Intra-Action'[6]은 불가능해진다.

결국 수행적 신유물론의 입장에서 들뢰즈-과타리의 유물론은 잠재성의 철학이냐, 표면의 철학이냐라고 하는 선택지 앞에 서게 되는데, 과연 이것이 들뢰즈-과타리 자신이 예상했던 것인지 아닌지는

---

6 'Intra-Action'의 역어는 대체로 지금까지 '내부-작용'으로 쓰였다. 이 역어가 부적절하지는 않지만 나는 이 단어가 버라드의 의도와는 달리 '내부'와 '외부'의 이항성을 작동시키는 작용을 한다고 보고, 새로운 역어를 강구하다가 '간-행'이라고 썼다. '간-행'은 버라드가 '관계없는 관계항은 없다'라고 말한 대원칙에 충실하고자 한 역어다. 다시 말해 'Intra'는 'In'(내부)이 아니다. 따라서 '간-행'이라는 역어는 '내부-작용'과는 달리 내부와 외부의 '항'을 설정하도록 유도되지도 않으며, 오로지 '사이間'에서 발생하는 '운동行'을 드러내도록 한다. 이에 대해서는 '릭 돌피언, 이리스 반 데어 튠 지음, 박준영 옮김, 『신유물론-인터뷰와 지도제작』, 교유서가, 2021, pp. 14-15' 참조.

분명하지 않다.[7] 하지만 이 선택지는 양자택일형은 아닐 것이다. 왜냐하면 문제의 해결 과정에서 또 다른 이분법이 발생하는 것은 수행적 신유물론(또는 신유물론 전체)에게는 불가능하기 때문이다. 따라서 우리는 최근의 신유물론이 들뢰즈-과타리에 대해 내리는 "불편한 승인들과 영향력에 관한 불안"(Berressem 2021, p. 498)을 하나의 괴로운 사례로 간주한다 해도, 이는 부득이한 것이며 꼭 그만큼 생산적이라는 사실을 인정할 필요가 있다. 요컨대 신유물론에 내재한 들뢰즈-과타리 계보는 이제 '반'이라는 새로운 (이분법적이지 않은) 횡단적 관계 앞에 놓여 있는 것이다.

맑스주의 유물론과의 관계

수행적 신유물론의 재독해 대상으로 맑스는 앞서 논한 들뢰즈-과타리보다 훨씬 더 까다로워 보인다. 이론적 기념비로서 맑스주의는 매우 거대한 유동 체계이다. 다시 말해 어떤 비판적 관점이나 부정성이라 해도 그것에 맞서 스스로를 변형시켜 온 역사적 부침이 존재한다는 것이다. 이를테면 1970년대 이후 맑스주의는 쇠락을 거듭해 왔는데, 최근에는 오히려 '맑스주의의 재탄생'이 화두가 되고 있

---

7 이에 대해서는 보다 깊은 연구가 필요하다. 과연 잠재성 개념이 깊이나 심층을 전제하는 것인지, 아니면 그것 자체가 표면의 존재론을 확충하고 보다 정교하게 만드는 개념인지를 가늠하는 것이 그 연구의 과제가 될 것이다. 사실상 잠재성이냐 표면이냐라는 이분법적 질문은 신유물론의 입장에서 의미 없는 것이다.

다는 것은 무엇을 의미하는 것일까? 더군다나 2008년 금융시장 붕괴를 거치면서 『자본론』 판매 부수가 급증했다는 것은 이 탁월한 이론이 가진 기묘한 가소성Plasticity을 증명하는 것처럼 보인다. 어쩌면 이 가소성이 두드러져 보이는 것은 비판하는 쪽의 증명 수단이 너무 잘 알려져 있기 때문일 수도 있다. 하지만 비판의 내용이 대략 뻔해 보인다는 것이 맑스주의에게 행운일 수는 없다. 그것은 어쩌면 맑스주의에 외재적인 비판이 아니라 맑스주의 내부에서부터 나온 비판일 수 있기 때문이다.

그렇다고 해서 맑스주의 입장이 신유물론을 사적 유물론의 사생아 정도로 치부할 수도 없다. 신유물론은 이미 맑스주의라는 혁명적 유물론에 가장 비판적이기에 가장 충실한 적자라는 것을 입증해 가고 있기 때문이다. 그것은 마치 맑스가 게오르크 헤겔이나 루트비히 포이어바흐에 대해 취했던 태도와 유사하다. 이를테면 '물질'에 대한 신유물론의 관점은 맑스주의를 포용하고도 남는다. 맑스가 「기계에 대한 단상」에서 암시적이지만, 섬광 같은 직관을 가지고 파악한 물질의 능동성은 신유물론에 와서 제대로 된 존재론적 기반을 획득할 수 있게 된 것이라고 해도 지나친 말은 아닐 것이다.

우선 공평무사한 맑스주의 쪽에서 보자면 사적 유물론은 신유물론과 충실한 대화가 가능하다고 보는 듯하다. 이러한 태도는 앞서 언급된, 최근의 신유물론자들이 들뢰즈-과타리의 유물론에 대해 취했던 "불편한 승인들과 영향력에 관한 불안"과는 다른 모습이다. 사적 유물론자들은 오히려 신유물론자들이 "사적 유물론을 어떤 라이벌, 보다 뒤떨어지고 [그들과는] 양립 불가능한 전통"(Choat 2017, p. 14)으로 파악하는 그 시각에 맞서고자 한다. 그럼으로써 사적 유물론자들은 신유물론과의 보다 생산적인 대화가 가능하다고 보는 것이다.

이런 의미에서 네일이 집필한 『움직이는 맑스』(Marx in Motion)는 맑스주의에 대한 수행적 신유물론의 대응을 담고 있는 책인데, 여기서 네일은 맑스주의의 쇠락이 오히려 변화를 거부한 교조주의에 클리나멘을 부여함으로써 그것을 갱신할 기회가 된다는 점을 강조한다(Nail 2020, p. 2). 그는 이러한 갱신을 통해 앞서 언급된 맑스주의와의 '대화'가 가능하다고 본다. 비록 대부분의 신유물론자들, 예컨대 제인 베넷, 브뤼노 라투르, 데란다 그리고 로지 브라이도티가 맑스주의에 대한 비판에 앞장서고, 심지어 후기-구조주의 맑스주의까지 "가망 없는 '구-유물론'이자 인간중심주의"(Ibid., pp. 10-11)라고 혹평하지만, 네일은 이 두 가지 전통(맑스주의와 신유물론)이 서로에게 얻을 것이 많다고 본다.

우선 그는 몇 가지 기존의 강력한 비판을 제시하는데 그것은 '역사 결정론', '환원주의', '인간중심주의'다. 먼저 역사 결정론은 가장 흔하게 제기되는 맑스주의의 약점으로서 역사가 "미리 주어진 목표, 즉 공산주의"(Ibid., p. 3)를 향해 달리는 기차라는 내용을 담는다. 비판에 따르면 이러한 역사 결정론은 더 이상 작동되지 않는다. 역사적 진보를 상징하는 저 기차의 이미지는 19세기 산업혁명기의 황금기를 쉴 새 없이 달려와서 이제는 더 이상 앞으로 갈 일이 없을 것만 같다. 이 정처 없어진 진보의 이데올로기를 반박하기 위해 복잡한 이론을 제기할 필요는 없을 것이다. 세계대전의 역사와, 예기치 않았던 68혁명의 발발, 그리고 전 지구적인 핵전쟁의 위협, 기후변화, 코로나 바이러스의 출현 등은 더 이상 "진보 또는 자유에 있어서 어떤 명쾌한 역사적 패턴"(Ibid.)을 보여주지 않는다. 오히려 그 반대가 더

옳아 보인다. 우리의 미래는 그 어느 때보다 암울한 것 같다.

두 번째로 환원주의는 사회가 경제적 인과 법칙에 의해 엄격하게 결정된다는 논점에 기반한다. 이에 따르면 모든 것은 경제적 토대라는 일방향적 인과적 연결에 의해 연역되고 설명된다. 문화적인 상부구조는 경제적 생산양식에 기반하고 있으며, 여기에는 인종, 젠더, 섹슈얼리티, 동물성이 속하는데, 이 모든 것이 자본주의적 생산 양식에 의해 구성된다. 이런 경제적 하부구조는 사태의 진행에 있어서 분명 중요한 측면이긴 하지만, 언제나 그런 것은 아니다. 이를테면 21세기 정치투쟁은 많은 경우에 젠더, 인종, 섹슈얼리티, 동물권과 같은 생태적, 탈식민지적 주제들의 교차성Intersectionality에 기반한다. 이러한 주제들은 분명 자본주의 생산 양식과 연관되지만, 결코 그것에 의해 완전히 결정되지는 않는다. 따라서 맑스주의에는 자연, 젠더, 인종 등등의 "보충적 차원들"(Ibid., p. 4)이 항상 따라 붙는다.

이러한 환원주의에 대한 비판은 맑스의 유물론 자체에도 가해질 수 있다. 맑스주의 변증법적 유물론에 따르면 경제 법칙들은 보다 큰 자연 법칙의 한 표현일 뿐이다. 여기서 물질은 불연속적이고 현실적인 입자로 파악된다. 이 입자-물질은 영원한 '운동 법칙'으로 환원된다. 하지만 이러한 고전 이론은 21세기 물리학의 표준 판본에 따르면 지탱될 수 없다. 양자론에서 물질은 불연속적 입자가 아니라 진동하는 장들Vibrating Fields이다. 이 물질은 경험적으로 또는 총체적으로 알 수 있는 것이 아니다. 더욱이 미시적인 차원에서의 물질의 운동에 관한 보편 법칙은 불확정적이다. 게다가 물질이 관찰 행위로부터 독립적으로 알려질 수 있는 어떤 것이라는 생각은 더 이상 가능하지 않게 되었는데, 왜냐하면 거기에는 언제나 양자 얽힘Quantum

Entanglement[8]이 존재하기 때문이다. 따라서 19세기 과학의 발전에 기반하고 있던 맑스주의의 유물론은 새롭게 갱신될 필요가 있는 것이다.

세 번째로 인간중심주의는 맑스주의가 다른 어떤 것보다 인간 존재 또는 인간 사회에 존재론적 특권을 부여한다는 비판에서 비롯된다. 이로 인해 맑스주의는 21세기의 가장 중요한 사건으로서 전 지구적 기후 변화에 대응할 능력을 상실하게 된다. 네일에 따르면 이 비판에는 세 가지 판본이 있을 수 있다. 우선 생산주의적인 판본인데, 이것은 기술 혁신을 통해 자연을 종속시키려는 인간의 노력에 중점을 둔다. 두 번째 판본은 보다 휴머니즘적인 것으로서 자연에 관한 감각적 향유에 의해 규정된다. 이에 따르면 인간으로 존재한다는 것은 자연에 관한 미적 향유를 경험하기 위해 스스로를 아는 동물로 존재한다는 의미이다. 다른 동물은 이 특유한 능력을 가지지 않으며, 따라서 생태 문제들은 근본적으로 인간적 문제들로 남겨진다. 세 번째 판본은 구성주의인데, 이에 따르면 인간존재는 일차적으로 비역사적인 본질이 아니라, 오히려 사회적, 정치적, 심리적, 경제적 그리고 언어적 구조들의 역사적 생산물이다. 자연에 관한 모든 인간적인 지식은 이 구조에 의해 엄격하게 제어된다. 자연이 진정 무엇인가 하는 것은 궁극적으로 모든 인간적 구조의 한계를 넘어서는 미지의 '물자체'에 대한 질문으로 남는다. 자연과 물질은 과잉된 것이거나 우리의 구조들 바깥에 남겨지며, 이러한 결핍이나 실패는 역설적이게도 우리의 "유일한 지식 형태"(Ibid., p. 5)가 된다.

---

8 양자 얽힘은 측정 행위가 어떤 물리적 상태와 상호연관되면서 예측 불가능한 방식으로 어떤 하나의 '상태'를 결정하는 것을 말한다.

네일의 신유물론적 맑스주의는 "운동적 맑스주의Kinetic Marxism"로 명명된다. 이는 수행적 신유물론의 그 수행성을 강조하는 것으로 "수행적 맑스주의"(Ibid., p. 42)이기도 하다. 이 노선을 따라 네일은 앞서의 비판들에 대해 수행적 해결책들을 제시한다.

네일은 맑스의 운동론Theory of Motion이 자연과 사회에 관한 결정론을 거부한다고 본다. 맑스에게서 물질은 기계적, 생기적 또는 다른 어떤 운동의 결정론적 법칙을 따르지 않는다. 따라서 역사도 선형적 진보 또는 목적론적 종착점에 의해 선결정되지 않는다. 이러한 맑스적인 운동론을 네일은 '운동적 변증법Kinetic Dialectics'이라고 부르고, 이 운동의 특성을 '방행적Pedetic' 또는 '추계적Stochastic'이라고 규정한다.

> 방행이란 어떤 종류의 물리적 운동으로서, 엄격하게 필연적이지도 엄격하게 임의적이지도 않은 운동을 말한다. 각각의 새로운 운동은 직접적으로 이전의 운동에 연결되지만, 그때까지 이어져 온 운동들의 역사에 의해 결정되지는 않으며, 심지어 바로 전의 운동에 의해서도 엄격하게 결정되지 않는다. 방행적 운동은 그 어떤 목적론적 최종 목표도 가지지 않는다(Ibid., p. 13).

이 '방행' 또는 '추계'라는 개념은 수행적 신유물론에 있어서 매우 중요하다. 이에 대해서는 「신유물론이란 무엇인가?」에서도 다루어진다. 이 개념은 수행적 신유물론의 '첫 번째 기준'이다.

수행적 신유물론의 첫 번째 기준은 물질이 방행적이라는 것이다.

방행Pedesis(pedesis는 어근 ped-의 원형인 PIE로부터 오는 것으로, '발 Foot'이란 의미를 지닌다)이란 반-자동적 자기-이동의 운동이다. 걷고, 뛰고, 도약하고, 춤추기 위해 발은 다소 예측 불가능한 방식으로 움직인다. 운동에 관한 결정론적, 개연적 또는 우연적 이론들과 반대로, 방행이란 바로 반복적으로 그 즉각적 과거와 연결되지만 그것에 의해 결정되는 것은 아니라는 의미이다(Gamble, Hanan and Nail 2019, p. 125).

따라서 맑스주의가 방행적이라는 것은 결정론의 구속으로부터 벗어난다는 것이며 그와 더불어 경제 환원주의나 인간중심주의로부터도 벗어난다는 것을 의미한다. 왜냐하면 이제 맑스주의에는 "물질이 수동적으로 따르기만 하는 그 어떤 보편적 자연 법칙도 없기"(Nail 2020, p. 13) 때문이다. "물질은 그 자체로 능동적이고 창조적이다. 법칙들은 자연 안의 예외적 경향들이다"(Ibid., p. 125).[9]

이를 기반으로 네일은 맑스의 '가치론'과 정치경제학비판 전반에 걸쳐 다소 놀랍고 새로운 해석을 내놓는데 책의 결론 부분에 있는 내용을 정리하면 다음과 같다.

(1) 맑스는 노동가치론을 주장하지 않았다. 그는 이 개념을 결코, 심지어 단 한 번도 사용하지 않았다. 노동은 가치를 결정하지 않는데, 왜냐하면 생산의 탈취 또는 **전유**가 임금과 잉여가치의 **착취**에

---

9 물론 네일은 이에 관해 '방행' 외에도 풍부한 논거들을 들고 있다. 여기서는 지면 관계상 줄일 수밖에 없다.

선행하기 때문이다. 노동이 가치를 가지지 않기 때문에, 노동과 가치 사이에 그 어떤 산술적 비례도 존재하지 않는다. 맑스는 가치 형식을 철폐하길 원했지, 그것을 복권하기를 바라지 않았다.

(2) 본원적 축적은 16세기 영국에서 단 한 번 또는 처음으로 발생한 것이 아니라, **모든 가치 창조**의 구성적 과정으로 존재한다. 본원적 축적은 **가치 자체의 생성**이다.

(3) 맑스는 자연과 사회에 관한 불변의 발전 법칙을 믿지 않았으며, 또는 적어도 이 주제에 있어서 모순된 전망을 가지고 있었다. 변증법적 유물론의 해석은 엥겔스와 소비에트의 발명품이지, 맑스의 것이 아니다. 박사논문에서부터 『자본론』에 이르기까지 운동적 변증법에 관한 맑스의 이론은 자연과 역사에 대해 개방적이고 방행적인 전망을 제공한다.

(4) 맑스는 그의 박사논문에서 뚜렷이 드러나는 것처럼, 조야하고, 기계론적인, 또는 환원론적 유물론자가 아니었으며, 확실히 원자론자도 아니었다. 맑스에게 물질은 실체가 아니라 운동적 과정Kinetic Process이다. 맑스는 그의 시대를 훌쩍 앞서 운동적 또는 과정적 유물론을 제시한 첫 번째 철학자 중 한 사람이었다.

(5) 맑스의 가치 이론, 소외론 그리고 착취 이론은 인간주의적인 개념도 인간중심주의적인 개념도 아니다. 맑스는 이 세 가지 개념 모두가 보다 넓은, 자연-인간-사회의 생성이라는 세 겹의 신진대사 과정이라는 것을 분명히 한다. 가치는 결코 인간으로부터만 나오지 않으며, 소외도 또한 인간에게만 적용되는 것이 아니다. 맑스에 의하면 엄밀히 말해서 인간, 자연 그리고 사회 간에는 아무런 존재론적 분할도 존재하지 않는다. 문제는 자본주의가 사용가치와 교환가

치 간의 역사적 이원론을 도입한다는 것이다(Ibid., pp. 215-216).

맑스에 관한 이 수행적 해석으로부터 네일은 세 가지 결론을 도출해 낸다. 첫째로 맑스 연구를 최초의 저작인 박사논문(「데모크리토스와 에피쿠로스 철학 체계의 차이」)에서 시작함으로써 완전히 다른 개념적 틀로 나아간다. 만약 그렇지 않고 기존의 방식대로 한다면, 그것은 다시 결정론, 환원주의, 인간 중심주의에 빠져들게 된다. 둘째, 맑스에 관한 해석에서 루크레티우스의 중요성이 드러나는데, 이를 통해 '신유물론'이 사실은 매우 오래된 것이라는 점을 깨닫게 된다. 맑스는 19세기에 이를 다시 취했다. 맑스의 이런 면모를 밝히지 못한 것은 서구 철학사에서 매우 불행한 일이다. 따라서 진정 신유물론과 비인간중심주의적인 실재론의 미래는 부분적으로 이러한 과거에 놓여 있으며 그 '선구자들의 기념비적 신전'(Ibid., pp. 216-217) 안에 맑스가 포함된다. 마지막으로 네일은 다음과 같은 매우 중요한 정치적인 전망으로 자신의 수행적 맑스주의 해석을 마무리한다.

세 번째로 만약 가치의 기원이 전유, 가치 탈취 그리고 지배에 있다면, 지속가능한 자본주의의 추구는 완전히 불가능하다. 자본주의에 있어서 핵심적인 문제는 착취가 아니라(비록 이것이 분명 중요하다 해도) 그것에 앞서는 전유다. 더 나아가 모든 가치 생산의 중심에 있는 여성 노동, 자연 그리고 식민지 노동의 착종과 근원적 전유는 지금까지 존재했던 것보다 더 급진적인 코뮤니즘의 형태에 관한 답변을 요청한다. 오늘날 우리는 자본주의가 만들어낸 모든 자연적, 인간적 그리고 사회적 신진대사의 균열들을 치료할 수 있는 진정으로 신진대사적이고 운동적인 코뮤니즘을 필요로 한다(Ibid., p. 217).

이렇게 해서 네일의 수행적 해석을 통해 맑스는 신유물론자로 재탄생하는 것으로 보인다. 그와 더불어 앞서 언급했던 기존 맑스주의자들이 바라마지 않던 '대화'는 오히려 신유물론 쪽에서 더 적극적이며 급진적인 방향으로 진행되는 것 같다. 물론 이러한 해석은 교조주의자들의 맹목이나 텍스트 페티시즘의 입장에서는 도저히 이해될 것 같지 않다. 하지만 맑스주의의 가소성은 세기를 거듭하면서 새로운 옷을 갈아입으며 출몰하는 유령과 같다는 것을 인정할 필요가 있을 것이다. 네일은 이 유령적 실재성을 신유물론적 해석을 통해 극단으로 밀어붙였다고 보인다.

수행적 신유물론의 테제들 요약

수행적 신유물론의 특이점들을 개념적 측면에서(수행성, 반재현주의) 그리고 역사적 측면에서(구유물론, 들뢰즈-과타리, 맑스) 살펴본 후 이제 우리는 이 내용들을 '테제'라는 간략한 형식으로 정리할 수 있게 되었다. 그것은 다음과 같다.

(1) 물질의 활동 자체는 방행적이거나 불확정성(비결정적)으로 특성화된다. 그렇지 않으면 신유물론은 형상과 같은 다른 어떤 것, 즉 결정론적이거나 개연적인 자연법칙, 힘 또는 신에 대한 물질의 활

동성이라는 속성화로 되떨어질 것이다.

(2) 물질은 전진적인 반복 과정임에 틀림없다. 그렇지 않으면 신유물론은 실체-기반 존재론으로 되돌아가거나, 물질을 합리주의 또는 형식주의와 같은 어떤 것으로 축소할 위험을 안게 된다.

(3) 물질은 완연히 관계적이고 내재적으로 자기-원인적이다. 물질은 단순히 신, 자연 또는 인간의 수동적 효과가 아니다. 마찬가지로 물질은 단순히 능동적 행위자인 것도 아니다. 물질적 관계들은 (능동과 수용 둘 다 동시에) 언제나 비대칭적이다. 그것은 '평평'하지 않다(Gamble, Hanan and Nail 2019, p. 125).

첫 번째 물질 테제의 '방행성'은 문자 그대로 '예측 불가능한 운동'을 일차적으로 의미하지만, 제멋대로 움직이거나 개연적이라는 것은 아니다. 이를테면 들뢰즈의 잠재적 장에 놓인 특이성들의 미분적 특성과 같다. 그것은 무작위적이지만 '규정'되어 있는 것이기 때문이다. 그러므로 여기서 물질은 준안정적이고, 구성적이다. 이 말은 또한 '순수한 우연'이란 존재하지 않는다는 것을 의미하기도 한다. 이 순수한 우연은 그 어떤 것으로부터도 촉발되지 않는 어떤 것의 존재를 가정하며, 이는 '무로부터의 출현'을 전제한다. 하지만 이는 신유물론은 물론이고 구유물론에서도 받아들여질 수 없다. 그러므로 방행적 운동은 관계적이며 수행적이라고 해야 한다. 즉 과정 안에서 서로 촉발된다는 것이다. 여기서 불확정성은 물질이 서로 간에 얽히면서 발생하는 창발의 여지라고 할 수 있다. 발생적인 기원은 여기서 분명 중요하지 않다. 다만 그 불확정성 안에서 매번 물질은 실험하고, 말하고, 도약하며, 섬광을 뿌린다.

'전진적 반복의 과정'이라는 두 번째 테제는 물질의 반복적 수행성을 말하는 것이다. 즉 '물질은 오직 반복적, 전진적, 비결정적 과정으로 이해될 때에만, 수행적이다.' 따라서 "만약 물질이 그 작동하는 바 또는 움직이는 방식 외에 아무것도 아니라면, 그리고 만약 그 운동들이 가장 작은 것에서 가장 큰 시공간적 규모에 이르기까지 결코 궁극적으로 또는 충분히 완성되지 않으면, 물질의 본질적 특성은 그것의 끝나지 않는 방행적 재발명일 뿐이다"(Ibid., p. 126). 이것은 로고스적 법칙을 비껴가는 것에 대한 규정이다. 또한 생기론적 유물론이 말하는 근본 원리로서의 힘이나 생명도 여기서는 조건이 될 수 없다.

　그와 같은 재발명의 과정으로서의 생성은 이 개별적 반복들이 매번 미세하게 차이난다는 것을 의미한다. 마치 에피쿠로스-루크레티우스의 클리나멘처럼 이 차이나는 반복은 전체의 변화를 이끌고 거기에 기여한다. 가장 미세한 단일 전자의 예측 불가능한 수행적인 과정을 통해 전체 변화에 기여하는 것이다. 이 전자는 사실상 얽힘의 강도적 요소가 되고, 그럼으로써 부분이든 전체든 언제나 미결정적이고, 즉흥적인 네트워킹으로 살아가고, 죽어간다. 하지만 이것이 이 수행적 물질의 연속성을 담보하는 것도 아니다. 그것은 어떤 혼효적인 비평형적 장에서 빠름과 느림으로만 존재하기 때문에, 연속성과 불연속성을 함께 가진다. 이것은 마치 빛이 입자와 파동의 성질을 함께 가지는 것에 조응한다.

　세 번째로 물질이 관계적이면서 자기-촉발적(자기-원인적)이라는 것은 '내재적 관계성'을 의미한다. 관계는 어떤 외적 원인으로 인해 시작하거나(제일 원인), 외적으로만 이루어지지는 않는다. 그것은 수행적인 연속/불연속 실행 속에서 늘 자기 안에서 촉발을 이루고 또한 다른 것과 관계를 맺는다. 하지만 여기에 외재성이 존재하지 않는 것은 아니다. 하나의 전자가, 또는 한 사람의 인격이 다른 전자, 또는 인격과 외적 관계 하에서 관계를 맺는다는 것은 분명하지만, 그 관계 자체의 발생은 어떤 초월적 존재로부터 오는 것이 아닌 것이다. 더 나아가 더 중요한 것은 언제나 자기 촉발적 관계 자체라는 것이다.

그런데 마지막 테제에서 보이는 '평평하지 않다'라는 규정은 좀 살펴볼 필요가 있다. 평평한 존재론은 데란다가『강도의 과학과 잠재성의 철학-잠재성에서 현실성으로』에서 들뢰즈의『차이와 반복』을 해석하는 와중에 등장한다. 그런데 이 개념이 여러 철학자들을 거치면서 변형된다. 결론부터 말하면 평평한 존재론은 현행적으로Actually 평평하지 않지만, 잠재적으로Virtually 평평하다. 들뢰즈적으로 보다 상세히 말하자면, '강도적 차원'과 '현행적 차원'에서 존재는 평평하지 않다. 즉 비대칭적이다. 하지만 잠재적 차원에서 그것은 아나키적 상태, 즉 평평하다.

그런데 이러한 의미가 나중에 다소 다른 내용을 가지게 된다. 단적으로 말해 들뢰즈-데란다적인 의미의 '평평한 존재론'에서 잠재성이 사라지게 되는 것이다. 이런 경우 평평한 존재론은 잠재성이나 내재면의 요동과 무한한 운동 없이 "처음부터 모든 객체들을 동일한 방식으로 취급해야 한다"(Harman 2017, p. 54)는 전제를 가지게 된다. 이것은 앞서 우리가 일군의 신유물론자들이 들뢰즈-과타리의 '잠재성' 개념에 대해 가지는 불만이 이론적으로 현실화된 것이라고 볼 수 있다.

신유물론 그룹에 속한다고 볼 수 있는 브라이언트는 들뢰즈의 잠재성이 가지는 함축을 되살리려고 애쓴다. 이것은 브라이언트가 객체의 역량을 '함'(브라이언트 2021, p. 170)으로 설정하고, 그 함의 역량이 발현하는 곳을 잠재성의 지대로 보고 있기 때문이다. 즉 브라이언트는 객체의 구체성을 지키면서도 객체의 역량이 펼쳐지는 기반으로 잠재성을 가져온다.

이렇게 해서 브라이언트의 '평평한 존재론'은 그 본래의 의미를 회복하는데, 이것을 그는 "모든 사물은 존재한다는 점에서 동등하지만, 모든 사물이 동등하게 존재하는 것은 아니다"(브라이언트 2020, p. 178)라고 말한다. 물질은 존재론적 차원, 다시 말해 잠재성의 차원에서는 평평하지만, 현행성의 차원에서 물질적 객체들은 그 역량의 발휘에서 차이가 난다. 그래서 동등하게 존재하는 것이 아니다. 이를테면 COVID-19는 다른 객체들과 존재한다는 그 의미에서 잠재적으로 동등하지만, 그것이 현행화되었을 때 보건적, 정치적, 경제적, 문화적으로 온갖 불평등을 야기하는 것으로서 다른 객체들보다 더 큰 힘을 가진다.

결론적으로 신유물론의 물질은 잠재적 차원에서 서로 간에 평등한 관계를 맺고 있지만, 현행적 차원에서 그 관계 맺음의 능력은 달라진다. 더 많은 관계, 더 많은 네트워크 안에서 물질은 더 큰 능력을 발휘하며, 또한 그에 기반하여 관계 확장에 나선다. 관계의 능력이 줄어들수록, 교란은 심해지고, 이에 따라 관계는 더 줄어들게 된다.

요컨대 수행적 신유물론은 기존의 신유물론이 가지고 있던 물질의 능동성에 대한 관점을 공유하고, 거기에 방행적, 수행적, 비평형성이라는 차원을 부가한다. 이는 역사적으로 구유물론과의 대결 그리고 현대 철학에서 들뢰즈-과타리, 맑스와의 교전을 통해 더 뚜렷이 드러나게 된다.

돌피언, 릭·반 데어 튠, 이리스, 2021.『신유물론-인터뷰와 지도제작』, 박준영 옮김, 파주: 교유서가.

버틀러, 주디스, 2003.『의미를 체현하는 육체』, 김윤상 옮김, 고양: 인간사랑.

브라이언트, 레비, 2020.『존재의 지도: 기계와 매체의 존재론』, 김효진 옮김, 서울: 갈무리.

_____, 2021.『객체들의 민주주의』, 김효진 옮김, 서울: 갈무리.

Bacon, F., 1857-74. *The Works of Francis Bacon* vol.14, J. Spedding(ed.), London: Green.

Barad, K., 2007. *Meeting the Universe Halfway: Quantum Physics and the Entanglement of Matter and Meaning*, Durham: Duke UP.

Berressem, H., 2021. "'In the Light of Leibniz and Lucretius': An Encounter between Deleuze and New Materialism," *Deleuze and Guattari Studies* 15(4), Edinburgh: Edinburgh UP, pp. 497-522

Braidotti, R., 2000. "Teratologies," in I. Buchanan and C. Colebrook(eds.), *Deleuze and Feminist Theory*, Edinburgh: Edinburgh UP.

Choat, S., 2017. "Science, Agency and Ontology: A Historical-Materialist Response to New Materialism," *Political Studies* 66(4),, pp. 1027-1042. https://doi.org/10.1177/0032321717731926.

DeLanda, M., 1996. "The Geology of Morals: A Neo-Materialist Interpretation," http://www.t0.or.at/delanda/geology.htm.

_____, 2015. "New Materiality," *Architectural Design* 85(5), pp. 16-21. https://doi.org/10.1002/ad.1948.

Gamble, C. N. and Hanan, J. S.(eds.), 2021. *Figures of Entanglement: Diffractive Readings of Barad, New Materialism, and Rhetorical Theory and Criticism*, Thames: Routledge.

Gamble, C. N., Hanan, J. S., and Nail, T., 2019. "WHAT IS NEW MATERIALISM?" *Angelaki* 24(6), pp. 111-134.

Grosz, E., 2017. *The Incorporeal: Ontology, Ethics, and the Limits of Materialism*,

New York: Columbia UP.

Harman, G., 2017. *Object-Oriented Ontology: A New Theory of Everything*, London: Penguin Books.

Kleinherenbrink, A., 2019. *Against Continuity: Gilles Deleuze's Speculative Realism*, Edinburgh: Edinburgh UP.

Nail, T., 2020. *Marx in Motion: A New Materialist Marxism*, New York: Oxford UP.

____, 2021. *Theory of the Earth*, California: Stanford UP.

Vermeiren, F., 2021. "The Leibnizian Lineage of Deleuze's Theory of the Spatium," *Deleuze and Guattari Studies* 15(3), Edinburgh: Edinburgh UP, pp. 321-342.

9. 신유물론의 물질과 몸

김종갑

신유물론의 중심에는 물질이 있다. 중요한 것은 정신이라기보다는 물질이다. 캐런 버라드의 유명한 명제를 빌린다면 '물질은 물질한다 Matter Matters'[1] 물질은 물질하기의 행위이면서 동시에 그러한 행위의 주체이다. 우리는 그러한 물질적 행위를 운동이나 움직임, 변화라고 불러도 무방하다. 혹자는 이러한 의문을 제기할 수가 있다. '물질이 움직이고 변화한다는 것은 너무나 당연한 사실이지 않은가? 굳이 이론이 필요할까?' 그러나 당연한 것과 당연하지 않은 것의 차이는 자명하지 않다. 양자의 차이는 자연적 차이가 아니라 담론적 차이이기 때문이다. 말하자면 관념론의 물질과 유물론의 물질, 신유물론의 물질은 동일하지 않다. 우리가 택하는 이론적 입지에 따라서 '물질은 물질한다'는 말은 천 개의 다른 얼굴과 의미를 가질 수 있다. 개념은 다른 개념들과의 관계 속에서만 정의될 수 있기 때문이다. 물질은 능동과 수동, 행위자와 피행위자, 인간과 비인간, 자율성과 비자율성, 자유와 구속 등의 개념쌍들과 얽히면서 처음에 선명한 듯이 보였던 그것의 성격이 점차 애매모호하고 불투명하게 바뀌면서, 새로운 질

---

1   제인 베넷도 다음과 같이 말했다. "Materiality Matters"(Bennett xvi).

문들이 꼬리를 물고 고개를 들기 시작한다. 물질이 움직이는가? 아니면 움직임을 당하는가? 물질은 독립적, 자발적으로 움직이는가? 아니면 의존적이며 타율적으로 움직이는가? 그리고 만약 물질이 원자의 단위로 축소되거나 우주의 단위로 확대될 수도 있다면 움직임의 주체는 무엇인가? 이러한 질문들에 대해 대답하지 않으면 '물질은 물질한다'는 명제는 위엄을 잃고서 공허한 개념으로 추락할지도 모른다. 물질이 무엇인가? 그리고 물질과 몸의 차이는 무엇일까?

신유물론을 떠받치는 기둥이 물질이지만 물질의 정체는 분명하지 않다. 신유물론자로 간주되는 이론가들 사이에서 물질에 대한 이론적 합의나 서로 공유하는 정의가 존재하지 않기 때문이다. 심지어 서로 충돌하거나 모순되는 주장들도 적지 않다(Kirby 2017, p. 8). 'Matter Matters'라는 명제의 형식은 단수형이지만, 신유물론자들의 텍스트에서 하나의 단일한 개념으로 수렴될 수 있는 물질을 찾기는 어렵다. 신유물론자들이 비판적으로 수용하는 주디스 버틀러의 저서의 제목이 『의미를 체현하는 육체』라는 사실을 생각해 보자. 그녀에게 몸은 물질적이면서 담론적이고 정치적이며, 그뿐만 아니라 수행적Performative이다. 이러한 그녀의 물질 개념에 대해서 모든 신유물론자가 동의하지는 않는다. 이렇게 물질이 이론적으로 다양하게 정의될 수 있다는 점을 생각하면 'Matter Matters'라는 문장은 'Matters Matter'라는 문장으로 바뀌어야 올바른 듯이 보인다. 이 두 문장의 차이는 단수와 복수의 차이로 희석될 수 있는 사소한 차이가 아니다. 그렇다고 이 글에서 필자가 신유물론적 물질의 다양한 스펙트럼을 망라해서 다루려고 시도하는 것은 아니다. 그것은 가능하지도 않거니와 바람직하지도 않다. 그리고 신유물론의 물질에서 하나의 공통분모를 추출함으로써 그것의 애매모호성을 정화하려는 의도도 없다. 이 글에서 필자의 관심은 물질과 몸의 관계에 있다. 필자는 신유물론의 물질에는 이상하게도 몸이 없다는 사실에 주목할 것이다. 비분리성Non-Separability, 연결성Connectivity, 얽힘Entanglement, 얽히고설킴Intertwining, 횡단신체성Transcorporality, 기관 없는 몸Body without Organs과 같이 신유물론에서 자주 등장하는 주요 개념들은 개별화된 몸이 아니라 그러한 경계를 나누기가 불가능한 물질의 상호작용을 강조한다. 필자는 그러한 물질의 과잉과 몸의 부재는 신유물론적 물질관의 이론적 성취이면서 동시에 곤경이라고 생각한다. 물론 몸과 물질을 구분하려는 필자의 시도가 바람직하지 않다는 반론이 있을 수 있다. 가령 물리학의 세계에서는 물질과 몸을 구분하지 않는다. 이원론자였던 르네 데카르트도 양자를 구분하지 않았다. 그럼에도 물질의 행위능력을 강조하는 신유물론에서는 양자의 차이는 우회하거나 비켜갈 수 없는 결정적인 차이이다. 이것은 행위와 행위자의 차이와도 무관하지 않다. 모든 몸이 물질임에는 틀림이 없지만 그렇다고 모든 물질이 몸인 것은 아니다.

　신유물론은 과거에 수동적이며 관성적이고 비활성적이었던 것으로 취급되었던 물질에 행위능력을 부여하는 이론이다. 물질은 움직임을 당하기만 하는 것이 아니라 스스로도 능동적으로 반응하고 움직이는 능력을 가지고 있다는 것이다. 필자도 이러한 신유물론의 입장에 전폭적으로 동의하고 있다. 필자가 지적하고자 하는 문제는, 신유물론이 등장하기 이전에 그러한 물질의 행위능력은 몸의 고유한 속성으로 간주되었다는 사실이다. 이때 몸은 스피노자적 코나투스, 즉 계속해서 자신의 존재를 유지하려는 성향이다. 그리고 무형적 물질과 달리 몸은 주위 환경 및 타자와 자신을 구분하고 분리해 주면서 동시에 그것에 존재론적 일관성을 부여하는 세포막 같은 경계를 가지고 있다. 막이 손상되어 복원되지 않는 세포는 더 이상 존재를 유지할 수가 없다. 죽은 세포는 물질의 단위로 축소된다. 그런데 문제는 신유물론이 물질을 몸처럼 취급하면서도 그것의 경계를 인정하지 않는다는 사실에 있다. 그럼으로써 몸과 물질의 차이가 사라져 버린다. 이 점에서 신유물론의 물질관은 두 가지 계기로 이루어진다. 하나가 물질의 신체화라면, 다른 하나는 신체의 물질화이다. 물질의 의인화Anthropomophism와 인간 몸의 물질화Materialization라고 말해도 좋을 것이다.

신유물론의 물질관을 이해하기 위해서는 먼저 그것이 전통적인 유물론과 어떻게 다른지를 살펴볼 필요가 있다. 이를 위해 먼저 필자는 유물론을 물질의 수동성에 착안한 유물론과 물질의 능동적 에너지에 착안한 유물론의 두 종류로 분류할 것이다. 전자가 물질의 고정된 경계를 강조한다면 후자는 경계를 넘나드는 물질의 상호작용에 주목한다. 전자가 기계적 유물론, 후자가 생기론적 유물론이다. 신유물론은 과거의 생기론적 유물론을 현대적으로 재해석한 것이다. 이에 뒤이어서 필자는 물질과 몸의 차이에 논의의 초점을 맞출 것이다. 신유물론자들은 몸과 물질을 구별할 필요를 느끼지 않거나 양자의 차이를 애써 무시하는 경향이 있다. 그 결과 논의의 대상이 인간의 몸으로 확대되지 못하고 자연의 물질로 제한되는 경향이 있다. 신유물론의 바람직한 발전을 위해서는 물질과 몸의 차이를 규명할 필요가 있음에도 말이다. 이 글의 결론에서 필자는 스피노자의 코나투스와 현행적 존재라는 개념을 중심으로 몸과 물질의 차이를 조명할 것이다.

두 가지의 물질: 기계적 물질과 생기론적 물질

철학의 역사는 유물론과 관념론, 이원론이 엎치락뒤치락 씨름하는 역사였다고 말해도 과언이 아니었다. 논의의 효율적 전개를 위해서 필자는 필요한 만큼만 이러한 철학적 전통을 간단히 소개하려고 한다. 신유물론은 한편으로는 관념론과의 차이, 또 다른 한편으로는 전통적 유물론과의 차이를 드러내면서 이론적 입지를 다졌기 때문이다. 신유물론의 물질은, 예를 들어 마르크스의 물질과 동일하지 않다. 전자에게 후자의 유물론은 지나치게 인본주의적이며 결정론적으로 보인다. 인간이 물질을 다스리면서 역사를 만들어 가는 주체로 설정되기 때문이다. 그런데 흥미롭게도, 혹은 바로 그러한 이유로 인해서 신유물론은 진정한 의미에서의 유물론이 아닌, 포장만 바꾼 관념론이라는 비판에 노출되기도 한다. 테리 이글턴이나 슬라보예 지젝과 같은 전통적 마르크스주의자들은 신유물론이 유물론적이기에는 지나치게 관념론적이라고 주장했다. 물질을 관념화했다는 것이다.

유물론은 기본적으로 "모든 존재하는 것은 물질이거나, 적어도 물질에 의존하고 있다"는 입장으로 요약될 수 있다(Bottomore et al. 1983, p. 324). 논의의 대상이 인간의 몸이라면, 유물론은 "몸의 물질적, 화학적, 생물학적 특징(Welton 1998, p. 1)에 주목한다. 18세기 프랑스의 무신론자이자 유물론자였던 라 메트리는 『인간 기계론』(L'homme-machine)에서 인간은 물질이라는 논지를 전개하였다. 그는 당시로서는 파격적으로 생각이나 감정을 몸의 물질적 기능인 감각으로, 정신활동도 뇌의 작용으로 설명하였으며, 심지어 "물질도 사유능력을 가질 수 있다"고 주장하였다(박평종 2019, p. 54). 그런데 그의 주장처럼 관념이나 사상, 생각이 물질적 인과관계로 환원될 수 있는 것일까? 이에 대해서 대답하기는 쉽지 않다. 인간이 물질이라는 말과 인간이 물질적이라는 말 사이에는 넘을 수 없는 거리가 있다. 돌의 물질성과 인간의 물질성은 동일한 것일까? 그렇지 않다. 그러한 이유로 인간=물질이라는 주장은 지나치게 환원론적이라는 비난에 직면하게 된다. 비환원론적 유물론은 그러한 비난을 비켜갈 수 있는 이론적 입장이다. 인간은 돌이나 나무와 마찬가지로 물질적인 존재라는 것은 부정할 수 없는 사실이다. 그렇지만 인간의 정신 활동이 물질로 환원되는 것은 아니다(Ibid., pp. 57-58).

그런데 유물론에 대한 위의 설명에는 물질에 대한 명시적 정의가 포함되어 있지 않다. 그럼에도 우리는 물질이 무엇인지에 대해서 상식적인, 혹은 선술어적 지식을 가지고 있다. 물질이라는 말에 흙이나 돌, 강물과 같은 것들을 어렵지 않게 떠올릴 수 있는 이유이다. 이들은 생명이 없고 비활성적이며 스스로 움직일 수 있는 능력을 가지고 있지 않다. 이러한 상식적인 물질관은 인간이 물질이라는 주장과 양립하기가 어렵다. 그래서 우리는 "물질은 느끼고 대화하고 고통을 당하고 욕망하며 희망하기도 하고 기억도 한다와 같은 주장에 대해서 당혹감을 느끼게 된다. 우리는 돌이 물질이듯이 강아지도 물질이라고는 생각하지 않는 것이다. 돌이 무기체라면 강아지는 유기체이고, 전자가 무생명이라면 후자는 생명이고, 전자가 분명한 형상이 없다면 후자는 형상을 가지고 있다. 이러한 구별에 따르면 인간은 그냥 물질이 아니라 살아서 움직이는 물질, 그것도 생각하는 물질로서 영혼 물질이다.

물질도 살아 움직인다는 주장은 철학의 역사에서 오랜 뿌리를 가지고 있다. 바로 물활론이다. 유물론이 모두 기계론적인 것은 아니다. 물활론적 유물론도 있다. 신유물론이 그러한 물활론적 뿌리를 찾아서 고대 희랍의 자연철학적 전통으로까지 소급하는 것은 단순한 우연이 아니다. 소크라테스 이전에 고대 희랍의 철학은 우주를 구성하는 기본 물질을 탐구하는 자연철학이었다. 물, 불, 공기, 흙과 같은 네 원소를 비롯해서 원자론도 그러한 질문에 대답하려는 시도였다. 그러한 물질들은 불활성의 관성적 물질이 아니라 활기가 있고 역동적이며 동적인 물질이었다. 물질들은 서로 충돌하며 분리되기도 하고 어울리며 결합하기도 하고, 조화하는 관계나 불화하는 관계로 접어들기도 한다. 끊임없는 생성과 변화, 팽창과 축소, 결합과 분리 등의 움직임이 물질의 본질을 구성하는 것이다. 『우리는 결코 근대인이었던 적이 없다』에서 브뤼노 라투르는 이러한 전근대적 물질관을 거부하면서 아이작 뉴턴과 데카르트의 근대적 물질관이 탄생하였다고 주장하였다. 전자가 자연철학적 물질이라면 후자는 근대과학적 물질이다. 그의 표현에 따르면 '근대적 분리Modern Divide'라는 특징을 가진다. 이전에 분리되지 않고 혼재했던 물질=생명을 한편으로 관성적 물질로, 또 다른 한편으로는 생명으로 위계적으로 분리하고 구분하려는 시도가 근대였다는 것이다. 이러한 분리와 더불어서 인간과 비인간, 행위자와 피행위자, 자유와 구속, 자연과 문화, 능동과 수동과 같은 또 다른 분리들이 근대의 인본주의적 과학관을 형성하였다. 근대적 분리를 거치면서 전근대의 생동하던 물질이 죽은 관성적 물질로 바뀐 것이다. 이 점에서 신유물론은 근대가 부정하고 거부했던 물질의 생동성과 행위성을 되살리려는 시도이다.

참고로 이와 같은 근대적 분리가 18세기와 19세기에는 독일 관념론 철학의 배경이면서 동시에 극복해야 대상이 되었다. 이 점을 지적하는 이유는, 서로 상반된 듯이 보이는 독일 관념론과 신유물론이 겹치는 대목이 적지 않기 때문이다. 앞으로 살펴보겠지만 신유물론의 물질은 관념의 자기실현적 운동처럼 보이기도 한다. 주지하듯이 이마누엘 칸트가 근대적 분리의 연장선에서 정신과 물질, 자유와 필연, 지성계와 현상계, 물자체와 지식을 이항대립적으로 대립시켰다면 그러한 대립을 극복하기 위한 시도를 요한 고틀리프 피히테와 게오르크 헤겔, 프리드리히 셸링과 같은 철학자들이 보여주었기 때문이었다. 이 글에서는 논의하지 않지만 퀑탱 메이야수나 그레이엄 하먼과 같은 신유물론자들은 그러한 독일 관념론의 전통과 씨름하면서 자신의 이론을 구축할 수 있었다. 세계를 현상계와 지성계로 양분하였던 칸트가 물질과 물자체를 엄격하게 구분하였다는 것은 잘 알려진 사실이다. 그에게 물질은 자연과학적 법칙의 지배를 받는 대상으로 연장과 질량, 숫자, 형상 등의 개념으로 설명이 될 수 있다. 그러나 그것의 진정한 본질로서 물자체는 오성의 영역을 벗어나 있다. 그런데 과연 물자체가 현상계의 바깥에 있고, 정신과 물질은 배타적이며, 자유와 필연은 서로 공존할 수 없는 것일까? 헤겔과 셸링은 그렇지 않다고 보았다. 양자는 역동적으로 상호작용을 하면서 각자의 잠재적 본질을 실현하는 과정에 있기 때문이다. 물질은 정신화되고 정신은 물질화된다고 할 수 있다. 『정신현상학』에서 헤겔은 정신은 물질을 통해서 스스로의 본질을 실현하는 변증법적 과정이라고 주장하였다. 이러한 과정에서 물질도 정신화되기 시작한다. 가령 우리는 타고 태어난 몸을 꾸준한 운동과 식이요법을 통해서 근육질의 아름다운 몸으로 정신화할 수 있다.[2] 이와 같이 정신의 자기실현을 강조한 헤겔에 비해서 셸링은 보다 범신론적이었다. 『자연철학의 이념』에 서술된 그의 물질은 스피노자적 의미에서 능산적 자연이면서 동시에 소산적 자연이다. 그리고 그는 인간을 자연의 일부로 파악하였으며 정신보다는 행동을 강조하였고 정신의 출현을 물질의 부수현상으로 설명하였다. 그는 물질로부터 정신이 창발된다는 현대철학적 이론을 미리 선점하였던 것이다.

물질로서 몸과 에너지로서 몸, 그리고 몸의 개별성

신유물론의 물질을 이해하기 위해서는 우리가 암암리에 전제하고 있었던 상식적인 물질관에서 벗어날 필요가 있다. 우선 무엇보다도 물질에 대한 우리의 이해는 시각중심적이라는 점을 지적할 필요가 있다. 데카르트가 물질을 시각적 연장Extension을 통해서 정의하였듯이 우리는 책상이나 의자처럼 공간을 차지하며 부피와 모양을 가진 정적 대상으로서 물질을 이해하고 있다. 물질은 자발적으로 행동하는 인간과 달리 물리적 인과관계에 의해서 움직임을 당한다. 나는 특정한 의도를 가지고 손을 뻗어서 책상을 움직이지만 책상은 수동적으로 움직여지는 것이다. 이러한 이유로 아리스토텔레스는 행동의 영역인 윤리학과 운동의 영역인 물리학을 구분하였다. 인간과 물질 사이에는 넘을 수 없는 존재론적 경계와 차이가 있는 것이다.

---

2   정신은 스스로를 실현하는 과정에서 Phusis로부터 Hexis, Logos로 발전한다. 이에 대해서는 Russon 1997을 참조.

그러나 모든 물질이 시각적 연장과 경계로 설명될 수 있는 것은 아니다. 가령 공기와 바람과 같은 물질은 눈으로 보이지 않는다. 책상과 같은 몸을 가지고 있지도 않다. 몸에 닿는 촉감을 통해서만 그것의 존재를 알 수 있을 따름이다. 그것은 물질이라기보다는 힘으로 느껴진다. 나뭇가지를 쥐어흔드는 바람은 힘의 강도와 더불어서 방향성도 가지고 있다. 이것은 내가 책상에 가하는 힘에 대해서도 마찬가지이다. 내가 책상에 가하는 힘은 육안으로 보이지 않으며, 일정한 모양과 경계를 가지고 있지 않다. 비교적 고정되고 안정적인 내 몸의 경계와 달리 나의 힘은 지극히 유동적이고 변덕스러우며 가변적이다. 아침에 내가 발휘하는 힘과 저녁에 가능한 힘의 크기는 같지 않다.

그렇다면 우리는 두 가지 관점에서 물질에 접근할 수가 있다. 하나가 시각적 연장으로서 물질이라면 또 하나는 힘으로서의 물질이다. 일찍이 르네상스 시대의 조르다노 브루노는 물질을 이와 같이 두 가지의 관점에서 정의하였다. 물질은 기질Substrate이면서 동시에 힘이다. 전자는 정적이고 수동적인 물질이라면 후자는 다른 물질에게 영향을 미칠 수 있는 힘이다(Bruno 2004, p. 65). 물론 양자는 서로 떼어놓을 수 없는 관계에 있다. 바라보는 관점에 따라서 물질은 힘으로, 혹은 시각적 연장으로 표상이 된다.

신유물론은 경계와 윤곽이 분명한 개별적 존재로서의 물질관을 거부하면서 힘의 중요성을 강조한다. 물질은 정적으로 존재하는 것이 아니라 움직이며 행동하고 주위의 다른 물질에 영향을 미치며 다른 물질을 변형하면서 스스로도 변형이 된다. 이러한 물질의 움직임과 변화는 작용과 반작용이라는 물질적 법칙으로 환원되지 않는다. 법칙의 지배를 받는 수동적 물질이 아니라 자발적으로 생성하고 생동하는 생명력의 물질이기 때문이다.[3] 베넷과 같은 신유물론자는 전통적으로 구별되었던 생명과 물질의 경계를 의도적으로 해체하고 전복한다. "나는 생명과 물질이라는 용어Figure를 회전시킨다. 그럼으로써 그런 용어를 낯설게 만들고 생동하는 물질성이 등장할 수 있는 배경이 마련된다"(Bennett 2010, p. vii). 베넷에게 물질의 생동성은 그것이 다른 물질과 영향을 주고받을 수 있는 능력, 에너지, 생명력, 정동을 의미한다.

이제 유기체의 몸으로 시선을 돌려보기로 하자. 인간의 몸은 물질이지만 그것은 특정한 배치와 구성, 구조, 형식을 갖춘 몸, 유기체적 몸이다. 이러한 몸을 설명하기 위해서 아리스토텔레스는 물질과 형상, 잠재태와 현실태라는 목적론적 개념을 도입하였다. 가령 도토리는 탄수화물, 지방, 아미노산, 무기질, 비타민, 섬유질, 폴리페놀이라는 성분을 가지고 있다. 그렇지만 그것으로 도토리의 몸이 설명되지는 않는다. 그것은 다른 것과 가시적으로 구별되는, 개별화된 물질적 윤곽과 색상을 가지고 있다. 그러한 개별적 특징이 없으면 우리는 도토리를 밤이나 감, 나무, 돌 등과 구별을 할 수가 없다. 이 점에서 몸은 개별화의 원리이다. 도토리는 다른 물질이나 사물과 구별되는 개별적 특징, 혹은 정체성을 가지고 있다. 그렇다고 도토리가 언제나 변치 않고 자기 동일적인 몸으로 남아 있는 것은 아니다. 그것은 도토리에서 묘목으로, 묘목에서 아름드리 참나무로, 그리고 쓰러진 고

---

3 페미니스트 클레어 콜브룩의 수사적 표현에 따르면 전통적으로 철학은 "무기력하고 비생산적이며 종잡을 수 없이 변덕스러운 물질에 대한 공포"로 점철되어 있었다(Colebrook 2008, p. 59).

목으로 지속적인 변형의 과정을 거친다.

그런데 신유물론자들에게는 도토리의 생성 변형에 대한 이러한 설명이 개별적인 몸에 치중된 것으로 보일 수 있다. 도토리는 다른 물질과 독립해서 자율적이고 개별적으로 존립하는 개체가 아니기 때문이다. 영어에서 개체Individual는 더 이상 분리될 수 없는 최소한의 존재론적 단위이다. 그런데 햇살과 물, 토양과 같은 생태적 환경과 분리해서 존재하는 도토리가 있을 수 있을까? 그렇게 우호적인 환경이 보장되지 않으면 도토리는 말라서 비틀어지거나 부패해서 액체가 될 것이다. 아니면 다람쥐가 먹어치울 수도 있다. 달리 말해서 도토리는 주위 상황에 의존하면서 또 그것들과 성공적으로 상호작용하는 과정에서 묘목으로 성장할 수가 있다. 이와 같은 상호작용을 전제하면 도토리의 몸을 태양이나 바람, 흙이나 물과 떼어놓고 설명하기가 어려워진다. 여기에 참나무를 재배하는 원예사가 개입하면 사안의 성격이 더욱 복합적이 된다. 원예사는 자기가 원하는 참나무를 기르기 위해서 가지를 전지하고 버팀목을 받쳐두기도 한다. 달리 말해서 도토리는 개별적인 존재가 아니라 태양이나 흙, 원예사와 더불어서 존재하는 복합체, 혹은 합성체라고 말해야 옳은 듯이 보인다. 도토리는 하나로 환원될 수 없는 여럿, 단수가 아니라 복수이다. 도토리든 참나무든 강아지든 모든 존재는 그것의 몸적 경계를 넘어서 다른 몸으로 흘러넘치며 가로지르면서 영향을 주고받는 관계 속에서만 존재할 수 있다.

사실 몸에 고정된 경계가 없다는 주장은 신유물론이 등장하기 이전, 1980년대에 구성주의자들이 제기했다. 구성주의자들은 몸은 태어나서 그대로 유지되는 것이 아니라 권력과 담론, 계급, 교육 등을 통해서 끊임없이 생성하고 변형된다고 보았다. 사회제도나 관습, 대중매체 등의 영향권에서 벗어난 진공 속의 자율적 몸은 없다는 것이다. 마르크스주의자이며 탈식민주의자였던 스피박도 개별적 몸의 존재를 부정하였다.

다른 모든 것과 마찬가지로 몸이라는 것은 몸으로 사유될 수 없다. 다른 모든 것과 마찬가지로 나는 몸을 몸으로서 접근한 적이 없다. 나는 몸이 가능한 윤곽이 없다는 극단적으로 생태적인 관점을 취하고 있다(Spivak, "In a Word"; Butler 2011, p. xi에서 재인용).

여기에서 스피박은 개별적 개체로서 몸을 이해할 수 있는 가능성 자체를 거부하고 있다. 대신 그녀는 모든 존재자들이 상호 의존적이라는 생태학적 관점에 입각해서 마르크스의 종적 삶이라는 명제를 옹호하고 있다. 우리는 자연이 제공하는 햇살과 물, 공기, 음식물 등에 의존하지 않으면 한 시간도 살 수가 없다. 우리 몸을 그러한 자연환경과 분리하는 것이, 즉 몸의 경계 설정이 불가능하다는 것이다. 그렇다고 스피박이 몸에 대해 부정신학적 입장을 취하거나 칸트적 의미의 물자체로 취급하는 것은 아니다. 몸은 담론적 효과이다. 식민주의자와 피식민주의자, 흑인과 백인, 아름다움과 추함, 귀족과 평민과 같은 몸의 차이는 담론적이라는 것이다. 가령 흑인과 백인의 몸이라는 것은 원래부터 있었던 몸의 차이가 아니라 18세기 이후에 발달한 인종주의적 담론의 결과이다. 그렇다면 남성과 여성의 몸의 차이는 어떠할까? 우리는 생물학이나 해부학, 유전학과 같은 학문이 성차의 다양한 특징에 대해 설명을 시도하기 훨씬 이전에도 남자와 여자의 차이는 당연한 자연적, 생물학적 차이였다고 생각하는 경향이 있다. 과연 그러할까? 이러한 질문에 대해서 주디스 버틀러는 성의 생물학적 차이를 부정하였다. 그녀가 제시하는 파격적인, 그래서 오해의 소지가 있는 예 하나는 신생아의 성별 확정에 관한 것이다. 그녀는 신생아가 남아와 여아로 결정되어 태어나는 것이 아니라 산부인과 의사의 발화 행위에 의해 성별이 결정된다고 주장하였다. 남아라고 판별되는 순간에 신생아는 남아로 불리며 남아로 대접을 받고 남아로서 양육되는 과정을 거치면서 어쩌면 중성적일 수도 있는 몸이 남성적 몸으로 만들어진다는 것이다.

> 몸이라는 것은 물질화의 과정인데, 시간이 흐르면서 점차 안정된 윤곽이나 고정된 형태, 표면을 갖추게 된다. 물질이 언제나 물질화된다는 것은 푸코적인 의미에서 규범적 권력이 발휘하는 생산, 즉 물질화 효과로서 이해되어야 한다(Butler 2011, pp. 9-10).

몸은 안과 밖의 경계가 분명한 물질이 아니라 물질화되는 과정이다. 이러한 과정을 설명하기 위해서 버틀러는 푸코의 규범적 권력이라는 개념에 의존하였다. 『임상의학의 탄생』이나 『감시와 처벌』과 같이 널리 알려진 저술에서 푸코는 권력이 인간의 몸에 개입함으로써 정상인과 비정상인, 범죄자와 일반인과 같은 몸의 차이를 생산하는 방식에 주목하였다. 이때 권력에 의해 남성이나 여성, 지배자나 피지배자로 몸이 재생산되기 위한 조건은 몸의 가소성이다. 만약 몸이 원자처럼 더 이상 쪼갤 수도 없고 형태를 변형시킬 수 없는 고정된 실체라면 권력은 그러한 몸에 대해서는 간섭할 수가 없을 것이다.

몸이 권력의 바깥에 존재하기 때문이다. 그러나 푸코와 버틀러에게 몸은 권력의 바깥에 있는 물질이 아니라 권력에 의해 빚어지는 조형의 대상이다. 권력이 구성의 주체라면 몸은 물질적 대상에 지나지 않는 것이다. 이러한 구성주의자들의 물질관에 대해서 신유물론자들이 모두 동의하는 것은 아니다. 물질의 가소성과 무경계성이라는 구성주의자들의 주장에는 신유물론자들도 이의를 제기하지 않는다. 그리고 몸이 생산되는 과정, 즉 윤곽이나 경계가 아니라 그것의 생성과 소멸의 변형의 과정을 추적했던 구성주의자들의 태도도 고유하고 있다. 특히 버라드는 몸이 수행적 효과라는 버틀러의 주장을 전폭적으로 수용하였다. 그렇지만 그녀는 버틀러가 물질의 내재적 생동성과 행위능력을 간과함으로써 물질을 지나치게 수동적이며 비활성적 대상으로 취급하는 경향이 있었고, 물질보다 담론을 중시하였으며 물질에 대해 인간과 문화를 특권화하였다고 비난하였다. 권력과 담론만이 행위자인 것이 아니라 물질과 자연도 못지 않게 중요한 행위자이다. "우리에게 필요한 것은 인간과 비인간을 망라해서 모든 몸의 물질화를, 그리고 자연적이고 사회적인 물질적 힘이 행하는 행위를 만족스럽게 설명하는 것이다"(Barad 2007, p. 66). 버틀러는 물질화의 과정에 개입해 있는 물질의 생동성과 비인간 행위자의 역할을 무시하였던 것이다.

이 지점에서 우리는 몸의 경계와 관련해서 버라드는 버틀러가 해체하였던 몸의 경계를 더욱 극단적으로 해체하였다는 점을 지적할 수 있다. 적어도 구성주의자들의 물질관에는 인간과 비인간, 문화와 자연의 경계가 전제되어 있었다. 행위자는 물질이 아니라 인간과 담론, 권력의 영역으로 제한되어 있었다. 그런데 버라드는 그와 같이 전제되어 있던 인간과 비인간의 경계를 제거함으로써 물질과 몸의 경계를 더욱 불투명하게 만들었다고 할 수 있다. 성형을 예로 들어 하자. 버틀러는 인간의 몸을 아름다운 몸과 그렇지 않은 몸으로 규범화하는 담론적 폭력을 비판하였다. 아름다운 몸과 그렇지 않은 몸의 경계는 자연적으로 존재하는 것이 아니라 성형산업이 생산한 담론적 효과라는 것이다. 신유물론자는 여기에서 한 발자국 더 나아가 성형에 관여하는 비인간 행위자와 물질, 의료 장치들의 역할을 논의의 중심으로 끌어들인다. 성형이란 그러한 수많은 행위자가 공동으로 참여하는 어셈블리지, 네트워크이기 때문이다. 이러한 어셈블리지에서는 경계를 확정할 수 있는 피부나 장기, 병원균, 질병과 같은 대상이 개별적으로 존재하지 않는다. 모든 것이 만수산 드렁칡처럼 얽히고설켜 분리가 불가능하기 때문이다. 그리고 구성주의자들이 몸의 위험한 세력을 정복함으로써 효용성으로 전환하는 권력의 역할을 분석하는 반면에 (Butler 2011, p. 37) 신유물론자들은 생동하는 물질의 간섭에 의해 원래의 의도에서 벗어나거나 어긋나고 좌초하는 권력의 실패와 일탈에 관심을 가질 것이다. 아무튼 신유물론적 논의의 장에는 개별적 몸이라는 것이 들어설 자리가 없다고 할 수 있다.

몸이 없는 물질

몸과 물질의 차이에 대해 필자 나름의 결론을 내리기 전에 대표적인 신유물론자들이 몸을 다루는 방식의 몇몇을 소개하기로 한다. 이를 통해서 신유물론에는 몸이 없다는 필자의 주장이 구체화될 수 있을 것이다.

주지하듯이 라투르는 우리가 당연하게 생각하는 사물과 물질의 존재에 대해 물음표를 붙이기를 좋아한다. 그에 따르면 존재하는 것과 그렇지 않은 것의 경계는 물론이고 개별적인 몸의 경계도 분명하지 않다. 예를 들어 그의 「존재하는 대상들과 존재하지 않는 대상들의 부분적 존재에 대해서」(On the Partial Existence of Existing and Non existing Objects)는 글의 제목 자체가 그러한 불투명성을 전경화하고 있다. 그는 존재도 아니고 비존재도 아닌 부분적 존재들을 강조하기 때문이다. 이 점을 논증하기 위해서 그가 제시하는 사례의 하나는, 고고학적으로 증명된 역사적 사실, 람세스 2세가 폐결핵으로 사망했다는 사실이다. 그는 균이 근대의 의학적 장치와 무관하게 독립적으로 언제나 존재하는 대상이 아니라고 지적하면서 폐결핵균이 당시에 존재했다는 주장을 거부하였다. 폐결핵균은 19세기 후반에 독일의 세균학자 로베르트 코흐가 발견함으로써 비로소 존재의 자격을 획득하게 되었다. 이 점에서 람세스 2세의 사망 원인이 폐결핵이라고 주장하는 것은 시대착오적일 뿐 아니라 존재와 비존재의 범주를 혼동하는 것이다. 결핵균은 19세기의 실험실이나 과학자 집단, 현미경, 세균학 등과의 네트워크에서 존재하는 물질이기 때문이다. "역사상 과학자들이 사건을 설명하기 위해서 당연한 진리로 여길 수 있는 과학 법칙[이나 물질적 대상]같은 것은 없다"는 것이다. 그러한 자신의 논지를 그는 "과학자들에게 제7안식일은 없다"(Daston 2000, p. 12에서 재인용)[4]라고 의미심장한 문장으로 압축하였다. 성경의 하

---

4 앞서 언급한 라투르의 글 「존재하는 대상들과 존재하지 않는 대상들의 부분적

나님은 6일 동안 창조의 과업을 완수하고 다음 날에는 휴식을 취하였는데, 그와 같이 완성된 세계는 없다는 것이다. 주요 신유물론자의 한 명이면서, 라투르에 대한 연구서 『네트워크의 군주』의 저자로도 유명한 그레이엄 하먼도 물질적 장치와 독립해서 존재하는 물질이라는 것을 인정하지 않았다. 그러한 입장은 그의 다음과 같은 말에 잘 드러나 있다. "중성자가 유니콘보다 더욱 실재적이라고 말할 수는 없다. 중성자가 다만 유니콘보다 더욱 강할 뿐이다. 중성자는 그것의 존재를 보증해 주는 유기체와 무기체 동료들을 보다 많이 가지고 있기 때문이다"(Harman 2014, p. vii).

인간의 몸과 기계, 유기체와 무기체라는 전통적 경계를 사이보그의 존재론으로 해체했던 해러웨이는 물질을 고정된 명사가 아니라 유동적 동사라고 정의하였다. 그의 저서의 한 대목을 인용하면 "물질적 체화는 언제나 동사형, 최대한 양보하더라도 동명사이다. 언제나 형성 중이고, 체화는 역동적이며 상황 의존적이고 역사적이다. 그러한 형성하는 물질들의 춤, 탄소, 실리콘, 혹은 다른 물질들, 접히는 살의 파트너, 동질적이 아니라 이질적인 파트너들이다. 타자들이 서로 접혀 있는 것이다"(Haraway 2007, p. 249). 우리는 여기에서 물질들의 춤이라는 표현에 유의할 필요가 있다. 예이츠는 「학생들 가운데서」(Among School Children)에서 "우리가 어떻게 춤과 춤꾼을 구별할 수 있으랴?"라고 춤과 춤꾼의 구별 불가능성을 시적으로 발화하였지만, 해러웨이의 우주는 춤꾼이라는 명사 없이 춤이라는 동사만

존재에 대해서」는 이 책의 10장에 실려 있다(pp. 247-269).

있는 듯이 보인다. 수많은 물질이 서로 경계를 넘나들면서 추는 춤의 소용돌이에서 경계 자체가 사라져 버리는 것이다. 이 점은 유기체에 대한 그녀의 정의에서도 볼 수 있다. 해러웨이는 게놈의 생태계, 협력단, 공동체, 부분적으로 소화된 식사, 유한한 경계 형성, 심지어 장난감 강아지와 뚱뚱한 할머니도 유기체의 경계 형성에 참여한다고 서술하였다(Ibid., p. 31). 일찍이 「사이보그 선언」에서 그녀는 "우리 몸은 피부에서 끝나지 않는다"고 주장한 바 있다(Haraway 2003, p. 36). 이외에도 우리는 신유물론의 텍스트에서 몸의 경계가 무너지는 수많은 사례를 발견할 수가 있다. 제인 베넷은 "벌떼 같은 무리Swarm"나 "소용돌이Eddies"의 비유를 통해서 경계가 없는 물질의 상호 작용을 설명하였다. 물질들은 벌떼처럼 "진동하면서 달려드는 활동들이며, 활동의 파동과 물결들이고, 세계는 "생동하는 물질들이 행위적 어셈블리지로 진입하거나 떠나는 벌떼 같은 활동들"이라는 것이다(Bennett 2010, p. 101, p. 107).

신유물론이 등장하기 이전에도 이러한 경계 파괴적 물질의 상호 작용을 강조한 철학자들이 적지 않았다. 프리드리히 니체와 앨프리드 N. 화이트헤드, 그리고 질 들뢰즈가 그러하였는데, "기관없는 몸"이라는 그의 용어는 우리에게도 낯설지 않다. 들뢰즈는 『천 개의 고원』에서 그러한 몸의 예로 말과 기사의 관계를 제시하였다(Guattari and Deleuze 1987, pp. 89-90). 칼을 든 돈키호테가 말을 타고 초원을 달리는 모습을 상상해 보자. 개인주의적 시각적 존재론에 따르면 이 풍경은 말과 사람, 칼, 초원이라는 개별적 존재들로 구성된다. 이때 우리는 로고를 분해하고 재결합하듯이 그러한 요소를 원하는 방식으로 배열하고 배치하며 재배치할 수 있다. 말을 탄 돈키호테, 걸어가는 돈키호테, 칼을 든 돈키호테, 빈손의 돈키호테 등. 어떠한 식으로 배치하든 변치 않는 항수로서 돈키호테의 몸이 있다. 집에서 소설을 읽든 풍차와 싸우든, 산초와 함께 있든 혼자 있든 돈키호테가 돈키호테라는 사실에는 변함이 없다. 들뢰즈는 그러한 개인주의적 존재론을 거부한다. 그에게 칼을 든 돈키호테와 펜을 든 돈키호테는 동일하지 않다. 전자가 무사라면 후자는 문필가이다. 돈키호테가 조카와 함께 있으면 숙부의 몸이고 산초와 함께 있으면 주인의 몸이 된다. 안과 밖, 주체와 타자의 구분이 분명한 하나의 자기 동일적 몸은 없다는 것이다. 들뢰즈는 몸을 물질의 단위가 아니라 힘과 정동의 단위로 보았던 것이다.

몸이란 무엇인가?

우리는 과거의 어느 때보다도 몸에 대해서 많은 것을 알고 있다. 장기와 뼈, 혈관 등은 물론이고 세포의 단위에 이르기까지 해부학적, 생물학적, 뇌과학적 시선에 노출되면서 몸의 비밀은 백과사전과 같은 정보의 목록으로 체계화되고 있다. 가령 몸은 약 34조 개의 세포로 이루어져 있으며, 기능에 따라서 세포의 종류도 260여 가지나 된다. 숫자와 종류만 알고 있는 것이 아니다. 모든 세포의 종류와 위치, 성질을 지도에 담는 게놈 프로젝트도 성공적으로 진행되고 있으며, 지금까지 인간의 숙명이었던 질병이나 노화와 같은 문제도 정복할 수 있다는 주장이 힘을 얻고 있다. 그러나 그와 같은 첨단 과학적 지식이 '몸이 무엇인가'라는 존재론적 질문에 대해 궁금증을 풀어주는 것은 아니다. 그러한 지식은 몸의 일반적 기능에 대해서만 설명해 줄 수 있을 따름이다. 몸에 34조 개의 세포가 있다는 사실이 내 몸에 대한 실존적 이해에 어떤 도움을 줄 수 있겠는가. 그것뿐만이 아니다. 그러한 과학적 지식의 증가는 오히려 몸에 대한 실존적 이해를 불가능하게 만들 수도 있다. 무엇보다도 본 논의의 주제로서 몸의 경계에 대한 질문이 그러하다. 적어도 20세기 중반으로 접어들기 이전에, 혹은 더 멀리 소급해서 20세기 초반에 양자역학이 고전물리학의 권위를 위협하기 이전에는, 몸의 경계라는 것이 문제가 되지 않았다. 즉 우리는 몸을 가지고 있었다. 그것은 피부를 경계로 다른 몸과 구별되는 것이었다. 피부는 몸의 내부를 감싸는 동시에 몸의 안정성을 위협하는 외부의 세력으로부터 몸을 보호해 주는 역할을 하였다. 그렇지만 육안으로 보이지 않는 세포의 단위로 관점을 전환하는 순간에 그러한 몸의 안정적 경계는 무너지기 시작한다.『걸리버 여행기』에서 조너선 스위프트가 소인의 눈에 비친 거인의 몸을 묘사하였듯이 크게 확대하면 피부는 매끈한 표면이 아니라 달의 분화구와 비슷한 구멍투성이가 되어 버린다. 몸은 닫힌 체계가 아니라 외부를 향해 열린 창문이 되는 것이다.[5] 세포의 층위에서 보면 몸은 자기 동일적을 유지할 수가 없다. 계속해서 기존의 세포가 죽고 새로운 세포가 탄생하기 때문이다. 우리 몸은 하루에 평균 약 3300억 개의 세포를 갈아치운다고 한다. 약 80일이 지나면 인체의 전체 세포가 완전히

---

5 다음과 같은 메를로-퐁티의 말을 참고할 수 있다. "내 몸은 세계로부터 닫혀 있는 바로 그 이유로 인해서 세계 밖으로 열려 있으며, 세계의 상황에 나를 정초시킨다. 마치 얼어 있던 강물이 풀리듯이 우리의 존재는 타자와 미래, 세계로 풀려 있다"(Merleau-Ponty 2013, pp. 164-165).

다른 세포로 교체된다고 한다. 세포의 단위, 혹은 몸을 구성하는 물질의 관점에서 몸에는 고정된 경계가 없다고 할 수 있다.

그러나 몸의 경계의 있고 없음은 생물학적으로 설명될 수 없다. 몸의 경계에 대한 질문은 몸의 생물학적 표면이 아니라 몸의 성적, 문화적 정체성과 관련되어 있기 때문이다. 즉 경계는 인간과 비인간, 문화와 자연, 주체와 타자, 유기체와 무기체, 남자와 여자, 백인과 흑인, 개체와 집합체와 같은 수많은 이데올로기적 차이와 맞물려 있다. 남자와 여자, 백인과 흑인의 차이는 생물학적이라기보다는 사회적이며 정치적인 차이인 것이다. 그럼에도 불구하고 우리는 몸의 경계가 유동적이라는 주장과 몸의 경계가 없다는 주장을 엄격하게 구분할 필요가 있다. 몸은 물질이지만 그렇다고 물질이 모두 몸인 것은 아니다. 양자의 차이는 유지되어야 한다는 것이 필자의 입장이다. 이 점에서 몸의 경계를 부정하는 신유물론적 담론에 대해서도 비판적인 거리를 유지할 필요가 있다. 언제나 그러한 것은 아니지만 몸의 경계를 부정하는 신유물론자들의 주장은 많은 경우에 지나치게 수사적이며, 몸에 대한 일관된 이론을 가지고 있지 않다. 이를 위해서 필자는 『생동하는 물질』에서 베넷이 프로메테우스의 쇠사슬, 쇠사슬의 존재론적 일관성을 해체하는 방식을 비판적으로 고찰할 것이다. 그녀는 전통적인 물질관을 거부하기 위해서 양자역할을 활용하지만, 그러면서도 물질을 재료로 취급하는 모순을 범한다. 고대 희랍 신화의 프로메테우스는 제우스의 저주로 코카서스의 바위에 쇠사슬로 묶여서 자유를 잃은 존재이다. 쇠사슬이라는 물질에 구속되어 있는 것이다. 쇠사슬은 고무줄이나 나무가 아니라 단단한 쇠사슬이며 거기에는 뻥뻥 뚫린 구멍도 없다. 그런데 베넷은 그러한 쇠사슬의 존재론적 일관성을 다음과 같이 해체한다. "쇠는 크리스탈과 마찬가지로 구멍이 있는데 미세한 입자들이 운집해서 공간을 채운다. 이때 입자들은 균질적이지 않다. 이웃 입자가 가하는 압력에 따라서 크기와 모양이 달라진다. 그리고 완벽하게 안정적인 구조를 가지고 있지도 않으며 빈틈없이 완벽하게 다른 입자와 결합되어 있지도 않다. 그 결과 경계에 빈틈이 생긴다"(Bennett 2010, p. 59)는 것이다. 이와 같이 양자역학적 관점에서 보면 쇠사슬은 존재론적 일관성을 가지고 있지 않다.[6] 프로메테우스도 쇠사슬에 묶여 있을 이유가 제거되는 것이다. 이러한 논리는 양자역학이 아니라 물질의 신진대사 과정에도 적용될 수가 있다. 우리가 음식을 먹는다고 생각해보자. 『종이 만날 때』(When Species Meet)에서 해러웨이는 인간은 특권적 위치에서 일방적으로 영양분을 섭취하는 주체가 아니라 다른 존재와 더불어 먹고 먹히는 관계에 있다는 사실을 강조한다. 인간과 음식, 동물, 미생물의 경계는 유동적이다. 그러한 존재자들은 몸은 개별적 존재가 아니라 주위의 다른 몸들을 변화시키고 스스로도 변화하는 과정이다. 스테이시 앨러이모의 용어를 사용하면 몸은 횡단신체적Transcorporeal이다. 메를로-퐁티는 이것을 살Flesh이라고 명명했다. 필자가 이러한 무경계적 몸의 유동성을 반박하려는 것은 아니다. 다만 신유물론자들이 몸이 무형적 에너지라는 사실을 지나치게 강조함으로써 상대적으로 몸의 물질성과 경계를 간과하는 경향이 있음을 지적하고 싶

---

6   고전적인 예가 아서 에딩턴이 『The Nature of the Physical World』의 서두에서 소개한 두 가지 테이블이다. 하나는 우리가 일상적으로 경험하는 테이블이라면, 다른 하나는 원자와 원자 사이에 빈틈이 많은 양자물리학적 테이블이다.

을 따름이다. 더불어 몸이 에너지라는 점에 착안해서 몸의 물질적 경계를 해체하는 신유물론자들의 담론적 전략이 가진 비일관성도 지적하고 싶다. 앞서 몸과 세포의 관계에 대해서 논의하였듯이 우리는 몸의 경계나 정체성을 구성 요소에서 찾을 수가 없다. 프로메테우스의 쇠사슬도 원자의 결합과 배치로 설명할 수 없다. 몸의 경계의 있고 없음, 개체로서 몸과 군체로서 몸의 차이에 대한 질문의 대답은 몸의 구성 물질과는 다른 차원에서 찾아야 한다. 원자와 원자의 결합에 빈틈이 있다는 사실로부터 몸의 빈틈이 유추될 수는 없다. 물질의 빈틈을 몸의 빈틈으로 혼동하지 말아야 하는 것이다. 신유물론자들이 주장하듯이 물론 몸은 자기 동일적이지 않으며 영원히 확정되고 고정된 경계나 윤곽을 가지고 있지도 않다. 그러나 그와 같이 영원한 경계가 없다는 사실로부터 우리가 살아가는 몸의 경계가 없다는 주장이 유도되지는 않는다. 결론에서 필자는 이러한 차이를 스피노자의 존재론을 빌어서 설명을 시도할 것이다. 우선 이 자리에서는 몸이 경계로서 피부에 대해서 잠시 생각해보기로 하자. 피부는 화상이나 찰과상을 입으면 그 부위의 피부 세포들이 죽는다. 그러나 그러한 피부 조직의 손실은 오래 지속되지 않는다. 손실을 메우기 위해서 세포가 분열하면서 곧 처음의 상태를 회복하기 때문이다. 이때 피부의 정체성은 세포의 동일성에 있지 않다. 외부로부터 "나쁜 것들이 들어오지 못하게 막고, 안에 있는 나쁜 것들을 배출하고 충격을 완화"하는 기능에 있다(브라이슨 2020, p. 23). 그러한 기능을 상실하지 않는 한 피부는 피부로서의 존재론적 일관성을 유지한다. 물론 그러한 일관성에는 주위 환경의 변화를 느끼고 대상을 접촉해서 느끼는 촉감이 포함된다. 그러한 기능을 상실하는 순간 몸은 더 이상 몸이 아니게 된다. 몸은 피부의 경계를 필요로 하는 것이다. 피부는 몸과 분리될 수 없다. 피부와 몸을 분리하는 태도는 몸을 하나의 실존적 단위가 아니라 구성 성분으로 환원하는, 생물학적 환원주의라고 할 수 있다. 몸은 기관이나 조직, 세포 등의 합이 아니며, 들뢰즈가 주장하는 기관이 없는 몸이라는 것은 존재할 수 없다. 물론 베넷이 이러한 사실을 모르지는 않는다. 그럼에도 그녀는 프로메테우스의 쇠사슬에서 몸의 경계를 해체하기 위해 그것을 구성 성분이나 재질로 환원해서 설명하는 방법을 취하였다.

결론

몸과 물질의 차이에 대한 논의를 독서나 음악 감상과 같은 일상적 활동을 빌어서 결론을 맺기로 하자. 필자가 예로 들고 싶은 것은, 김훈이 「신호」에서 주목했던 인쇄된 활자와 육필의 차이에 대한 것이다. 그는 "육필로 겉봉을 적은 편지를 받으면 마음이 부르르 떨린다. 육필은 몸의 진동을 느끼게 한다. 그때, 떨리는 몸은 나의 몸이기도 하고 편지를 보낸 사람의 몸이기도 하다. 나의 몸과 너의 몸 사이에서 신호들은 떨린다"(김훈 2015, p. 19)라고 썼다. 필자도 그의 지적에 동의한다. 똑같은 내용의 글이라고 하더라도 카카오톡 문자나 이메일, 육필 편지와 같은 매체를 경유하면서 내 몸의 반응이 달라진다. 물질화되지 않은 의미는 없는데 물질화되는 과정에서 의미의 위상에는 크고 작은 변화가 생긴다. 이때 우리는 의미를 몸과 몸의 만남에서 발생하는 정동 혹은 에너지의 변화라고 할 수 있다. '건강하세요'라는 문자 메시지보다 육필 '건강하세요'를 읽을 때 기쁨이 배가 될 수 있다. 그것의 의미를 정동의 변화와 떼어놓고서 설명할 수가 없음은 물론이다. 문자의 물질성과 나의 몸은 서로 분리된 개체가 아니라 상호작용하며 상호 구성적인 횡단적 몸이라고 할 수 있다. 그리고 메시지를 독해하는 주체를 두뇌나 영혼, 마음으로 특정할 수도 없다. 마음이나 두뇌는 문자와 내 몸의 상호작용을 분절하는 수많은 방식, 버라드의 행위자적 절단Agential Cut의 하나에 지나지 않는다. 이와 같이 내 두뇌나 마음, 몸의 경계로 정동의 움직임이 한정되지 않기 때문에 내 몸은 김훈의 표현처럼 발신인의 몸과 서로 공명하면서 진동을 한다. 발신인과 수신인의 경계를 특정할 수 있는 개별적 몸이라는 것이 존재하지 않는 것이다. 이것은 내가 카카오톡이나 우편을 통해서 메시지를 받기까지 관여하는 다양한 장치들을 생각하면 더욱 더 그러하다. 카카오톡이라면 인터넷, 스마트폰, 통신사, 글자체와 크기 등 수많은 정치들, 즉 어셈블리가 관여해 있다. 수신자와 발신자의 몸만 떨리는 것이 아니다. 전파가 떨리고 스마트폰이 떨리며, 무선국이 떨린다. 이 많은 장치 중 하나에만 장애가 생겨도 '건강하세요'는 나의 몸에 정동의 변화를 일으키지 않는다. 이 점에서 기지국과 수신자의 몸, 발신자의 몸, 메시지의 몸의 경계를 엄격하게 분리하는 것은 허구적으로 보인다. 이 모든 것은 벌떼처럼 웅웅거리는 정동이며 물질들의 춤을 구성하기 때문이다. 그렇다고 우리가 몸의 존재론적 경계를 무시할 수가 있을까? 나의 몸과 문자의 몸의 차이를 희석하고 피부의 경계를 제거함으로써 그것들을 변화·생성하는 물질로 평평하게 만들 수 있을까? 수평적 존재론으로 귀속시킬 수가 있을까? 필자는 그렇지 않다고 본다. 몸은 경계가 없고 유동적이며 생태적인 정동이라는 사실을 부정할 수는 없다. 그럼에도 동시에 몸은, 버틀러의 표현을 인용하면 "시간이 흐르면서 점차 안정된 윤곽이나 고정된 형태, 표면"을 가지고 있다는 사실을 무시할 수 없다. 물론 경계는 유동적이며, 피부는 안으로 닫힌 방패가 아니라 밖으로 열려 있는 창문에 가깝다. 그러나 경계가 없다는 명제와 경계가 유동적이라는 명제의 사이는 사소한 차이가 아니다. 그것은 영원과 역사의 차이, 보편적 존재와 실존의 차이, 추상과 구체의 차이이다. 스피노자의 '영원의 관점'에서 보면 몸의 경계라는 것은 존재하지 않는다. 강아지와 고양이가 죽어서 땅에 묻히면 양자의 차이는 물론이고 유기체와 무기체의 차이도 사라져 버린다. 기관 없는 몸이나 경계 없는 물질이 되는 것이다. 영원의 관점에서는 자연이 개별적 몸으로 분절되거나 개체화되지 않는 것이다. 그러나 그러한 이유로 스피노자가 현행적 존재의 개체성이나 경계를 부정했던 것은 아니다. 영원하게 지속되는 몸의 개별적 경계는 없지만 그렇다고 현행적Actual 경계가 없는 것은 아니다. 모든 존재는 자신을 개별적으로 유지하려는 노력을 현행적 본질로서 가지고 있다.[7] 이때 존재는 개별적이면서 동시에 집단적이며, 자율적이면서 동시에 의존적이고 관계적이다. 이 점에서 개체화의 과정은 독립적이지 않고 더불어서Coindividual 진행되는 협력의 과정이다(Winkler 2016).[8] 이때 현행적 존재란 특정

---

7 초월적 존재론을 주장한 들뢰즈는 몸의 개체성보다는 전개체적 특이성, 개체보다는 사건성을 강조하는 입장에서 스피노자를 해석하였다. 스피노자의 『Logic of Sense』, 16장을 참조할 것.

8 윙클러에 의하면 몸은 관계적이면서 동시에 개체적(relational and singular)

한 시간과 공간을 살아가는 역사적 존재이다. 그리고 우리는 영원한 존재가 아니라 현행적 존재로서 주위의 물질과 상호작용을 하고 물질의 경계도 지각을 한다. 나는 영원한 존재가 아니라 지금 여기를 살아가는 현행적 존재로서 고양이를 강아지와 다른 개별적 존재로서 인식하고, 문자 메시지를 읽으면 정동이 변화를 겪는다. 고양이는 나와 다른 현행적 존재이기 때문에 문자와 접속하더라도 그것의 몸에는 변화가 생기지 않는다. 그렇다면 이 대목에서 존재의 경계에 대해 다음과 같은 질문이 있을 수가 있다. 경계는 자칫하면 흐트러지거나 증발할 수 있는 존재의 변화에 일관성을 부여해주는 장치이다. 그런데 앞선 논의에서 필자는 그러한 경계를 물질의 재료나 원료, 혹은 자생적 윤곽에서 찾을 수 없다고 주장했다. 그렇다면 무엇이 물질에 일관성과 경계를 부여하고 보장해주는 것일까? 필자는 그 대답이 스피노자의 코나투스에 있다고 생각한다. 그것이 무엇이든 모든 물질은 자신의 존재를 계속해서 유지하려는 성향을 지니고 있다. 생물학적으로 코나투스는 개체의 생명 유지의 본능이며, 진화론적으로는 종의 보전을 지향한다. 모든 물질은 생태계의 다른 물질과 상호작용을 하면서 한편으로는 스스로 변형되고 다른 한편으로는 주위의 물질을 변형하는 이중적 과정에 있다. 이와 같이 약동하는 상호작용을 개체의 경계를 넘나드는, 혹은 경계가 해체되는 존재론적 춤이라고 할 수도 있다. 그러한 춤은 열림과 닫힘, 자율성과 타율성, 능동성과 수동성, 끌림과 밀어냄, 분리와 연합 등의 박자와 리듬을 타면

이다. Moira Gatens도 개체로서 존재하려는 몸의 노력을 강조하였다(Gatens 1996).

서 진행이 된다. 그런데 자칫하면 우리는 주체와 대상의 구분이 존재하지 않는 이러한 존재론적 춤의 상호작용을 지나치게 강조하는 나머지 현행적 개체들이 자기의 존재론적 일관성을 유지하기 위한 노력을 무시할 수가 있다. 앞서 피부 세포의 예를 생각해 보자. 피부는 몸의 경계를 구성한다. 이때 피부의 경계는 끊임없이 죽고 재생되면서 쉬지 않고 바뀌는 세포의 단위에서 찾을 수가 없다. 경계는 손상된 조직을 새로운 재료로 보완하려는 코나투스에 있다. 몸이란 무엇인가? 그것은 자신의 존재를 지속하려는 노력이다. 그리고 몸의 경계는 현행적 존재가 자신의 존재의 일관성(정체성, 개별성)을 유지하기 위한 개폐성의 보호막이라고 할 수 있다. 필자는 이러한 물질의 코나투스를 신유물론의 중심으로 도입함으로써만 신유물론자들이 몸에 대한 이론적 빈곤에서 벗어날 수 있다고 본다. 신유물론은 원칙적으로 개체의 경계를 거부한다. 물질을 고정된 고체가 아니라 유동적 액체, 자기생성적 힘으로서 정의하기 때문에 개체의 경계를 인정하면 그러한 이론적 일관성을 상실할 수 있다는 불안감을 가지고 있다. 그 결과 생성적 물질이 동시에 경계도 생성한다는 사실을 간과할 수가 있다. 이 점에서 우리는 물질은 동사가 아니라 동명사로 재정의할 필요가 있다. 영원한 관점에서 보면 물질은 휘발성 기체나 유동적 액체로서 표상될 수 있지만 현행적 관점에서 물질은 다른 물질과 구별되는 몸적 경계를 가지고 있다. 그러한 경계 짓기의 주체는 힘으로써 코나투스이다. 니체는 『권력에의 의지』에서 그것을 권력 의지라고 불렀다. 해러웨이와 마찬가지로 니체는 몸을 경계가 없는 순수 동사로서 접근하며 행위의 배후에 있는 행위자의 존재를 인정하지 않는 듯이 보인다. 행위로부터 그것의 주체로 소급해가는 것은 잘못된 유추라는 것이다(Nietzsche 1968, p. 477). 그러나 그렇다고 그가 행위나 몸, 존재의 통일성을 부정하였던 것은 아니었다. 그는 부분들의 산술적 종합으로서 물질적 통일성 대신에 예술적 통일성, 개인의 삶이라면 자서전적 통일성을 새로운 대안으로 제시하였다. 자칫하면 흐트러지기 쉬운 몸과 경험에 통일성을 부여하고 그것의 주위에 경계를 만드는 것은 권력의지인 것이다.

인용 및 참고문헌

김훈, 2015. 『라면을 끓이며』, 파주: 문학동네.

박평종, 2019. 「'생각기계'의 유물론적 토대: 라 메트리La Mettrie의 인간기계론」, 『프랑스학연구』89(가을), pp. 53-75.

브라이슨, 빌, 2020. 『바디: 우리 몸 안내서』, 이한음 옮김, 서울: 까치,

Almaio, S. and Hekman S.(eds.), 2008. *Material Feminisms,* Bloomington: Indiana UP.

Barad, K., 2007. *Meeting the Universe Halfway: Quantum Physics and the Entanglement of Matter and Meaning,* Durham, NC: Duke UP.

Bennett, J., 2010. *Vibrant Matter: A Political Ecology of Things,* Durham, NC: Duke UP.

Bottomore, T., et al.(eds.), 1983. *A Dictionary of Marxist Thought,* Cambridge: Harvard UP.

Braidotti, R., 2002. *Metamorphoses: Towards a Materialist Theory of Becoming,* Cambridge: Polity.

Bruno, G., 2004. *Cause, Principle and Unity: And Essays on Magic,* R. J. Blackwell and R. deLucca(eds.), Cambridge: Cambridge UP.

Butler, J., 2011. *Bodies That Matter: On the Discursive Limits of Sex.* London:

Routledge.

Colebrook, C., 2008. "On not Becoming Man: The Materialist Politics of Unactualized Potential," in S. Alaimo and S. Hekman(eds.), *Material Feminisms*, Bloomington: Indiana UP.

____, 2009. "Queer Vitalism," *New Formations* 2009(68), pp. 77–92.

Daston, L.(ed.), 2000. *Biographies of Scientific Objects*, Chicago: U of Chicago P.

Gatens, M., 1996. *Imaginary Bodies: Ethics, Power and Corporeality*, London: Routledge, p. 128.

Grant, I. H., 2006. *Philosophies of Nature after Schelling*. London: Continuum.

Guattari, F. and Deleuze, G., 1987. *A Thousand Plateaus: Capitalism and Schizophrenia*, Brian M.(trans.), Minneapolis: U of Minnesota P.

Haraway, D., 2003. "The Cyborg Manifest ," in *The Haraway Reader*, London: Routledge.

____, 2007. *When Species Meet*, Minneapolis: U of Minnesota P.

Harman, G., 2014. *Bruno Latour: Reassembling the Political*, London: Pluto Press.

Haynes, P., 2012. *Immanent Transcendence: Reconfiguring Materialism in Continental Philosophy*, London and New York: Bloomsbury.

Hull, C., 2006. *The Ontology of Sex: A Critical Inquiry into the Deconstruction and Reconstruction of Categories*, London and New York: Routledge.

Kirby, V., 2017. "Matter out of Place: 'New Materialism' in Review," in V. Kirby(ed.), *What if Culture was Nature all Along?*, Edinburgh: Edinburgh UP.

McMullin, E., 2010. "From matter to materialism … and (almost) back Again," in P. Davies and N. H. Gregersen(eds.), *Information and the Nature of Reality: From Physics to Metaphysics*, Cambridge: Cambridge UP.

Merleau-Ponty, M., 2013. *Phenomenology of Perception*, D. A. Landes(trans.), London and New York: Routledge.

Nietzsche, F. W., 1968. *The Will to Power*, W. A. Kaufmann and R. J. Hollingdale(trans.), New York: Vintage Books.

Russon, J., 1997. *The Self and its Body in Hegel's Phenomenology of Spirit*, Toronto:

U of Toronto P.

Soper, K., 1995. *What is Nature?: Culture, Politics and the Non-Human*, Oxford: Wiley-Blackwell.

Welton, D., 1998. *Body and Flesh: A Philosophical Reader*, Oxford: Wiley-Blackwell.

Winkler, S., 2016. "The Conatus of the Body in Spinoza's Physics," *Societate si Politica* 10(2): pp. 95-114.

신유물론

초판 1쇄 발행 | 2022년 6월 30일
초판 3쇄 발행 | 2023년 12월 15일

지 은 이 | 몸문화연구소
펴 낸 이 | 이은성
편   집 | 구윤희, 홍순용
디 자 인 | 파이브에잇
펴 낸 곳 | 필로소픽
주   소 | 서울시 종로구 창덕궁길 29-38, 4-5층
전   화 | (02) 883-9774
팩   스 | (02) 883-3496
이 메 일 | philosophik@naver.com
등록번호 | 제2021-000133호

ISBN 979-11-5783-261-3 93100

필로소픽은 푸른커뮤니케이션의 출판 브랜드입니다.